富家益
富家益股市精讲系列

均线精讲

| 从入门到精通 |

（第2版）

富家益◎编著

中国财富出版社有限公司

图书在版编目（CIP）数据

均线精讲：从入门到精通 / 富家益编著. — 2版. — 北京：中国财富出版社有限公司，2023.9

（富家益股市精讲系列）

ISBN 978-7-5047-7988-5

Ⅰ.①均… Ⅱ.①富… Ⅲ.①股票投资—基本知识 Ⅳ.①F830.91

中国国家版本馆CIP数据核字（2023）第186468号

策划编辑	杜　亮	责任编辑	张红燕　郭　莹	版权编辑	李　洋
责任印制	梁　凡	责任校对	张营营	责任发行	董　倩

出版发行	中国财富出版社有限公司		
社　　址	北京市丰台区南四环西路188号5区20楼	邮政编码	100070
电　　话	010-52227588 转 2098（发行部）	010-52227588 转 321（总编室）	
	010-52227566（24小时读者服务）	010-52227588 转 305（质检部）	
网　　址	http：//www.cfpress.com.cn	排　版	宝蕾元
经　　销	新华书店	印　刷	宝蕾元仁浩（天津）印刷有限公司
书　　号	ISBN 978-7-5047-7988-5 / F·3585		
开　　本	710mm×1000mm　1/16	版　次	2024年1月第2版
印　　张	13.5	印　次	2024年1月第1次印刷
字　　数	200千字	定　价	43.80元

版权所有·侵权必究·印装差错·负责调换

第 2 版说明

《均线精讲：从入门到精通》是"富家益股市精讲系列"中的一本，自2019年6月出版以来，深受广大读者欢迎，连续重印。广大读者在对本书给予高度评价的同时，也对本书中存在的问题提出了客观的批评和建议。在这里，我们衷心地感谢大家多年来对"富家益股市精讲系列"图书的支持！

近年来，中国的股票市场发生了巨大的变化。上证指数从罕见的2900点一度下跌到2647点，然后又在一年内上涨至3700点，如今（2023年2月）又跌到3200点。

本来，股价每天起起伏伏，犹如太阳东升西落一般，实属平常，但对每一个参与交易的投资者来说，股市的每一点跳动都代表着财富的变化，想要以平常心对待并不是一件容易的事情，这需要投资者熟练使用投资工具和持续参加投资训练，并在此基础上靠着自身的悟性和不断的实战形成专属于个人的平常心。在这轮大循环中，很多新入市的投资者对此都有感悟，深刻认识到缺乏熟练使用投资工具的经验的严重后果，越来越多的投资者开始主动学习专业炒股工具方面的知识。而均线指标作为最简单、最常见的炒股技术指标，受到的关注也可想而知。为了给投资者提供一本更加全面、实用、易读的炒股工具参考书，我们结合最近几年的市场行情，对本书第1版内容进行了修订，从而形成第2版。

在修订过程中，我们特别注意以下两点。

一、保持实用、易读的特点

内容实用、简单易读是"富家益股市精讲系列"图书的一贯特色,也深受广大读者的欢迎。本书在修订过程中,充分保留了第1版图书的这个特点。投资者阅读本书,可以明确地知道应该在什么时候买入股票,在什么时候卖出股票,并且很容易就能将学到的知识应用到实战中。

二、案例更具及时性

鉴于本书第1版完成后市场行情的转变,很多经典形态的出现位置、出现频率等都有了一定改变。在修订过程中,笔者特意结合了股市最近几年的走势,更新了原书中的全部案例。通过这些案例,投资者可以更加清楚地了解当前市场特点,可以更好地将所学知识用于实战。

作者

2023年2月

前　言

炒股有很多"招数"，每个招数都有它独到的地方。如果能够将这些招数融会贯通、综合运用，自然是最好的。但人的精力毕竟有限。很多投资者看似把每个招数都学会了，但其实只学到了皮毛，在实战操作中很容易手忙脚乱、顾此失彼。就好像一个士兵，背着五花八门的刀枪棍棒上了战场。仗一开打，还没等想明白该用哪个武器、具体该怎么用，敌人的刀已经架在脖子上了。

俗话说，"一招鲜，吃遍天"。那些在某个领域"专精"的人，往往会胜过所谓的"全才"。哪个都会用，往往就意味着哪个都用不太好。在股市中，综合研判固然能够提高胜率，但这里有个前提，就是对这些招数投资者要分清主次。就好比打仗，各兵种需要协同作战，但是也要分清哪些是主力部队，哪些是掩护部队，哪些是后勤部队。如果不分兵种，全都一股脑地推上前线，那么仗还没怎么打，自己阵脚就先乱了。

因此，进入股市的投资者，首先需要做的事情就是选择一到三个好用的，同时也适合自己的招数，好好地学精学通。这种"专精"的招数不宜过多，以免出现"贪多嚼不烂"的问题。其他招数只要泛泛地了解即可，可以把它们作为辅助招数来使用。

为此，我们特推出"富家益股市精讲系列"图书，将股市中比较好用、常用的招数有选择地收入书中。本系列图书针对每一个招数进行从入门到精通、从基础到实战的全方位精讲，以帮助投资者深入理解这些招数，真正掌握这些招数的实战技法，最终达到"任你千变万化，我只一招应对"的目的。

《均线精讲：从入门到精通》是"富家益股市精讲系列"中的一本。为了让投资者能够尽快掌握这一技术指标，本书在编排内容时坚持了以下四个原则。

一、全面

本书详细介绍了几乎所有移动平均线指标的应用法则，以及在不同情况下应用移动平均线指标的技巧，另外，本书还论述了与移动平均线指标相关的其他技术指标。本书的具体内容包括均线的基本用法、均线的特殊形态、不同行情中应用均线的技巧、利用均线捕捉大牛股的技巧、利用均线识别主力动向的技巧、均线和其他技术指标配合使用的方法以及均线的各种派生指标的使用方法等。

二、实用

本书在论述每个形态时，均为投资者明确指出了该形态具体的买点和卖点，在实战案例部分，将这些买卖点都标示在K线图上。投资者可以直观地看到自己应该在何时买入，何时卖出。

此外，对于投资者常遇到的"买入股票后何时止损、何时止盈，卖出股票后万一踏空，何时将股票补回"等问题，本书也有详细的论述。

三、生动

本书通过对具体案例的分析，能够带给投资者实操性的体验。对于引用的每个案例，本书都给出了股票名称、代码、形态出现的时间等信息。投资者在炒股软件中很容易就可以找到本书中引用的技术形态，这有利于投资者加深印象。未来，投资者在实际操作时一看到类似的图形，马上就可以反应过来。

此外，本书在最后一部分还引用了作者应用均线指标进行实际操作的经典案例。通过学习这部分内容，投资者可以对整本书的内容融会贯通，更容易将在本书中学习的内容用于实战。

四、深入

本书将作者多年来应用移动平均线所得出的经验总结为"精讲提高"部分。投资者通过学习这部分内容，将其在实战中反复验证，可以对移动平均线指标有更加深入的理解，真正实现从新手到高手的转变。

目　录

**第1章
均线入门
▷ 001**

1.1 均线指标的简单使用　　　　　　　　　　003
　　1.1.1 软件中调用均线指标　　　　　　　　003
　　1.1.2 均线指标的参数选择　　　　　　　　004
　　1.1.3 均线的计算原理和公式修改　　　　　006
1.2 均线指标的应用方法　　　　　　　　　　008
　　1.2.1 观察均线和K线的相对关系　　　　　008
　　1.2.2 观察不同均线间的相对关系　　　　　009
　　1.2.3 观察均线和其他技术指标的配合形态　011
1.3 均线指标的主要用途　　　　　　　　　　013
　　1.3.1 利用均线找买卖点　　　　　　　　　013
　　1.3.2 利用均线看支撑位、阻力位　　　　　014
　　1.3.3 利用均线判断涨跌趋势　　　　　　　015
1.4 葛兰碧"八大买卖法则"　　　　　　　　016
　　1.4.1 四大买进法则　　　　　　　　　　　017
　　1.4.2 四大卖出法则　　　　　　　　　　　018

第2章 均线的基本用法 ▷ 021

- 2.1 多头排列和空头排列 ... 023
  - 2.1.1 多头排列看上涨趋势 ... 023
  - 2.1.2 空头排列看下跌趋势 ... 024
- 2.2 股价对均线的突破 ... 026
  - 2.2.1 股价突破均线时的买点 ... 026
  - 2.2.2 股价跌破均线时的卖点 ... 028
- 2.3 均线对股价的支撑和阻力 ... 030
  - 2.3.1 均线对股价的支撑 ... 030
  - 2.3.2 均线对股价的阻力 ... 032
- 2.4 均线间的金叉和死叉 ... 034
  - 2.4.1 均线金叉的买点 ... 034
  - 2.4.2 均线死叉的卖点 ... 035
- 2.5 均线间的支撑和阻力 ... 037
  - 2.5.1 长期均线对短期均线的支撑 ... 037
  - 2.5.2 长期均线对短期均线的阻力 ... 038

第3章 均线的特殊形态 ▷ 041

- 3.1 一线穿多线 ... 043
  - 3.1.1 一阳穿多线 ... 043
  - 3.1.2 一阴破多线 ... 044
- 3.2 均线的银山谷、金山谷、死亡谷 ... 046
  - 3.2.1 均线银山谷 ... 046
  - 3.2.2 均线金山谷 ... 048
  - 3.2.3 均线死亡谷 ... 050
- 3.3 均线老鸭头形态 ... 052
  - 3.3.1 均线老鸭头 ... 052
  - 3.3.2 倒挂老鸭头 ... 054

目 录

3.4 均线三线开花　056
　3.4.1　并线三线开花　056
　3.4.2　顺向三线开花　058
　3.4.3　逆向三线开花　060
3.5 均线火车轨　062
　3.5.1　两线顺向火车轨　062
　3.5.2　小火车轨　064
　3.5.3　反向火车轨　065
3.6 均线的头肩底和头肩顶　067
　3.6.1　均线头肩底　067
　3.6.2　均线头肩顶　069

第4章
利用均线在不同行情中操作
▷ 073

4.1 在牛市中操作　075
　4.1.1　判断牛市行情的起点　075
　4.1.2　在牛市中要持股不动　077
　4.1.3　在牛市中做短线波段　079
4.2 在熊市中操作　080
　4.2.1　判断熊市的到来　080
　4.2.2　短线精准抢反弹　082
　4.2.3　寻找比大盘强势的股票　084
4.3 在结构性牛市中操作　085
　4.3.1　把握市场一线强势股票　086
　4.3.2　根据板块轮动灵活换股　088

第5章 利用均线捕捉大牛股 ▷ 091

- 5.1 买入刚刚启动的大牛股 … 093
  - 5.1.1 在突破整理区间时买入 … 093
  - 5.1.2 在突破后回调时买入 … 095
- 5.2 买入已经大幅上涨的大牛股 … 097
  - 5.2.1 在上涨过程中追高买入 … 097
  - 5.2.2 在小幅回调获得支撑时买入 … 099
- 5.3 买入二次启动的大牛股 … 101
  - 5.3.1 在放量金叉时买入 … 101
  - 5.3.2 在突破前期高点时买入 … 103
- 5.4 卖出见顶下跌的大牛股 … 105
  - 5.4.1 在股价跌破均线后卖出 … 105
  - 5.4.2 在空头排列完成后卖出 … 107

第6章 利用均线识别主力动向 ▷ 111

- 6.1 识别主力即将拉升的股票 … 113
  - 6.1.1 主力建仓完成后洗盘的买点 … 113
  - 6.1.2 股价突破整理区间的买点 … 114
  - 6.1.3 上升趋势形成的买点 … 116
- 6.2 分辨主力是在洗盘还是出货 … 118
  - 6.2.1 利用均线对股价的支撑 … 119
  - 6.2.2 利用均线的排列形态 … 121

第7章 利用均线和其他指标配合操作 ▷ 123

- 7.1 均线和成交量结合运用 … 125
  - 7.1.1 均线和成交量同步上涨 … 125
  - 7.1.2 均线和成交量顶背离 … 127
  - 7.1.3 均线和成交量同步下跌 … 128

目录

7.1.4	均线和均量线同时金叉	130
7.1.5	均线和均量线同时死叉	132
7.2	均线和MACD指标结合运用	134
7.2.1	均线和MACD指标同时金叉	134
7.2.2	均线和MACD指标同时死叉	136
7.2.3	均线和MACD柱线底背离	138
7.2.4	均线和MACD柱线顶背离	139

第8章 利用均线的派生指标 ▷ 141

8.1	EXPMA指标	143
8.1.1	EXPMA线的多头排列和空头排列	143
8.1.2	EXPMA线对股价的支撑和阻力	145
8.1.3	股价对EXPMA线的突破	147
8.1.4	EXPMA线的金叉和死叉	151
8.1.5	EXPMA线之间的阻力和支撑	152
8.2	BBI指标	155
8.2.1	股价对BBI指标线的突破	155
8.2.2	BBI指标线对股价的支撑和阻力	157
8.3	BOLL指标	159
8.3.1	BOLL中轨对股价的支撑和阻力	159
8.3.2	BOLL下轨的支撑和上轨的阻力	161
8.3.3	BOLL喇叭口敞开	164
8.4	BIAS指标	166
8.4.1	BIAS指标超买和超卖	166
8.4.2	BIAS指标和股价背离	168
8.5	DMA指标	170
8.5.1	DDD线和AMA线的金叉和死叉	170

8.5.2　DDD 线和股价的背离　　174

第9章 均线实战案例 ▷ 177

9.1　根据均线指标找买卖点　　179
 9.1.1　突破均线后买入　　179
 9.1.2　用 30 日均线构建简单的交易系统　　180
 9.1.3　金银山谷抓牛股　　182
 9.1.4　鸭嘴打开再启动　　184

9.2　根据均线指标找阻力位和支撑位　　185
 9.2.1　阻力支撑找均线　　185
 9.2.2　长短均线相互制约　　187

9.3　根据均线指标判断涨跌趋势　　189
 9.3.1　均线排列判趋势　　189
 9.3.2　排列破坏再形成　　190

9.4　根据其他技术指标辅助判断　　192
 9.4.1　涨跌速度看 MACD 指标　　192
 9.4.2　MACD 指标背离看转势　　194
 9.4.3　MACD 指标和均线结合做中长线　　195

9.5　根据均线派生指标买卖操作　　196
 9.5.1　EXPMA 指标看涨跌趋势　　196
 9.5.2　BOLL 指标看涨跌加速　　198

第 1 章

均线入门

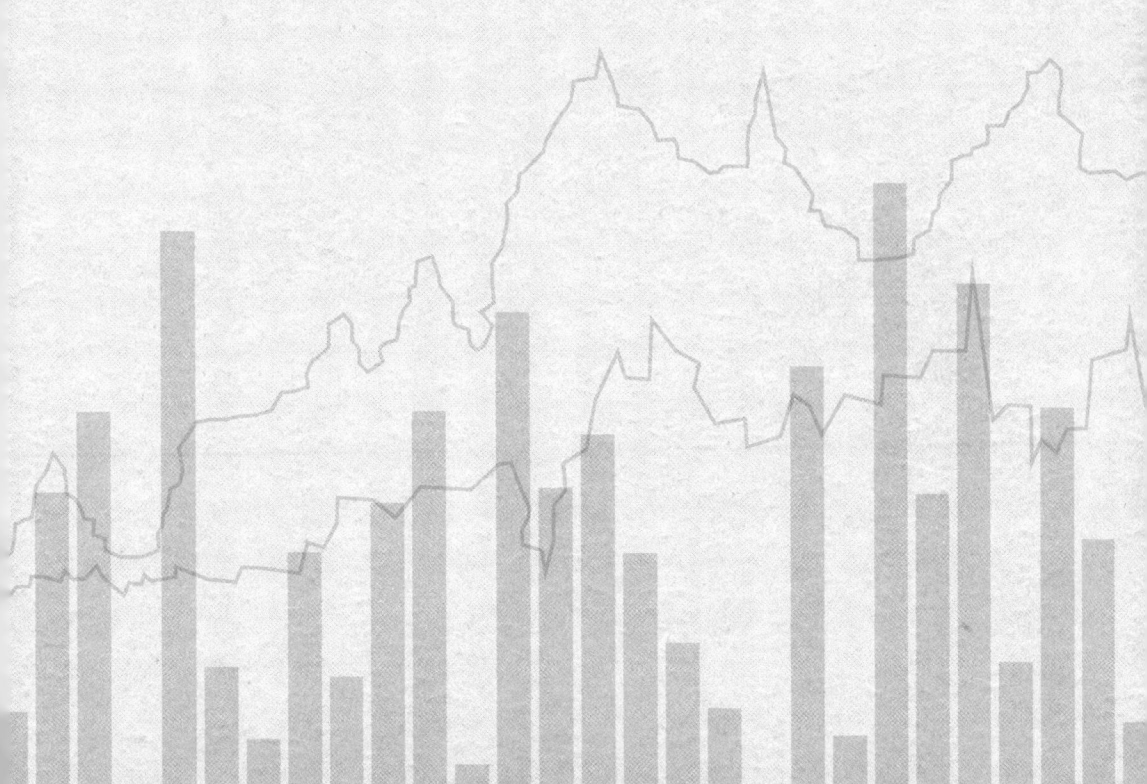

1.1 均线指标的简单使用

均线是移动平均线（Moving Average，MA）的简称，是将一段时间内的平均股价连接而形成的曲线。均线指标如图1-1所示。

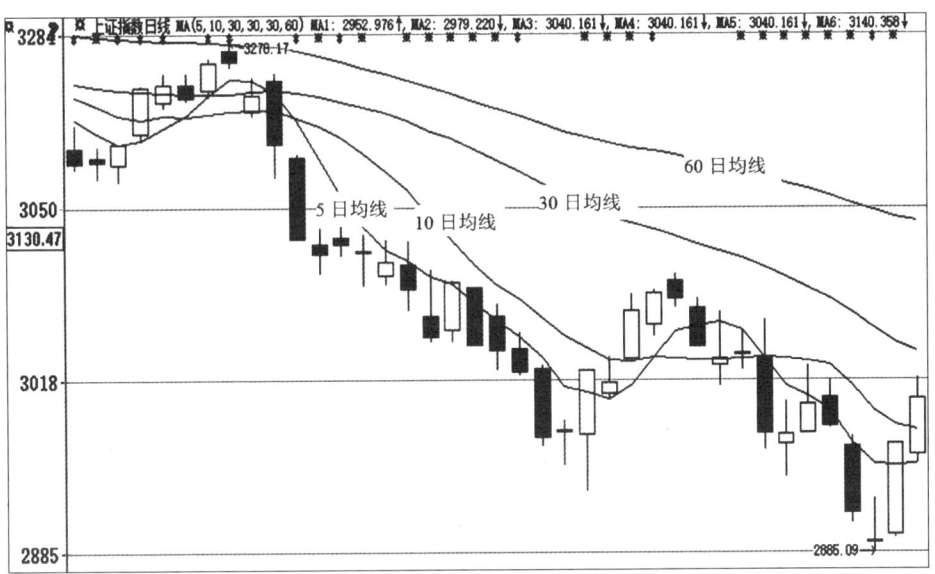

图1-1 均线指标

1.1.1 软件中调用均线指标

均线指标是叠加在K线走势图上的技术指标。在交易软件中查看个股或者大盘的K线走势时，投资者可以输入"MA+【Enter】"或者"JX+【Enter】"来调用均线指标，如图1-2所示。

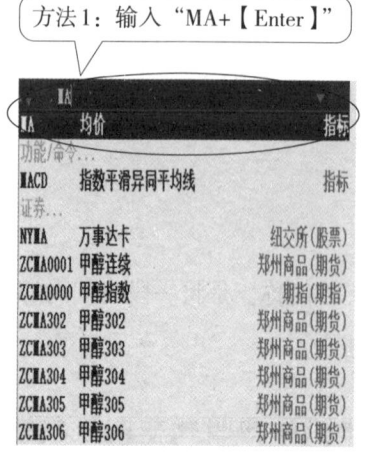
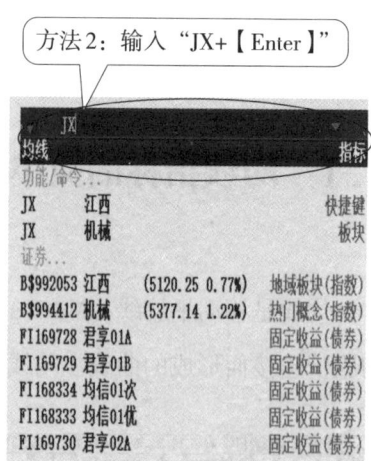

图1-2 均线指标调用

如果投资者不想查看均线走势了，可以重复上述操作，将均线指标在K线图中去除。

1.1.2 均线指标的参数选择

在实际操作时，常用的均线包括5日均线、10日均线、30日均线、60日均线、120日均线和250日均线等。不同周期的均线反映了不同期限内市场上的平均收盘价。

投资者可以根据自己的操作习惯，选择3~5条不同周期的移动平均线组合来辅助判断。例如，有的投资者习惯使用"5日、10日、30日"3条移动平均线组合，而有的投资者习惯使用"5日、20日、60日、120日、250日"5条移动平均线组合，还有的投资者习惯使用"13日、34日、55日"这样以斐波那契数列为基础设计的移动平均线组合。

当投资者希望将均线周期改为自己喜欢的组合时，就需要更改交易软件的均线参数。不同交易软件中，更改均线参数的方法略有不同，但整体来说都是大同小异。我们以大智慧软件为例，说明怎样更改均线的参数。

第一步，投资者在软件技术分析页面（K线图页面）中调出MA指标，点击右键可以找到"指标"选项，再点击"指标"就可以找到"调整指标参数"的选项，如图1-3所示。

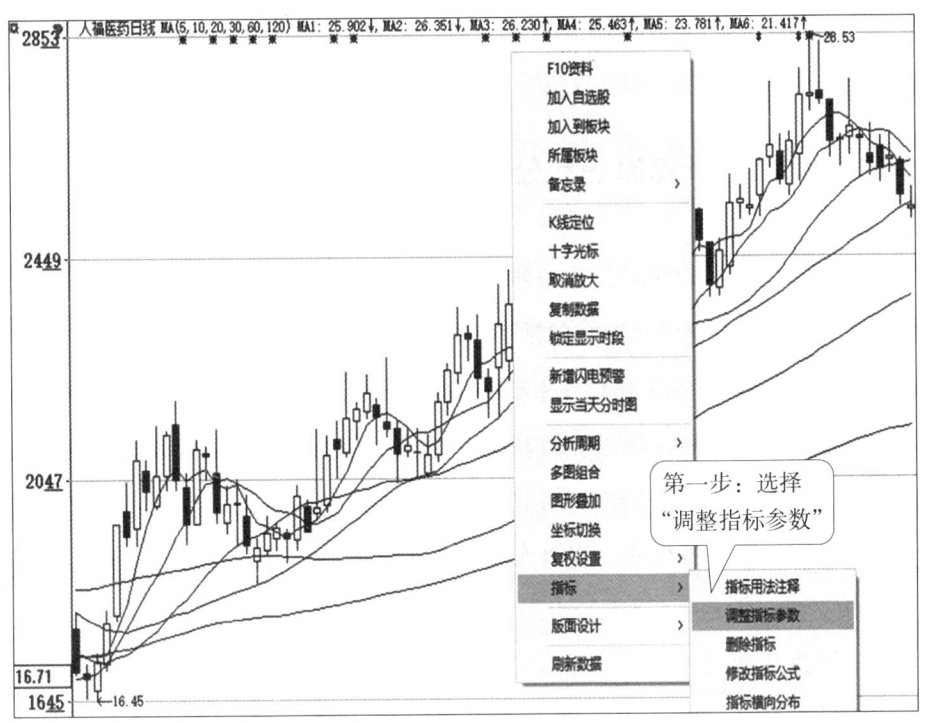

图1-3 调整均线指标参数1

第二步：在弹出的窗口中，可以自由设定指标的参数。例如我们可以将指标参数设定为"13日、34日、55日"3条均线组合。设定完成后关闭这个窗口就可以了。需要注意的是，投资者只需要3条均线，但这里有6条均线供选择。为了避免显示太多均线造成界面混乱，投资者可以将设定窗口中第三个参数至最后一个参数都设定为55，如图1-4所示。

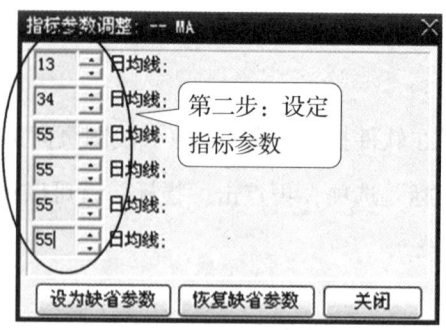

图1-4　调整均线指标参数2

1.1.3　均线的计算原理和公式修改

在计算移动平均线时，首先要计算收盘价的平均值，也就是自当前交易日开始，之前N个交易日内（包括当前日）的平均收盘价格。其计算公式为：

$$MA = (C1 + C2 + C3 + \cdots + Cn) \div N$$

例如，当前交易日收盘价的10日平均值，就是包括当前交易日在内的前10个交易日收盘价的平均值。将股票历史上每个交易日收盘价的10日平均值计算出来，最后再将这些平均值连成曲线，就形成了10日移动平均线。其他周期的移动平均线的计算方法也是同样道理。

与修改参数时使用的方法类似，投资者想要在交易软件中修改移动平均线指标公式，可以在K线图页面中调出MA指标，点击右键，找到"指标"选项，再点击"指标"可以找到"修改指标公式"选项，如图1-5所示。

在"技术指标公式编辑器"窗口中，投资者可以按照自己的需要对指标的公式进行修改。例如，投资者将均线参数调整为"13日、34日、55日"3条均线组合后，希望以34日均线为主要分析指标，就可以在公式编写区域第二行的分号前加入代码"，LINETHICK2"。这样可以使MA2曲线，也就是34日移动平均线加粗显示，如图1-6所示。

第 1 章 均线入门

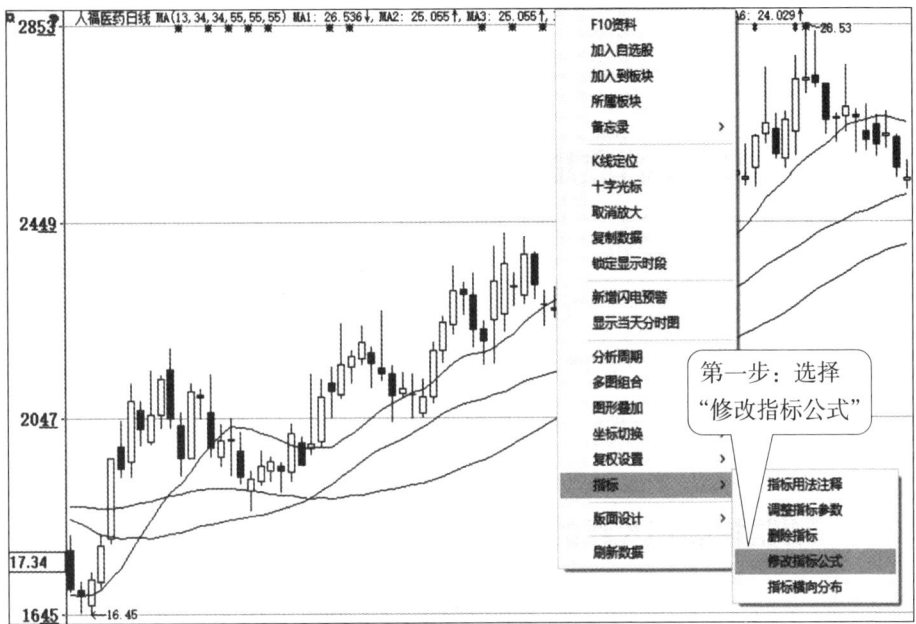

图 1-5 修改均线指标公式 1

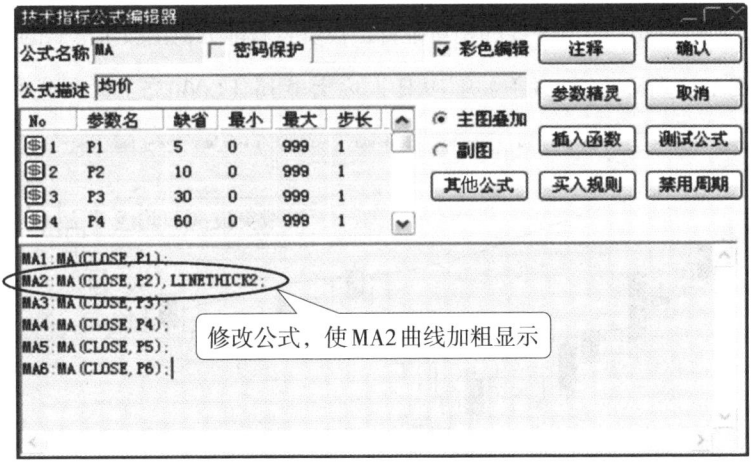

图 1-6 修改均线指标公式 2

1.2 均线指标的应用方法

在实际操作中，投资者可以通过观察均线和K线的相对关系、不同均线间的相对关系以及均线和其他技术指标的配合形态，来判断、预测未来行情，为自己的操作提供参考。

1.2.1 观察均线和K线的相对关系

均线是由过去一段时间的平均收盘价计算得出的，投资者可以将其看作反映过去一段时间内市场上的平均成交价格的曲线。而K线表示的是当前市场上的交易价格。通过对比均线和K线的相对位置，投资者就能分析出股价涨跌的状况。

如图1-7所示，2023年1月19日，方大集团（000055）的K线突破了30

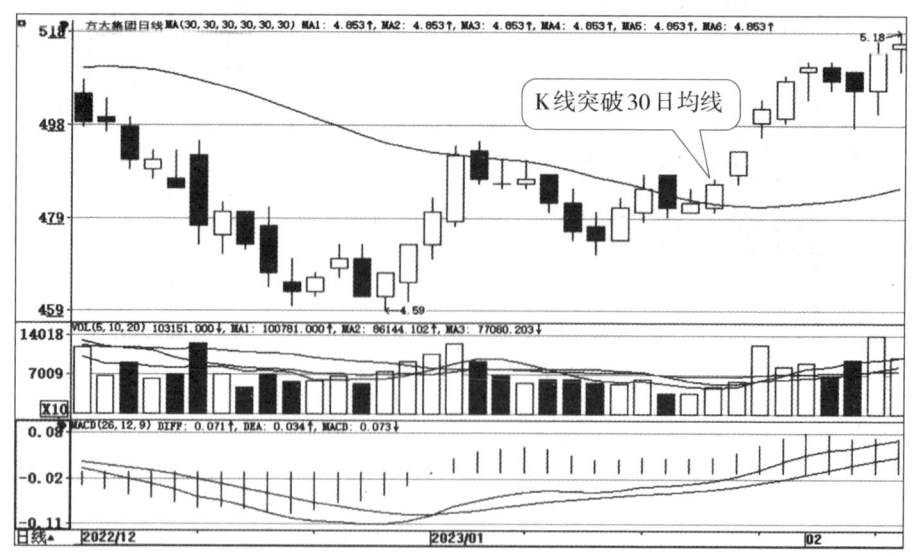

图1-7 方大集团日K线

日均线。这个形态说明当前股票的交易价格已经超过了过去30个交易日的平均交易价格,是股价进入上涨行情的信号。

均线除了能够表示市场上的平均交易成本外,还是股价涨跌的重要支撑位和阻力位。当股价在均线上方运行时,如果下跌到均线位置止跌获得支撑,就是看涨信号;当股价在均线下方运行时,如果上涨到均线位置遇到阻力,就是看跌信号。

如图1-8所示,2022年10月24—26日,北方国际(000065)的K线反弹到30日均线位置后遇阻回调。这个形态说明30日均线对股价形成了较强的压力,是未来股价会持续下跌的信号。

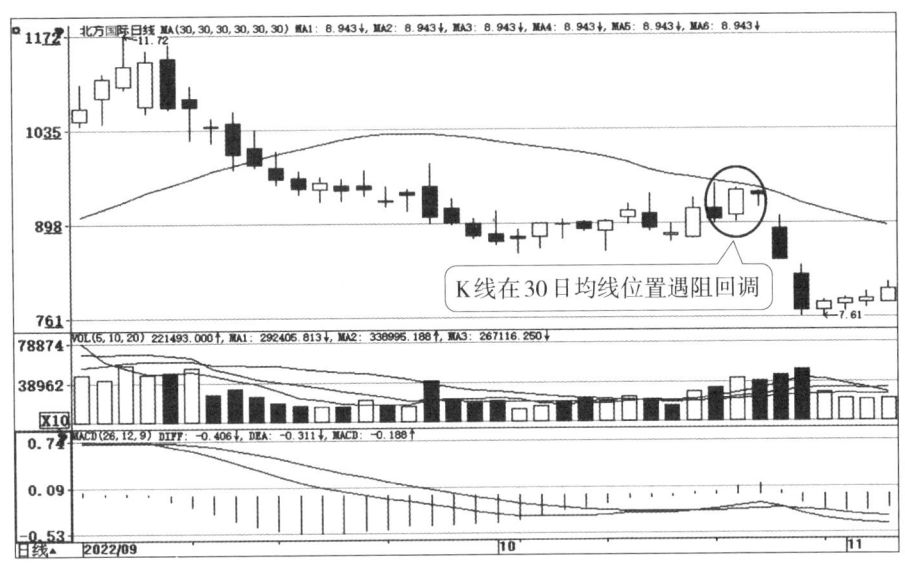

图1-8 北方国际日K线

1.2.2 观察不同均线间的相对关系

除了将均线和K线结合起来分析,投资者还可以通过分析不同周期均线之间的相对位置来判断当前市场形势。

在不同周期的均线中,短期均线可以代表短期内市场上的平均交易成本,而中长期均线代表的是较长一段时间内市场上的平均交易成本。通过短期成本和中长期成本的对比，投资者可以了解近期股价走势。

如图1-9所示，从2023年1月20日开始，中国长城（000066）的5日均线一直位于10日均线上方，而10日均线也一直位于30日均线上方。这样的形态被称为均线的多头排列形态。

多头排列形态说明市场上的短期平均价格超过中期平均价格，而中期平均价格又超过了长期平均价格。这是股票价格持续上涨、股价处于上涨行情中的标志。

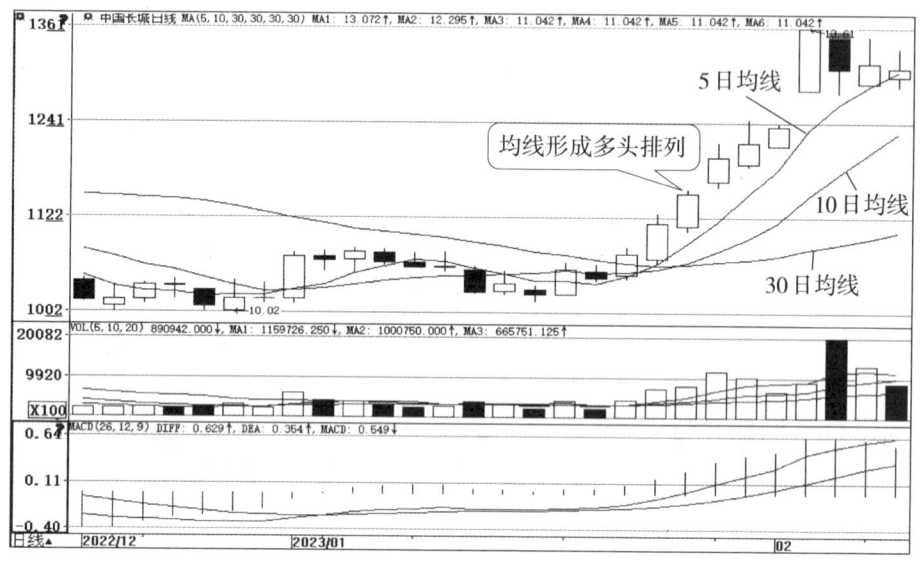

图1-9　中国长城日K线

另外，在实际操作中投资者还可以发现，很多情况下中长期均线都会对短期均线形成较强的支撑或阻力作用。当短期均线下跌到中长期均线位置时，往往会获得支撑反弹；而短期均线上涨到中长期均线位置时，也可能会遇到阻力下跌。

如图1-10所示，2022年11月下旬，深圳机场（000089）的股价虽然一度跌破其30日均线，但是5日均线下跌到30日均线位置获得支撑反弹。这样的形态也可以说明多方强势行情仍在继续，未来股价将持续上涨。

第 1 章 均线入门

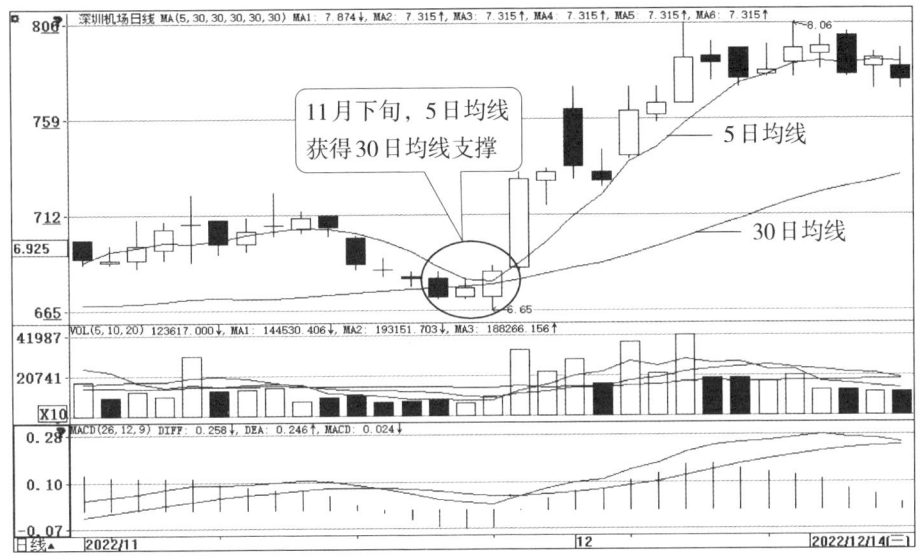

图 1-10 深圳机场日 K 线

1.2.3 观察均线和其他技术指标的配合形态

均线是最常用的技术指标之一。在使用均线指标时，如果投资者能结合其他技术指标进行判断，能够得到更好的效果。

成交量是反映股价涨跌动能的技术指标。通过将均线和成交量指标结合，投资者可以在知道当前股价涨跌趋势的同时也了解到股价涨跌的内在动能。这对投资者的买卖操作有很强的参考意义。

如图 1-11 所示，2022 年 10 月下旬至 11 月初，中国联通（600050）的 5 日均线、10 日均线和 30 日均线见底反弹。这说明股价逐渐进入上涨行情，是看涨买入信号。

在均线反弹的同时，其成交量也迅速放大。这样的形态是对多方强势行情的验证，说明随着股价上涨，有越来越多的投资者开始买入股票。而他们的买入将股价继续向上推升，吸引了更多的投资者。此时股价已经进入良性的上涨周期，即便稍有下跌，但上升趋势已经形成。这是十分强烈的看涨信号。

011

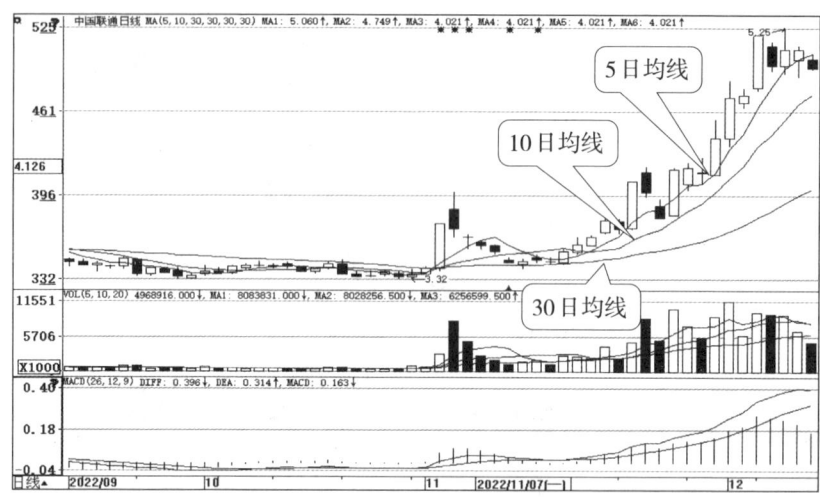

图1-11 中国联通日K线

MACD（Moving Average Convergence Divergence，指数平滑异同移动平均线）指标是最常用的技术指标之一。该指标可以反映股价涨跌的趋势及其涨跌速度的变化。通过将均线和MACD指标配合使用，投资者可以更加准确地判断当前市场上的涨跌趋势，使自己的买卖操作更加精准。

如图1-12所示，2022年5月10日，东望时代（600052）的5日均线向上

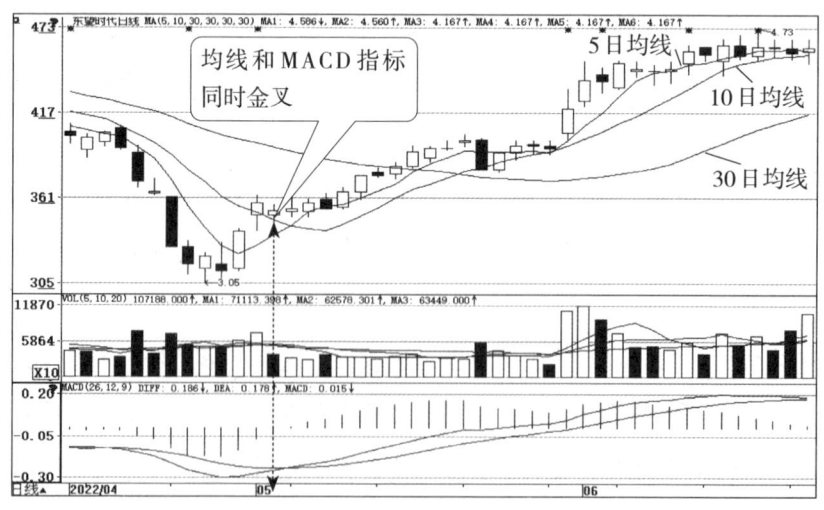

图1-12 东望时代日K线

突破了10日均线。这个形态被称为均线金叉，表示短期内的平均价格已经超过中期平均价格，是看涨信号。

与此同时，MACD指标中的DIFF线（Difference线，收盘价短期、长期指数平滑移动平均线间的差）也突破了DEA线（Difference Exponential Average线，DIFF线的M日指数平滑移动平均线），二者形成了MACD指标金叉形态。MACD指标金叉同样是看涨买入信号。这样，两个指标的金叉同时出现，就组成了一个更加强势的看涨买入信号。

1.3 均线指标的主要用途

投资者在使用均线指标时，可以观察均线和K线的相对关系、不同均线间的相对关系或者均线和其他技术指标的配合形态。通过上述分析，投资者就可以利用均线指标来指导自己的操作，例如找股票的买卖点、观察支撑位和阻力位、判断当前市场的涨跌趋势等。

1.3.1 利用均线找买卖点

通过观察均线指标的各种形态，投资者可以知道自己应该在何时买入股票，在何时卖出股票。例如，短期均线突破长期均线时，说明上涨行情开始，此时投资者就可以买入股票；而短期均线跌破长期均线时，说明下跌行情开始，此时投资者应该将手中的股票卖出。

如图1-13所示，2022年10月17日，厦门象屿（600057）的5日均线突破了34日均线。这个形态说明短期平均成交价格已经超过长期平均成交价格，市场上多方强势，未来股价可能会持续上涨。此时买点出现，投资者可以买入股票。

2022年12月15日，5日均线跌破了34日均线。这个形态说明短期平均成交价格低于长期平均成交价格，未来股价可能会持续下跌。此时卖点出现，投资者应该将手中的股票卖出。

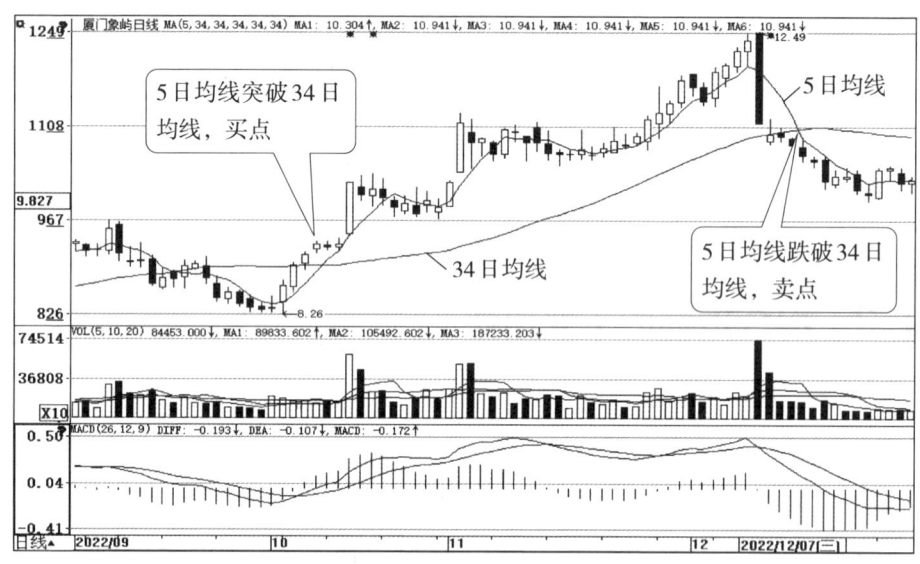

图1-13　厦门象屿日K线

1.3.2　利用均线看支撑位、阻力位

均线会在股价涨跌过程中形成重要的支撑位和阻力位。通过均线指标，投资者可以清楚地看到股价运行中的支撑和阻力情况，为自己的操作提供依据。

例如，当股价下跌到一条均线位置获得支撑后，这条均线就可以被当作有效的支撑线。如果投资者所持股票的股价在这条均线上方，投资者可以放心持股。

相反，如果股价上涨到某条均线的位置遇到阻力下跌，那这条均线就可以被看作股价上涨的阻力位。如果投资者手中未持有该股票，只要股价在均线下方，投资者就应该继续保持观望。

如图1-14所示，2022年2月底至3月初，永鼎股份（600105）的股价短暂反弹后遇到30日均线马上遇阻回调。这个形态证明30日均线是重要阻力线。这之后一段时间内，永鼎股份的股价持续在30日均线下方运行。

在持续下跌的过程中，只要股价不能有效突破30日均线，就说明下跌行情还在继续。如果投资者手中未持有该股票，应该耐心观望等待。

图1-14 永鼎股份日K线

1.3.3 利用均线判断涨跌趋势

投资者可以利用不同均线间的相对位置来判断当前股价的涨跌趋势。如果短期均线在长期均线上方，说明当前股价处于上涨趋势。在上涨趋势中，投资者可以积极买入股票，耐心持股。如果短期均线在长期均线下方，说明当前股价处于下跌趋势中。在下跌趋势中，投资者应该尽量谨慎操作，尽量压低自己的仓位水平。

如图1-15所示,2022年7月至10月,天山股份(000877)的5日均线一直在34日均线下方运行。这样的形态说明股价在短期内的交易价格一直低于中长期交易价格,是股价处于下跌行情中的标志。

在这样的持续下跌行情中,投资者应该尽量减少操作。即使发现了买入机会,也应该以短线操作为主,避免长期持股造成亏损。

图1-15 天山股份日K线

1.4 葛兰碧"八大买卖法则"

在所有有关均线的应用方法中,美国投资专家葛兰碧总结的"八大买卖法则"可谓是其中的精华。葛兰碧将道氏理论和均线结合起来,以股价当前的变动为基础,预测未来股价的运行方向。他总结的"八大买卖法则"包括四条买进法则和四条卖出法则。

1.4.1 四大买进法则

葛兰碧的买进法则包括以下四条。

法则一：移动平均线从下降逐渐走平且略向上方抬头，而股价从移动平均线下方向上方突破，此时为买进时机。

法则二：股价位于移动平均线之上运行，回调时未跌破移动平均线，后又再度上升，此时为买进时机。

法则三：股价位于移动平均线之上运行，回调时跌破移动平均线，但短期移动平均线继续呈上升趋势，此时为买进时机。

法则四：股价位于移动平均线以下运行，突然暴跌，距离移动平均线太远，极有可能向移动平均线靠近，此时为买进时机。

如图1-16所示，2022年4月下旬，四方股份（601126）股价经过快速下跌后，已经大幅偏离其20日均线的位置。根据葛兰碧四大买进法则中的第四条，此时股价有望向均线靠拢，为买进时机。

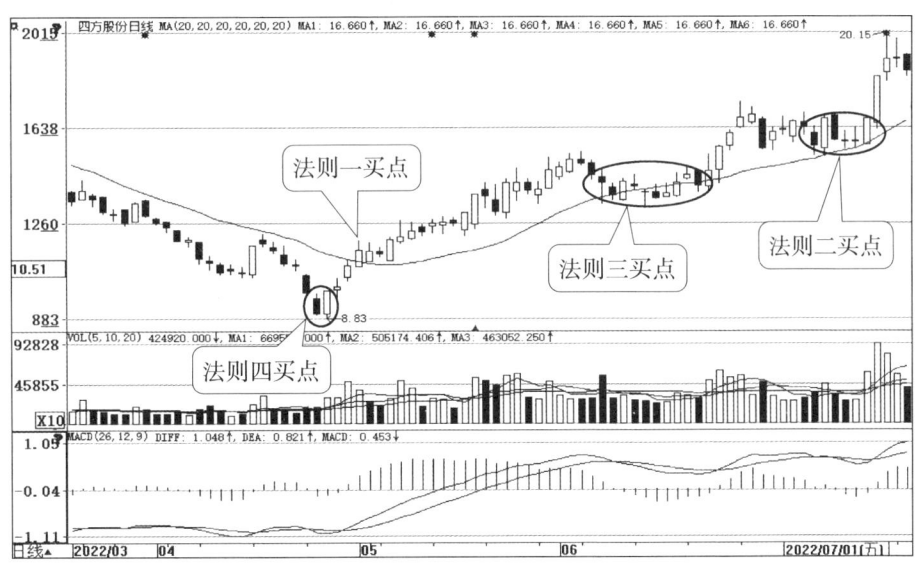

图1-16 四方股份日K线

5月5日，该股股价突破了20日均线，且均线也开始逐渐向上抬头。根据葛兰碧四大买进法则中的第一条，此时为买进时机。

6月，该股股价回调后跌破了20日均线，但20日均线仍继续上涨。根据葛兰碧四大买进法则中的第三条，股价很快就会再回到均线上方，此时为买进时机。

7月中旬，该股股价在20日均线上方运行一段时间后小幅回调，回调没跌破20日均线就再度向上。根据葛兰碧四大买进法则中的第二条，此时为买进时机。

1.4.2 四大卖出法则

葛兰碧"八大买卖法则"除了四大买进法则，还包括四大卖出法则。

法则五：股价位于移动平均线之上运行，连续数日大涨，离移动平均线越来越远。这说明近期内购买股票者获利丰厚，随时都会产生获利了结的卖压，此时为卖出时机。

法则六：移动平均线从上升逐渐走平，而股价从移动平均线上方向下跌破移动平均线。这说明卖压渐重，此时为卖出时机。

法则七：股价位于移动平均线下方运行，反弹时未突破移动平均线，同时移动平均线跌势减缓，趋于水平后又出现下跌趋势，此时为卖出时机。

法则八：股价反弹后在移动平均线上方徘徊，移动平均线却持续下跌，此时为卖出时机。

如图1-17所示，2022年7月中旬，明阳智能（601615）股价快速上涨，此时其股价已经大幅偏离了20日均线。根据葛兰碧四大卖出法则中的第五条，这样的形态意味着股价将向均线靠拢，此时是卖出时机。

7月20日，该股股价跌破了移动平均线，与此同时，20日均线也由上涨趋势逐渐走平。根据葛兰碧四大卖出法则中的第六条，此时为卖出时机。

8月16日开始，该股股价反弹时突破20日均线，之后在均线上方徘徊，但其20日均线却持续下跌。根据葛兰碧四大卖出法则中的第八条，此时为卖出时机。

第1章 均线入门

9月7日至8日，该股股价在反弹时未能突破20日均线，同时20日均线的下跌速度越来越快。根据葛兰碧四大卖出法则中的第七条，此时为卖出时机。

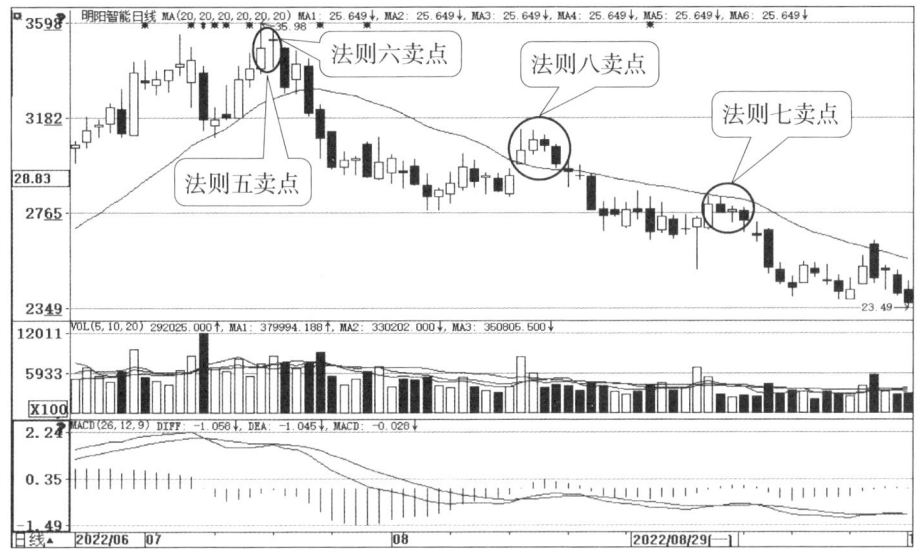

图1-17 明阳智能日K线

第 2 章

均线的基本用法

2.1 多头排列和空头排列

均线多头排列和空头排列是投资者判断股价涨跌趋势时最常用的方法。在判断多头排列或者空头排列形态时，投资者需要用到至少三条均线的组合。

2.1.1 多头排列看上涨趋势

移动平均线可以一定程度上反映一段时间内市场上的平均交易价格。短期均线反映短期内市场上的平均交易价格，长期均线反映长期内市场上的平均交易价格。

如果在K线图上，短期均线位于中期均线上方，中期均线又位于长期均线上方，就说明市场上短期的平均交易价格超过中期的平均交易价格，而中期的平均交易价格也超过了长期的平均交易价格。这样的形态被称作均线的多头排列形态。

多头排列形态一旦形成，就表示市场处于上涨行情中。投资者不断以更高的价格交易股票，而股票价格也被不断地抬高。这种推动股价上涨的多方力量一旦凝聚起来，往往能够持续很长时间，未来股价将受到推动而持续上涨。

如图2-1所示，2022年5月26日，华峰铝业（601702）的5日均线、13日均线和34日均线形成了多头排列。这说明市场进入多方强势的上涨行情，未来股价将在多方的推动下持续上涨，买点形成。

之后的上涨趋势里，虽然股价也有小幅回调，也跌破了5日均线，但均线的多头排列形态并没有被破坏。这说明整体来看股价还处于上涨趋势中，未来行情将继续上涨。

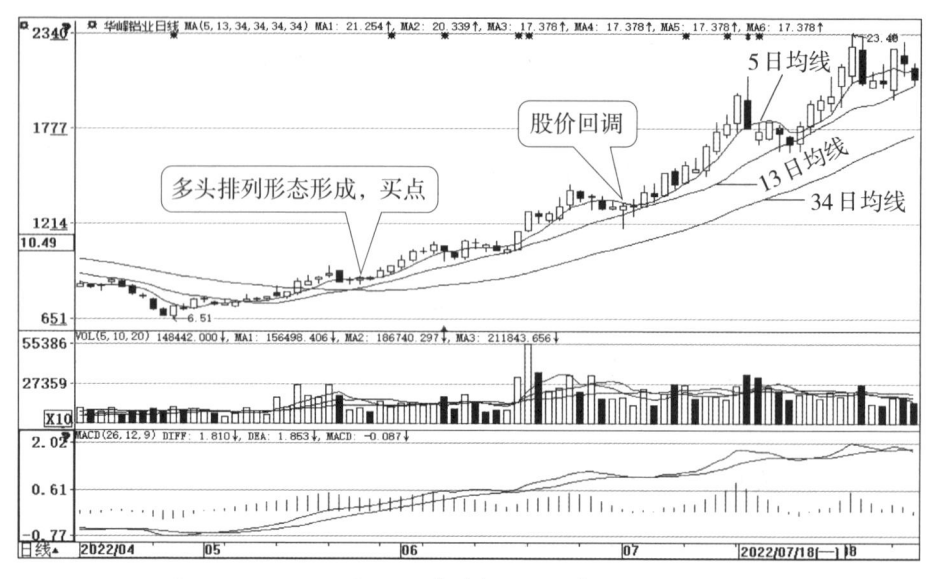

图 2-1 华峰铝业日 K 线

精讲提高

1. 投资者可以使用不同周期的均线组合来判断不同期间内的股价涨跌趋势。例如使用"5日、13日、34日"均线组合来判断短期股价的涨跌趋势，或者使用"20日、60日、120日"均线来判断股价中长期的涨跌趋势。

2. 投资者选择的均线周期越长，就越能过滤掉一些短期的涨跌信号。例如当股价出现短期内的快速下跌行情时，5日均线可能会跌破13日均线，这样就说明短期上涨趋势被破坏。但短期的快速下跌可能不会使20日均线跌破60日均线，这也意味着股价长期的上涨趋势还在继续。

2.1.2 空头排列看下跌趋势

当均线指标中的短期均线在中期均线下方，中期均线又在长期均线下方时，说明市场上短期的交易价格低于中期交易价格，中期交易价格又低于长期交易价格。这样的形态被称为均线的空头排列形态。

当均线形成空头排列形态时，说明市场处于下跌行情中。此时投资者不断以更低的价格卖出股票，而股价也受到打压而持续下跌。这种投资者大量卖出的空方动能一旦聚集起来，短期内难以消失。未来股价还将受到打压而持续下跌。

如图2-2所示，2022年11月14日，招商轮船（601872）经过持续震荡后，其5日均线、13日均线和34日均线完成了空头排列形态。这个形态说明市场进入了空方强势的行情，未来股价可能会持续下跌，仍持有该股票的投资者要注意及时卖出。

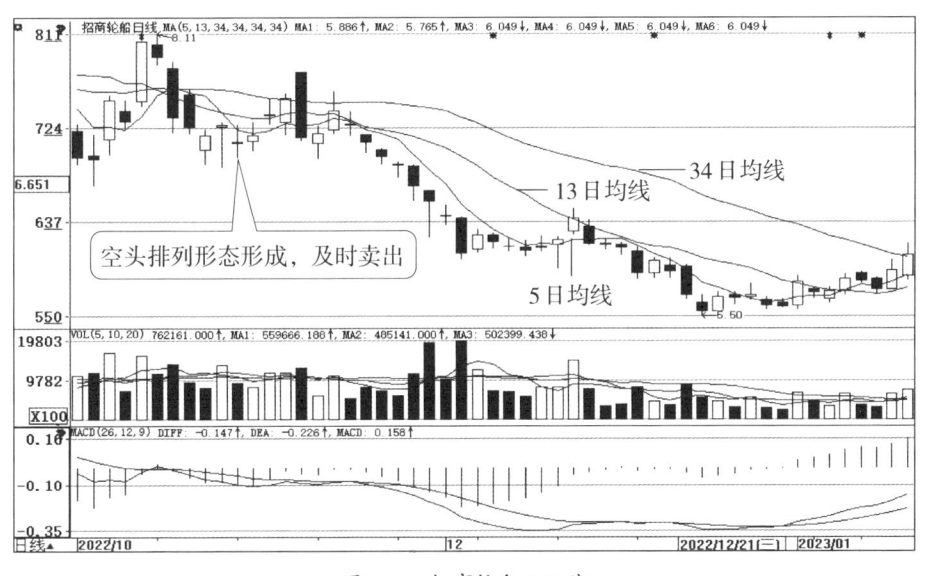

图2-2 招商轮船日K线

精讲提高

1.当市场处于上涨趋势中时，投资者可以大胆交易，重仓持股。相反，当市场处于下跌趋势中时，投资者就应该尽量谨慎交易。此时即使发现了看涨买入信号，投资者也应该尽量轻仓买入。

2.当股价处于上涨趋势中时，如果成交量同步放大，这大大增加了该信号的可靠性。当股价处于下跌趋势中时，则不需要成交量的配合。

2.2 股价对均线的突破

均线可以代表过去一段时间内市场上的平均交易价格。如果投资者将当前市场上的交易价格和过去一段时间的平均交易价格做比较，就可以预测未来股价涨跌，为自己买卖股票提供参照。

2.2.1 股价突破均线时的买点

股价突破均线，说明当前的交易价格已经超过了过去一段时间内的平均交易价格。此时，过去一段时间买入股票的投资者多数处于盈利状态，纷纷看好后市，未来股价可能会持续上涨，这是投资者买入股票的时机。

当股价对均线形成突破后，可能会有小幅回抽，但回抽到均线位置往往就会获得支撑而再次上涨。当股价回抽获得支撑时，该形态的第二个买入时机出现。

如图2-3所示，2022年5月10日，四方股份（601126）的股价突破了其30日均线。这样的形态说明经过一段时间的上涨后，最近30个交易日内买入股票的投资者多数已经处于盈利状态。他们将持续看好后市，未来股价将继续上涨。

当股价对30日均线形成有效突破后，买入时机出现。

如图2-4所示，2022年11月3日，三江购物（601116）的股价突破其30日均线。这个形态是看涨买入信号，此时是第一个买入时机。

11月下旬，三江购物的股价回落，逐渐向30日均线靠近。11月28日，股价回抽到30日均线后获得明显的支撑。这次"回抽、获得支撑"是对之前突破形态的确认，此时第二个买入时机出现。

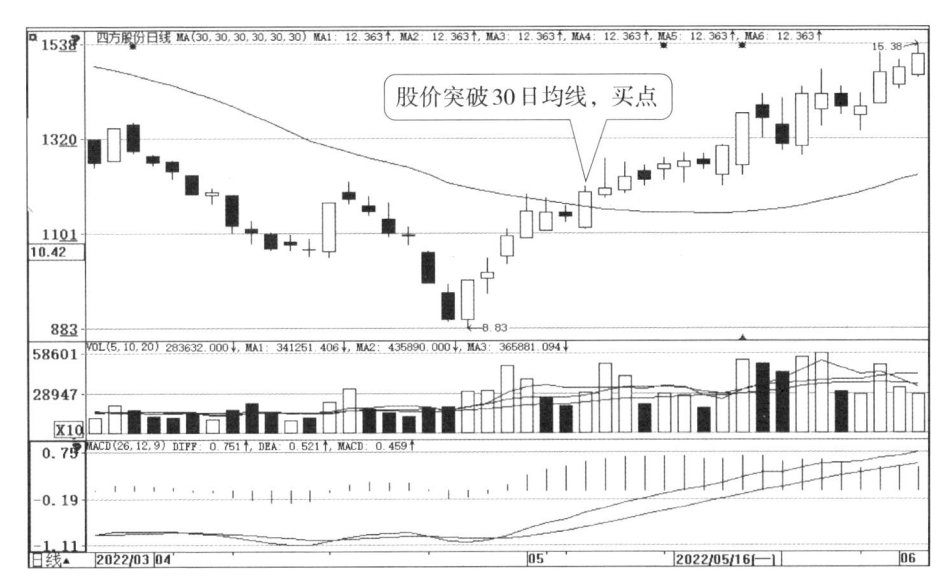

图 2-3　四方股份日 K 线

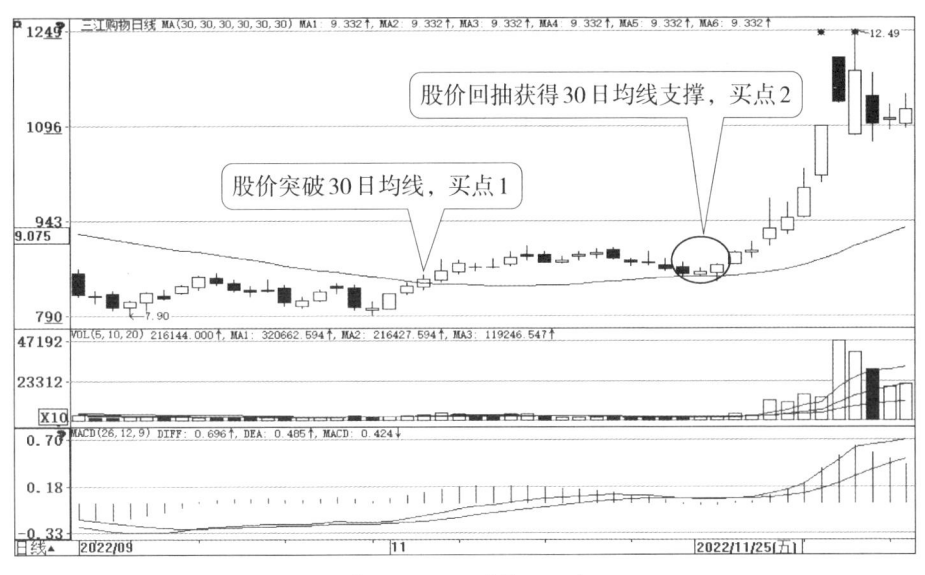

图 2-4　三江购物日 K 线

精讲提高

1.在股价向上突破30日均线的同时，最好成交量也能持续放大。这是对多方强势形态的验证，这样的情况下该形态的看涨信号会更加强烈。

2. 股价突破均线后可能回抽，也可能没有。如果股价没有回抽，该形态就没有第二个买点。

3. 投资者在实际操作时可以参照其他周期的均线，例如60日均线、120日均线等。均线的周期越长，该形态的可靠性就越高，但相应的买卖信号会比较滞后。

2.2.2 股价跌破均线时的卖点

股价跌破移动平均线，说明当前的交易价格已经低于过去一段时间内的平均交易价格。过去一段时间买入股票的投资者中，多数已经处于亏损状态。这样的形态会让投资者对后市产生悲观情绪，未来股价可能会受到持续打压，此时是投资者卖出股票的时机。

当股价跌破均线后，可能会有小幅的反弹回抽。当股价回抽到均线位置时往往会再次遇到阻力下跌，这次回抽是对之前股价跌破均线的确认。此时是该形态的第二个卖出时机。

如图2-5所示，2022年8月31日，骆驼股份（601311）的股价跌破其30日均线。这个形态说明经过持续下跌后，当前股价已经低于过去30个交易日买入股票投资者的平均交易价格。这些投资者中多数已经处于套牢状态。他们将因此而看淡后市，未来股价将受到持续打压。此时是投资者卖出股票的时机。

如图2-6所示，2022年8月23日，长城军工（601606）的股价跌破其30日均线。这是一个看跌卖出信号，此时形成第一个卖出时机。

2022年9月13日，股价反弹到30日均线位置时遇到阻力下跌。这次反弹是对之前看跌信号的确认，此时该形态的第二个卖出时机出现。

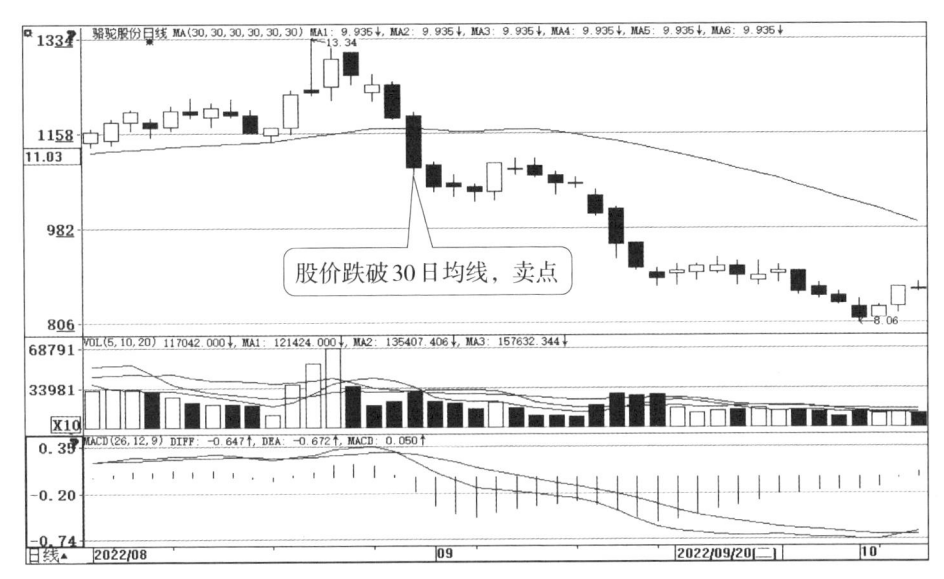

图 2-5 骆驼股份日 K 线

图 2-6 长城军工日 K 线

精讲提高

1.股价跌破均线后可能会回抽,也可能没有。如果股价没有回抽,表明该形态没有第二个卖点。

2.投资者在实际操作时可以参照其他周期的均线,例如60日均线、120日均线等。均线的周期越长,投资者踏空后市的风险就越小,但相应的,投资者在卖出时股价可能已经有了更大的跌幅。

2.3 均线对股价的支撑和阻力

均线会在股价涨跌过程中形成重要的支撑和阻力作用。投资者在观察股价走向时,可以将均线作为重要的支撑位或阻力位参考。

2.3.1 均线对股价的支撑

在均线上涨过程中,如果股价下跌到均线位置并没有跌破均线,而是见底反弹,就说明均线对股价形成了有效支撑。此时多方还有能力将股价继续向上拉升,上涨行情还在继续。

如图2-7所示,2022年11月21日,兴业银行(601166)股价下跌到30日均线附近后并没有跌破30日均线,而是再次上涨,而且K线形成锤子线形态。这个形态说明30日均线对股价形成了有效的支撑,未来股价还会继续上涨,投资者要注意及时买入。

如图2-8所示,2022年6月底到7月中旬,林洋能源(601222)的股价短暂回落到30日均线附近,但随后获得了支撑,缓缓上涨。这样的形态显示30日均线对股价形成了有效支撑,预计未来股价还会继续上涨。

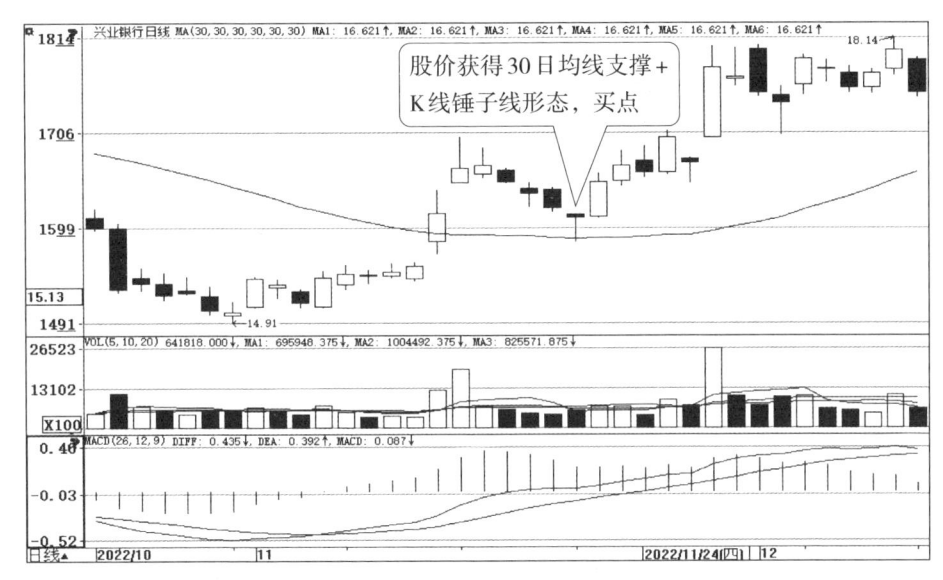

图 2-7　兴业银行日 K 线

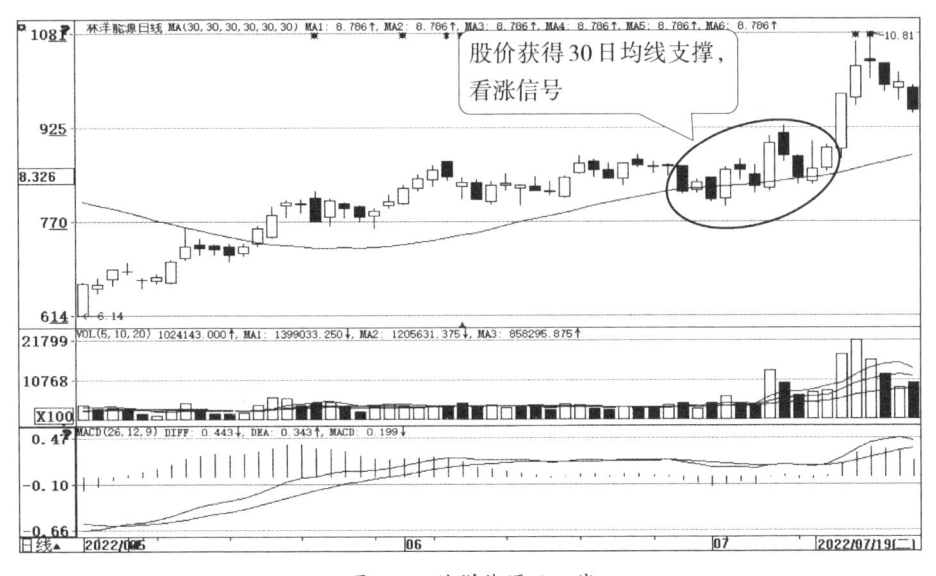

图 2-8　林洋能源日 K 线

精讲提高

1.有时股价可能会略微跌破均线,但是只要跌破的幅度不大,且股价很快被拉升回均线上方，投资者就可以认为这样的均线支撑位有效。

2. 在股价在均线位置获得支撑的同时如果成交量持续萎缩，说明空方打压股价的力量并不强。此时该形态的看涨信号更加可靠。

3. 为了操作更加安全，投资者可以等到股价完全脱离均线的支撑位置、开始加速上涨时再买入股票。

4. 当均线对股价形成有效支撑时，这根均线本身最好也在持续上涨。如果均线走平或者下跌，即使支撑位有效，未来股价也难以持续上涨。

2.3.2 均线对股价的阻力

在均线持续下跌时，如果股价上涨到均线位置不能有效向上突破，而是见顶下跌，就说明均线成为股价上涨的阻力。这样的形态说明多方无力持续拉升股价，空方还在主导行情，未来股价会受到打压而持续下跌。

如图2-9所示，2022年9月8日至9日，绿色动力（601330）股价反弹到30日均线后遇到阻力下跌。这样的形态说明多方无力继续拉升股价，未来股价将在空方的打压下持续下跌。

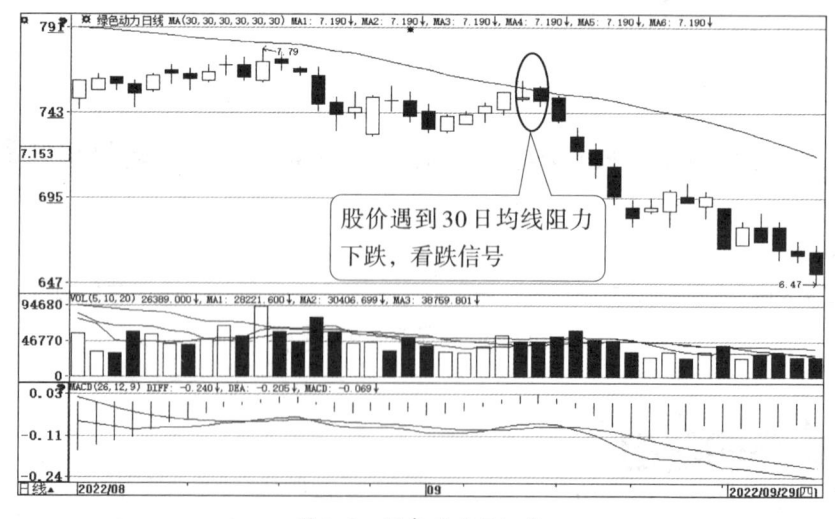

图2-9　绿色动力日K线

如图2-10所示,从2022年8月底开始,中国中铁(601390)股价虽然短暂地突破了其30日均线,但很快就上涨乏力,开始下跌。9月9日至13日,K线形成了看跌吞没形态,这说明30日均线对股价形成了较强的阻力,未来股价可能会持续下跌。

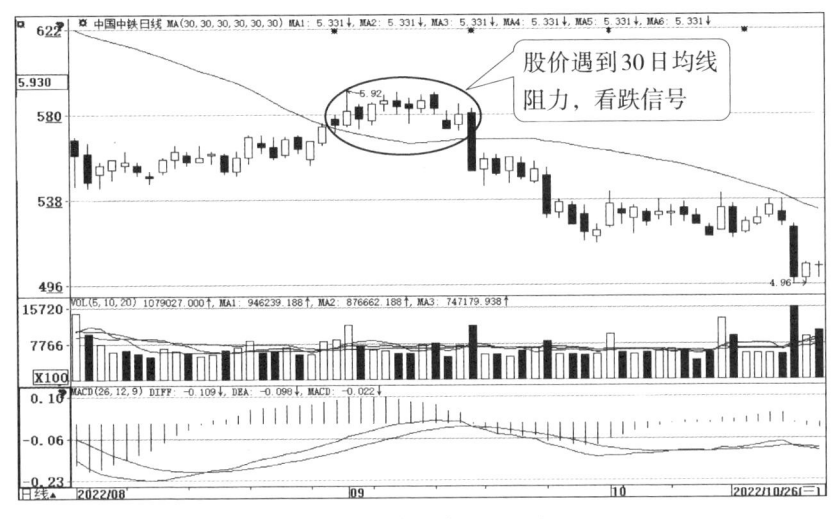

图2-10 中国中铁日K线

精讲提高

1.有时股价可能会略微突破均线,但是如果突破的幅度不大,且股价马上就被打压回均线下方,投资者就可以认为这样的均线阻力位有效。

2.在股价在均线位置遇到阻力的同时,如果成交量持续放大,说明多方虽然努力将股价向上拉升,但空方的力量十分强大。多空双方在均线位置经过激烈争夺后,最终空方胜出。此时该形态的看跌信号更加可靠。

3.在实际操作时,投资者可以选择30日均线作为支撑或者阻力参考,也可以选择10日均线、60日均线等。均线的周期越长,其对股价形成支撑或者阻力的参考作用越强。

2.4　均线间的金叉和死叉

在多条不同周期的均线中,短期均线表示短期内市场上所有投资者的平均交易价格,长期均线则表示长期内市场上所有投资者的平均交易价格。通过对短期均线和长期均线位置的比较,投资者可以了解到当前短期交易价格相对于长期交易价格的变动情况,进而预测未来股价的走向。

2.4.1　均线金叉的买点

在短期均线和长期均线同时上涨的时候,如果短期均线自下而上突破了长期均线,就形成了均线金叉形态。

均线金叉形态说明随着股价上涨,市场上的多方力量逐渐凝聚起来。短期内投资者的平均交易价格被不断抬高,并且已经超过了长期的平均交易价格,未来股价有加速上涨的趋势。当均线金叉形态形成时,买入时机出现。

如图2-11所示,从2022年5月中旬开始,随着股价持续上涨,三星医疗(601567)的10日均线见底反弹。

5月31日,10日均线成功突破30日均线,此时30日均线已经开始上涨,二者形成了均线金叉形态。这个形态说明随着股价不断上涨,短期交易价格已经超过长期交易价格。此时上涨趋势已经形成,并且未来股价的上涨速度可能还会越来越快,买入时机出现。

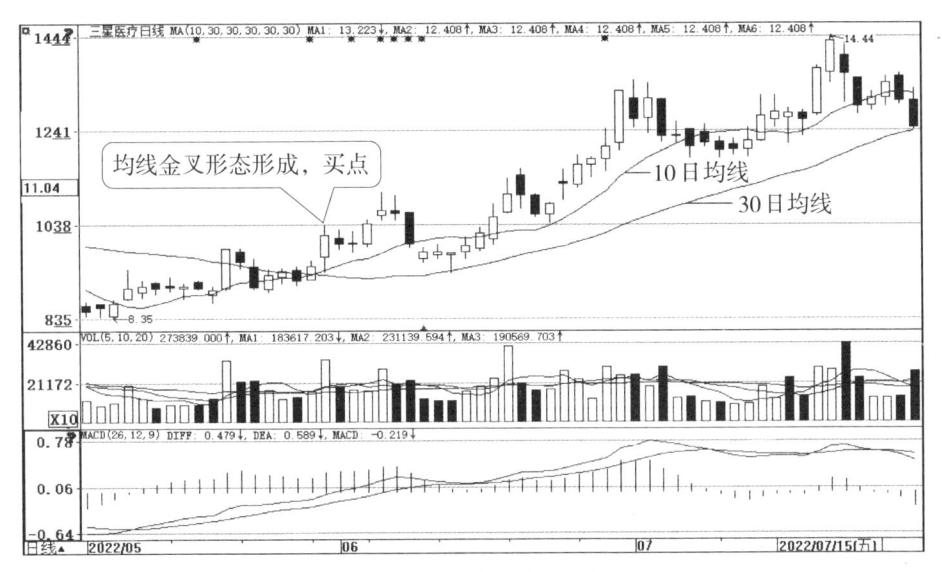

图 2-11　三星医疗日 K 线

精讲提高

1.当短期均线突破长期均线时，如果长期均线持续下跌，说明股价长期的下跌趋势还没有被扭转。此时买入，投资者需要冒一定的风险。

2.在短期均线向长期均线靠拢的过程中，如果成交量逐渐放大，说明多方在积极拉升股价，该形态的看涨信号会更加可靠。

3.如果均线金叉和 MACD 指标金叉同时出现，二者能相互验证，则该形态的看涨信号会更加强烈。

2.4.2　均线死叉的卖点

当短期均线和长期均线同时下跌时，如果短期均线从上向下跌破了长期均线，二者就形成了均线死叉形态。

均线死叉形态说明股价正处于持续的下跌行情中，并且短期内的交易价格相对于长期来看越来越低。这是未来股价还将持续下跌，并且下跌速度可能会越来越快的信号。当均线死叉形态形成时,卖出时机出现。

如图2-12所示,从2022年7月下旬开始,中信重工(601608)的10日均线掉头下跌,同时其30日均线逐渐走平。

8月9日,中信重工的10日均线跌破了30日均线,此时其30日均线也进入了下跌趋势,二者形成均线死叉形态。这个形态说明股价将进入持续的下跌行情,而且未来股价下跌的速度将会越来越快,此时是卖出股票的时机。

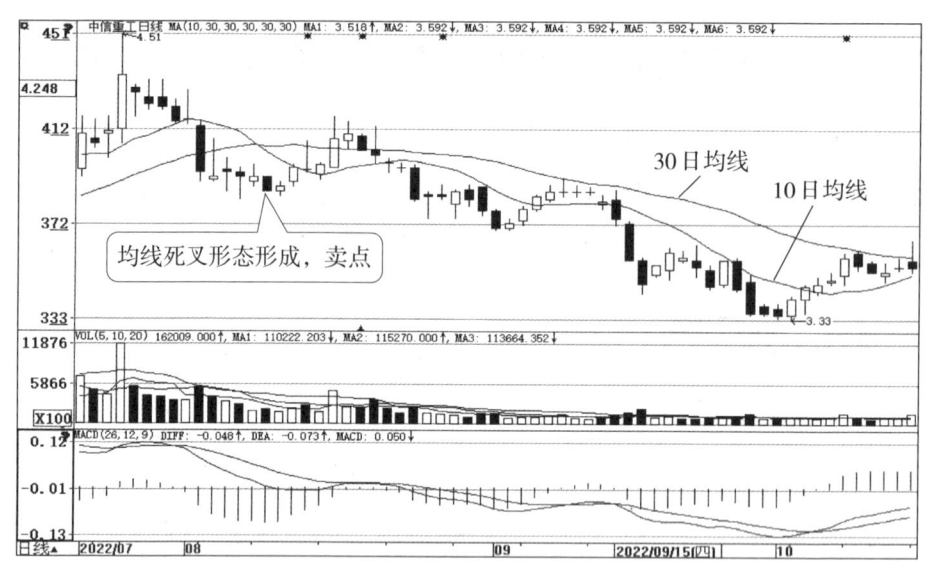

图2-12 中信重工日K线

精讲提高

1.当短期均线跌破长期均线时,如果长期均线持续上涨,说明股价长期的上涨趋势还没有被扭转,此时卖出股票可能有踏空后市的风险。

2.如果均线死叉和MACD指标死叉同时出现,二者能相互验证,则该形态的看跌信号会更加强烈。

3.在实际操作中寻找金叉或者死叉时,投资者可以选择"5日、34日"或者"10日、30日"均线组合作为短线操作参考,也可以使用"20日、60日"

均线组合或者"30日、120日"均线组合等。选择的均线周期越长,其金叉或者死叉的买卖信号可靠性越高,但相应的也会更加滞后。

2.5 均线间的支撑和阻力

短期均线在涨跌波动过程中,可能会遇到长期均线较强的阻力或者支撑。当这种形态出现时,也可以为投资者的操作提供一定的参考依据。

2.5.1 长期均线对短期均线的支撑

当长期均线持续上涨时,如果短期均线回落到长期均线位置获得支撑反弹,说明多方正在持续拉升股价,股价未来还会持续上涨。

如图2-13所示,从2021年11月下旬开始,风范股份(601700)股价回

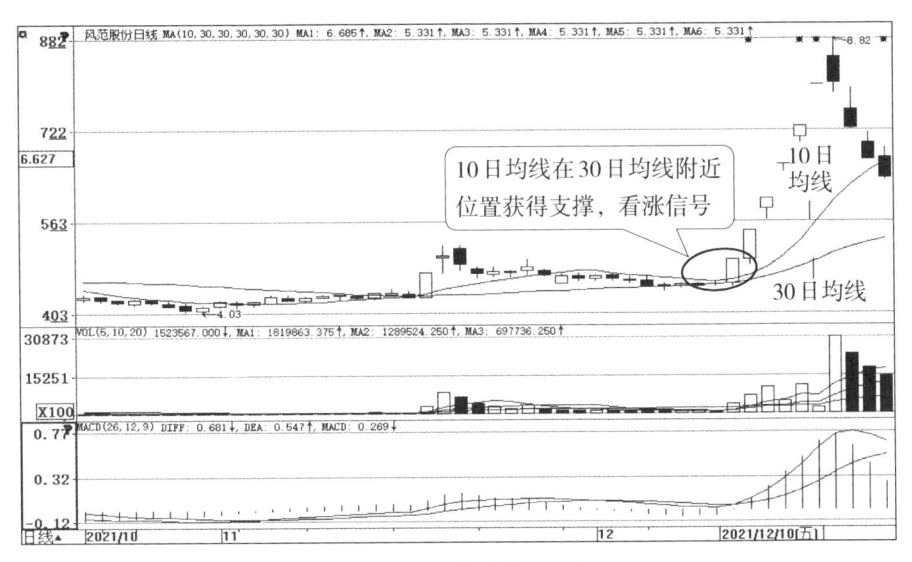

图2-13 风范股份日K线

调，同时带动其10日均线也小幅回落。12月初，当10日均线回落到30日均线附近位置时，开始获得支撑反弹，12月13日直接大幅放量涨停。这样的形态说明持续的上涨行情仍在继续，之前的股价回调并不会影响股价长期上涨趋势，且新一轮涨势已经快速启动，这是一个看涨买入信号。

精讲提高

1. 当短期均线在长期均线位置获得支撑时，长期均线最好持续上涨。如果此时长期均线下跌，说明股价还处于下跌行情中。未来即使股价上涨，也可能只是下跌过程中的小幅反弹。

2. 短期均线可能会短暂地跌破长期均线，不过只要跌破的幅度不大，且短期均线很快就被拉升回长期均线上方，投资者就依然可以认为该形态的看涨信号有效。

2.5.2　长期均线对短期均线的阻力

当长期均线持续下跌时，如果短期均线上涨到长期均线位置却不能形成有效突破，而是遇到阻力下跌，就说明多方无力持续拉升股价，未来股价将受到空方的打压而持续下跌。

如图2-14所示，2022年2月开始，星宇股份（601799）股价开始下跌。

在下跌过程中，股价在3月出现反弹，10日均线随之向30日均线靠拢，但最终受阻再次向下，这说明下跌动能较强，未来股价还将在空方的打压下持续下跌。这是明显的看跌卖出信号。

精讲提高

1. 如果短期均线在长期均线位置遇到阻力，同时长期均线持续上涨，说

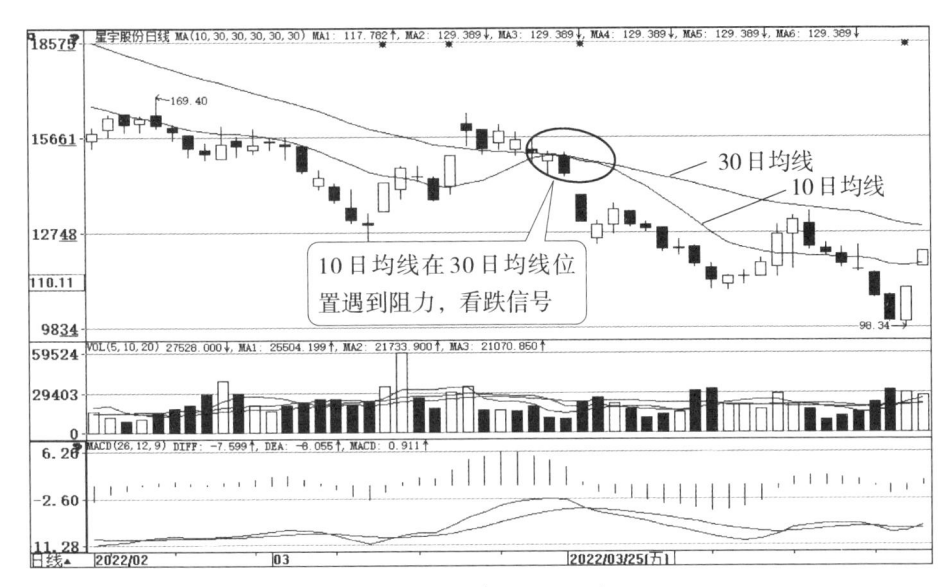

图2-14 星宇股份日K线

明股价处于持续上涨趋势中。未来短期均线还可能会再度上攻,最终突破长期均线的阻力。这样的情况下,投资者可以持续关注股价走向,伺机买入。

2.短期均线可能会短暂地突破长期均线,但马上就会被再度打压回长期均线下方,这样的形态仍然是看跌信号。

3.投资者可以通过"10日、30日"均线组合观察短期趋势变化,也可以通过"20日、60日"或者"30日、120日"均线组合来观察股价长期趋势变化。均线周期越长,其信号准确度越高,但相应的也会更滞后。

第 3 章

均线的特殊形态

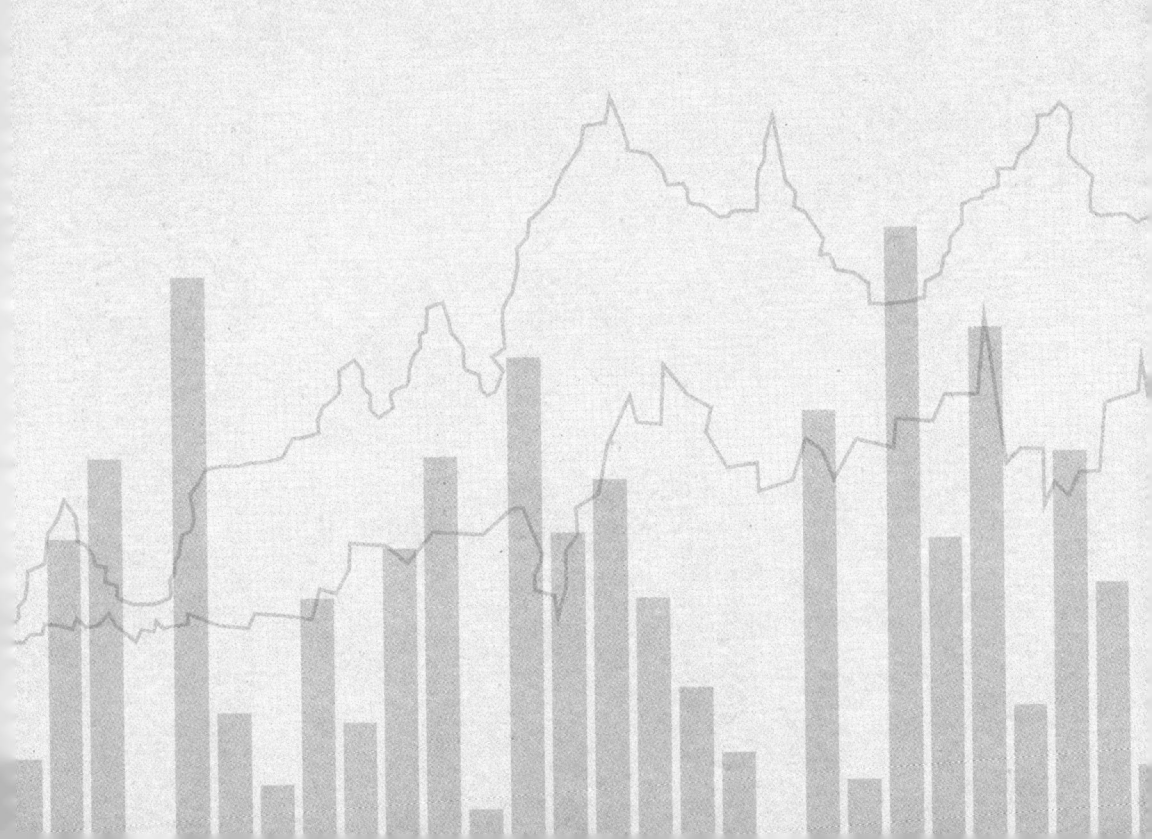

3.1 一线穿多线

一线穿多线是指一根K线连续穿越多条均线的形态。

3.1.1 一阳穿多线

当股价横盘整理一段时间后,其多条均线往往会持续纠缠在一起。此时如果出现一根长阳线,一举向上穿越多条均线,就形成了一阳穿多线的形态。

这样的形态说明在股价横盘整理过程中,市场上的多方动能不断累积。出现向上突破的大阳线,就是多方力量集中爆发的信号,未来股价将在多方力量的拉动下持续上涨。当这样的阳线形成时,就是买入股票的时机。

如图3-1所示,2022年9月,格尔软件(603232)经过一段时间横盘整理

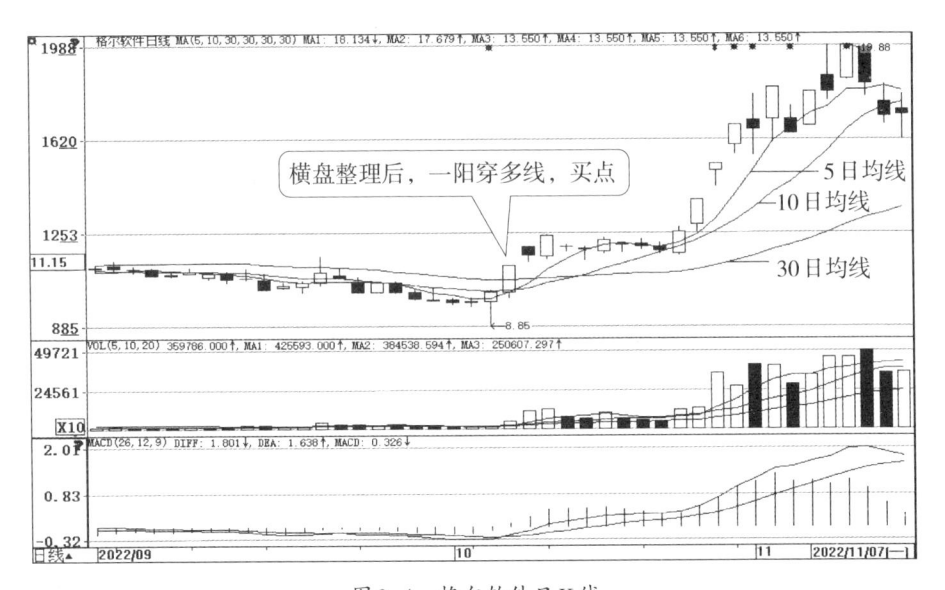

图3-1 格尔软件日K线

后，其5日均线、10日均线、30日均线反复纠缠在一起。10月13日，出现一根长阳线，一举突破这三条均线。这样的形态说明多方力量经过持续累积后在这一天集中爆发，未来股价将在多方力量的拉动下持续上涨。在这根长阳线即将收盘时，就是买入股票的时机。

精讲提高

1.如果这根突破的K线是跳空上涨阳线，或者是涨停一字线，在股价跳空开盘时就穿越了多条均线，说明多方力量十分强势。这样即使阳线实体没有穿越均线，该形态也是有效的看涨信号。

2.如果向上突破的阳线带有较长的上影线，说明股价上涨后遇到较大阻力。这时投资者可以继续观察后市，等上涨行情得到进一步确定时再买入股票。

3.出现长阳线的同时如果成交量大幅放大，则是多方力量集中爆发的信号。这样的情况下，该形态的看涨信号会更加可靠。

3.1.2 一阴破多线

当股价横盘整理一段时间，多条均线纠缠在一起时，如果出现一条长阴线，一举向下跌破了多条均线，就形成一阴破多线的形态。

这个形态说明在股价横盘整理过程中，市场上的空方力量逐渐积累起来。而这条跌破多条均线的长阴线，则是空方力量集中爆发的体现，未来股价将在空方的打压下持续下跌。

如图3-2所示，从2022年11月中旬开始，天安新材（603725）股价在顶部持续横盘整理，同时其5日均线、10日均线反复纠缠在一起。12月14日，股价大幅下跌，出现长阴线。这条长阴线一举跌破了三条均线，形成一阴破多线的形态。这个形态说明市场上的空方力量经过一段时间累积后集中爆发，未来股价将在空方力量的打压下持续下跌。当这条阴线即将收盘时，就是卖出股票的时机。

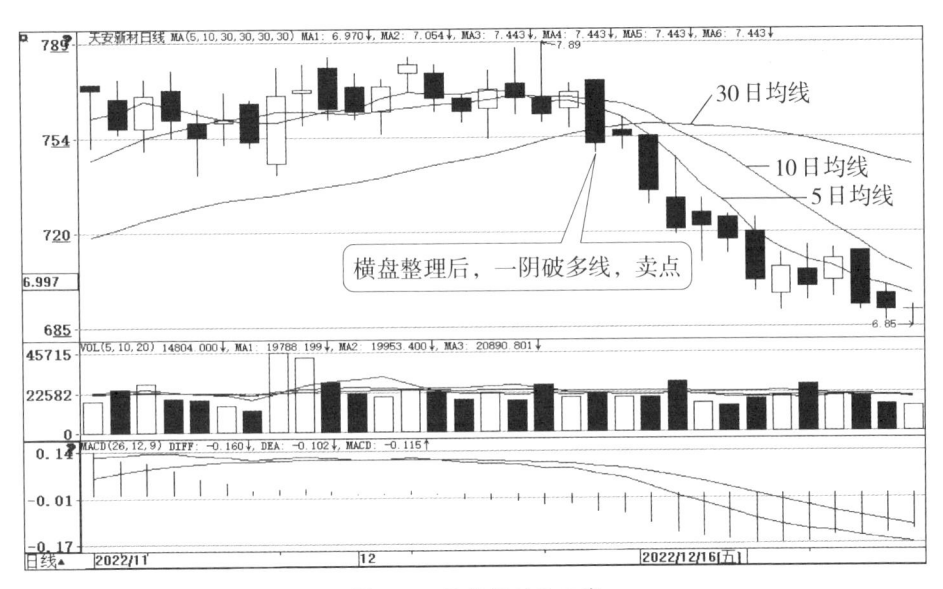

图 3-2 天安新材日 K 线

精讲提高

1.如果跌破多条均线的 K 线是跳空下跌的阴线，或者是跌停一字线，在股价跳空开盘时就跌破了多条均线，说明空方力量十分强势。这样即使阴线实体没有穿越均线，该形态也是有效的看跌信号。

2.如果跌破多条均线的阴线带有长下影线，则说明股价下跌后获得较强支撑。这样的情况下，投资者不用急于卖出，可以等下跌行情进一步确定后再卖出股票。

3.2 均线的银山谷、金山谷、死亡谷

均线的银山谷和金山谷，是指三条均线在运行过程中相互交叉所形成的三角形区域。这样的区域对投资者操作股票有重要的参考作用。

3.2.1 均线银山谷

均线的银山谷形态又被称作均线价托形态。该形态往往出现在一段下跌行情的尾端。一开始均线呈空头排列，随后短期均线先后突破了中期均线和长期均线，而中期均线也突破了长期均线。此时，三条均线组成了一个三角形区域，这就是均线的银山谷形态。

银山谷形态显示股价由空头排列进入多头排列的过程，即市场已经由空方主导的下跌行情进入了多方主导的上涨行情，这是未来股价会持续上涨的信号。当银山谷形态形成时，买入时机出现。

如图3-3所示，2022年10月上旬，海天精工（601882）股价见底反弹。在股价反弹过程中，其5日均线持续上涨，相继突破了10日均线和30日均线。随后其10日均线也突破了30日均线。10月19日，三条均线围成了一个三角形区域，银山谷形态形成，买点出现。

如图3-4所示，2022年10月底，旗滨集团（601636）股价见底反弹。虽然其5日均线、10日均线和30日均线在反弹过程中所围成的区域并不是一个十分标准的三角形，但这仍然可以被算作一个有效的银山谷形态。11月18日，10日均线突破了30日均线，银山谷形态形成，此时是投资者买入股票的时机。

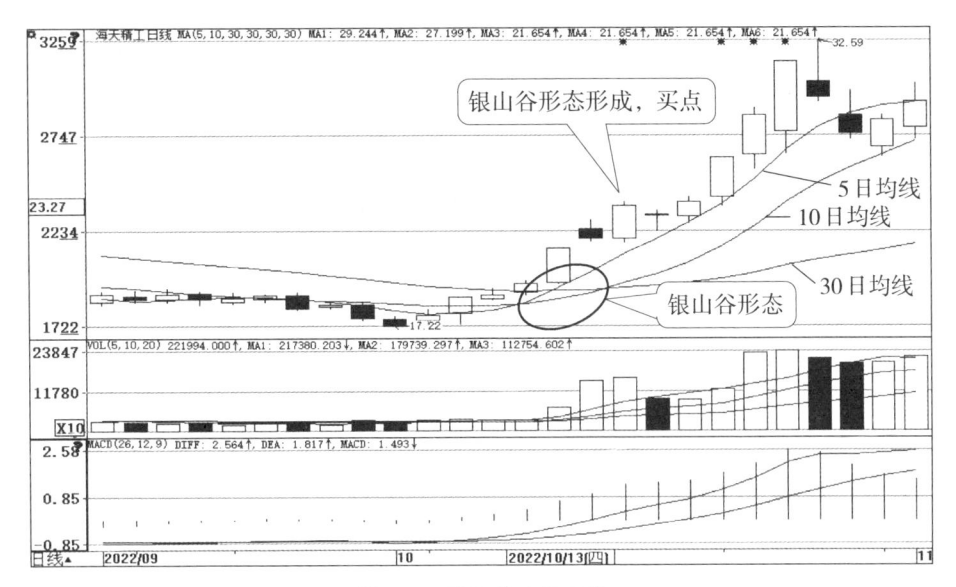

图 3-3 海天精工日 K 线

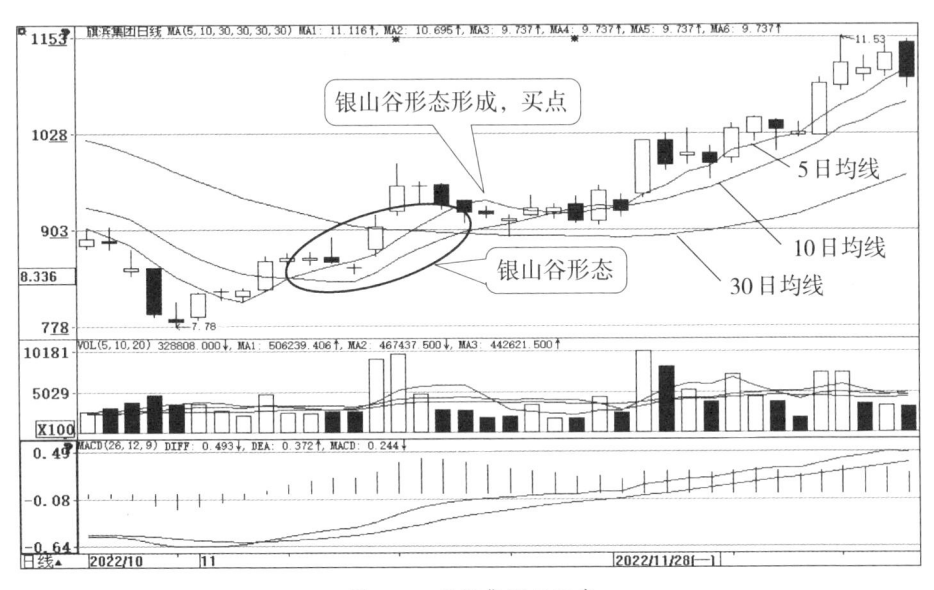

图 3-4 旗滨集团日 K 线

精讲提高

1.在银山谷形态的形成过程中,股价可能快速下跌导致5日均线回调,这会造成三角形其中的一个边极度弯曲。但只要回调不跌破下方均线，该形态就仍然是有效的看涨信号。

2. 在银山谷形态的形成过程中，如果成交量逐渐放大，说明多方在此过程中持续拉升股价。这样的情况下，该形态的看涨信号会更加强烈。

3. 银山谷形态实际是多条均线由空头排列最终变成多头排列的过程。如果未来股价见顶回调，使多头排列被破坏，说明上涨行情结束，此时投资者应该卖出手中的股票。

3.2.2 均线金山谷

均线的银山谷形态形成后，如果股价没有持续上涨，而是横盘整理，那么，刚刚形成的多头排列就会被逐渐破坏。此时股价再次被向上拉升，三条均线再度形成与之前银山谷完全相同的形态，这就是均线的金山谷形态。

前面的银山谷形态失败说明虽然前期的下跌趋势已经结束，但多方在拉升股价时遇到了巨大阻力，导致股价不能持续上涨。随后的金山谷形态则表示多方经过一段时间调整后开始持续拉升股价，此时真正的上涨行情已经开始，买点出现。

如图 3-5 所示，从 2022 年 4 月底开始，蓝科高新（601798）股价触底反弹，5 月中旬，日 K 线图上出现了银山谷形态。这个形态说明股价结束之前的持续下跌行情，有见底反弹的趋势。不过随后一段时间，股价并没有被持续拉升，而是冲高回落，5 日均线、10 日均线相继跌破 30 日均线，刚刚形成的均线多头排列就被破坏。这说明虽然之前的下跌行情结束，但多方将股价向上拉升时仍然遇到了强烈的阻力。

2022 年 7 月 22 日，三条均线在一个较低的位置再次形成了与银山谷相同的形态，这就是均线的金山谷形态。这个形态说明经过一段时间整理后，股价突破了上方阻力，开始被再度向上拉升。该形态形成时，就是买入股票的时机。

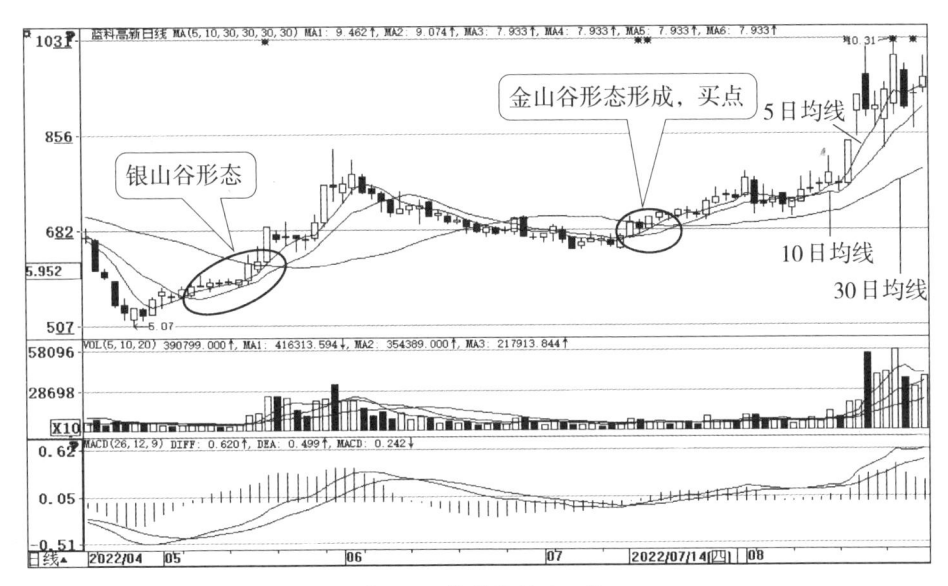

图3-5 蓝科高新日K线

如图3-6所示，2022年11月，科沃斯（603486）股价见底反弹。同时，其均线组成了银山谷形态。随后其股价虽然有所上涨，但上涨的速度十分缓慢。这说明多方在拉升股价的过程中遇到巨大阻力。12月，股价遇阻回调，

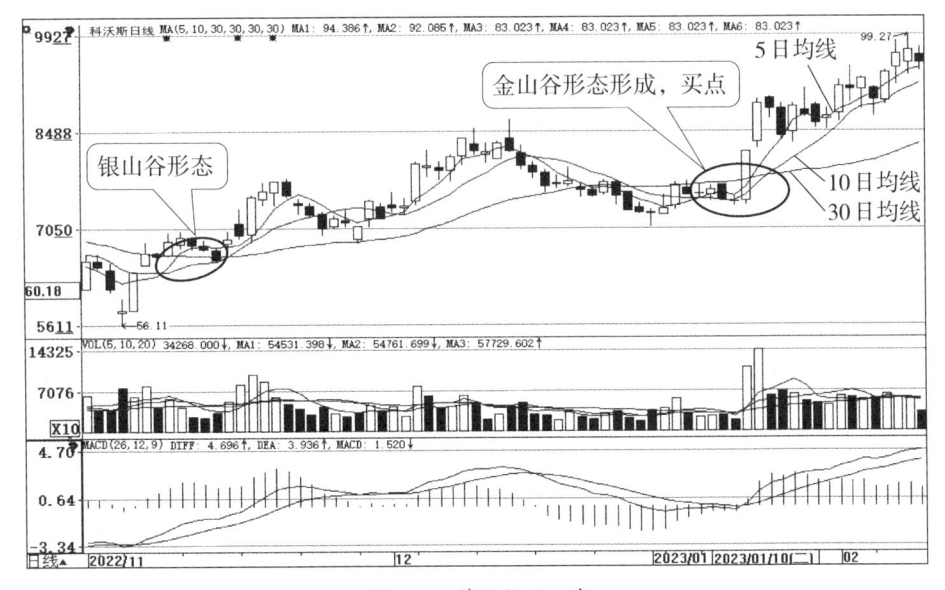

图3-6 科沃斯日K线

均线的多头排列形态也被破坏。

2023年1月，科沃斯的股价经过一段时间整理后，再度被向上拉升。同时三条均线也在比之前银山谷形态更高的位置形成了金山谷形态。这个形态说明多方消化掉上方抛盘压力后，开始将股价继续向上拉升，此时买入时机出现。

精讲提高

1.金山谷形态由连续两个银山谷形态组成。第一个银山谷形态失败，随后又出现一个相同的形态，是对多方强势的确认。

2.当第一个银山谷形态失败，股价回调时，如果成交量持续萎缩，就说明空方抛盘压力逐渐减弱。而随后的金山谷形态形成时，如果成交量逐渐放大，就说明多方力量持续增强。这样的情况下，未来的看涨信号会更加可靠。

3.金山谷形态的位置可能略低于银山谷形态，也可能略高于银山谷形态，不过两者之间的差距不宜过大。

3.2.3 均线死亡谷

均线死亡谷形态是与均线银山谷形态完全相反的一个形态。该形态往往出现在一段上涨行情的尾端。当股价上涨一段时间后，短期均线、中期均线和长期均线先是呈多头排列，随后股价见顶下跌。随着股价的下跌，短期均线先后跌破了中期均线和长期均线，而中期均线也跌破了长期均线。至此，三条均线共同组成了一个三角形区域。这就是均线的死亡谷形态。

均线出现死亡谷形态说明三条均线已经由多头排列变成空头排列，而市场也已经由多方主导的上涨行情进入空方主导的下跌行情。均线死亡谷形态形成后，股价将持续下跌。

如图3-7所示，2022年3月，展鹏科技（603488）的股价开始下跌。在下跌过程中，其5日均线先后跌破了10日均线和30日均线，另外其10日均线也跌破了30日均线。这三条均线共同组成了均线死亡谷形态。

4月15日，随着股价下跌，10日均线跌破30日均线，这是死亡谷形态形成的标志，卖出时机出现。

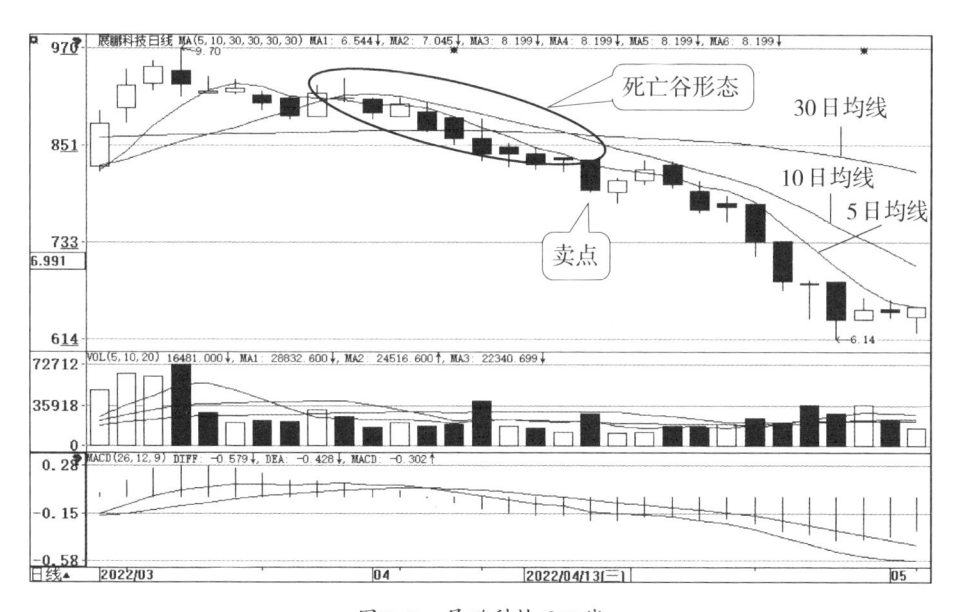

图3-7 展鹏科技日K线

精讲提高

1.在死亡谷形态的形成过程中，股价可能反弹导致5日均线反弹。但只要反弹无法突破上方均线，该形态就仍然是有效的看跌信号。

2.在死亡谷形态形成后，如果均线没有持续下跌，而是横盘一段时间后再形成一个死亡谷形态，说明股价下跌虽然获得支撑，但是支撑力量较弱，这是更加强烈的卖出信号。

3.3 均线老鸭头形态

老鸭头形态是由三条均线组成的形似鸭头的形态。

3.3.1 均线老鸭头

老鸭头形态是由三条均线共同形成的技术形态。老鸭头形态的形成过程要依次经过鸭脖颈、鸭头顶、鸭鼻孔和鸭嘴巴几个过程。

（1）鸭脖颈：5日均线、10日均线相继突破30日均线，随后5日均线和10日均线在30日均线上方持续上涨。在上涨过程中，成交量不断放大。

（2）鸭头顶：5日均线、10日均线持续上涨一段时间后，5日均线开始见顶回落，随后10日均线也逐渐见顶走平。

（3）鸭鼻孔：5日均线快速回落后略微跌破10日均线，但跌破的幅度很小，并很快就被再次向上拉升。在这个过程中，成交量极度萎缩，且5日均线和10日均线都没有跌回到30日均线附近。

（4）鸭嘴巴：5日均线突破10日均线后稳健上涨，二者之间距离被再次拉开。

老鸭头形态说明市场上经过了上涨动能逐渐积累、上涨一段后稍加调整、继续上涨的过程。在鸭脖颈阶段，股价刚刚突破30日均线，并且逐渐上涨，这是市场信心恢复、上涨动能逐渐积累的过程。在鸭头顶阶段，股价上涨受阻、略微回调。之后的鸭鼻孔如果很小就说明上方的压力十分有限。此时多数投资者仍然坚持看好后市。等到鸭嘴巴打开时，表明新的上涨行情已经展开。因此，老鸭头形态是一个看涨买入信号。

如图3-8所示，2022年11月，惠发食品（603536）的5日均线和10日均线先后突破了其30日均线。随后，5日均线和10日均线在30日均线上方持续上涨，此时老鸭头形态的鸭脖颈出现。

11月下旬，5日均线见顶下跌，在K线图上表现为一个上吊线形态。同时其10日均线逐渐走平，此时鸭头顶形态完成。

11月24日，5日均线跌破10日均线，但跌破的幅度并不大。3个交易日后，5日均线就被再度拉升回10日均线上方，此时鸭鼻孔出现。

12月1日，5日均线回到10日均线上后开始持续上涨。二者之间的距离被再次拉大。此时鸭嘴巴形成，投资者可以积极买入。

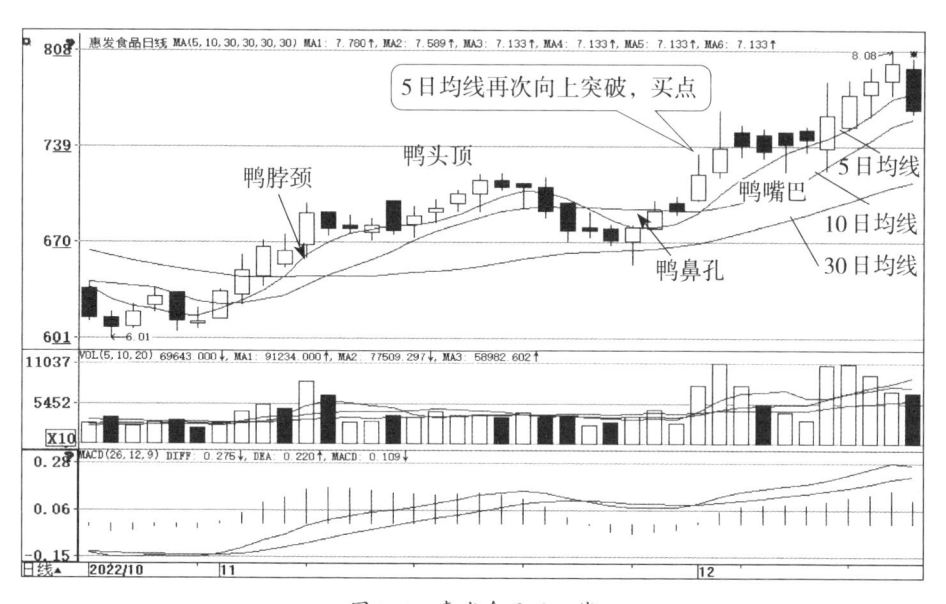

图3-8 惠发食品日K线

如图3-9所示，2022年11月，中国联通（600050）的5日均线、10日均线和30日均线共同组成了老鸭头形态。从图中可以明显看出，11月18日当这个老鸭头形态的鸭嘴巴张开时，买点出现。

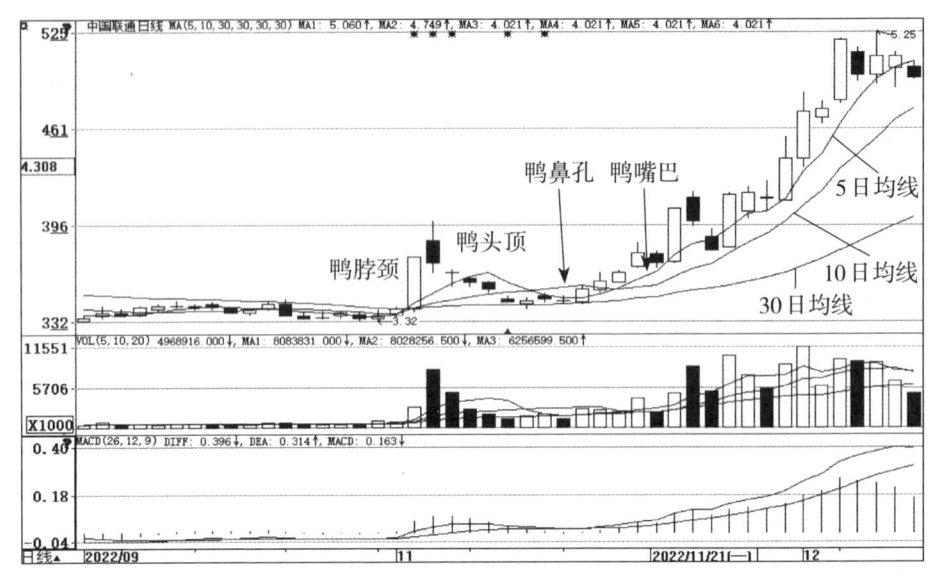

图 3-9　中国联通日 K 线

精讲提高

1. 老鸭头形态中的鸭头顶最好能离 30 日均线有一定距离，也就是鸭脖颈足够长。这是上涨趋势已经基本确定的信号。

2. 老鸭头形态中的鸭鼻孔越小，说明股价上涨动能越强，该形态发出的看涨信号也就越强烈。

3. 整个老鸭头形态从出现到结束可能要经过较长一段时间。该形态形成过程持续的时间越长，未来股价的上涨空间也就越大。

4. 如果在鸭鼻孔形态形成、5 日均线突破 10 日均线的同时，均量线与 MACD 指标形成了金叉，则该形态的看涨信号会更加强烈。

3.3.2　倒挂老鸭头

倒挂老鸭头形态是与老鸭头形态完全相反的一个顶部看跌形态，该形态也是由鸭脖颈、鸭头顶、鸭鼻孔和鸭嘴巴几个部分组成的。

（1）鸭脖颈：5日均线、10日均线相继跌破30日均线，随后5日均线和10日均线在30日均线下方持续下跌。

（2）鸭头顶：5日均线、10日均线持续下跌一段时间后，5日均线开始见底反弹，随后10日均线逐渐见底走平。

（3）鸭鼻孔：5日均线反弹后略微突破10日均线，但突破的幅度很小，并很快就被继续打压。在这个过程中，5日均线和10日均线都未能靠近30日均线的区域。

（4）鸭嘴巴：5日均线跌破10日均线后持续下跌。二者之间距离被再次拉开。

顶部倒挂老鸭头形态说明市场上的下跌动能逐渐累积，股价虽然获得短暂的支撑，但支撑力量十分有限，最终股价跌破支撑位后继续下跌。这是一个看跌卖出信号。

如图3-10所示，2022年8月下旬至9月下旬，博威合金（601137）的5日均线、10日均线和30日均线共同完成了倒挂老鸭头形态。这样的形态说明市场上

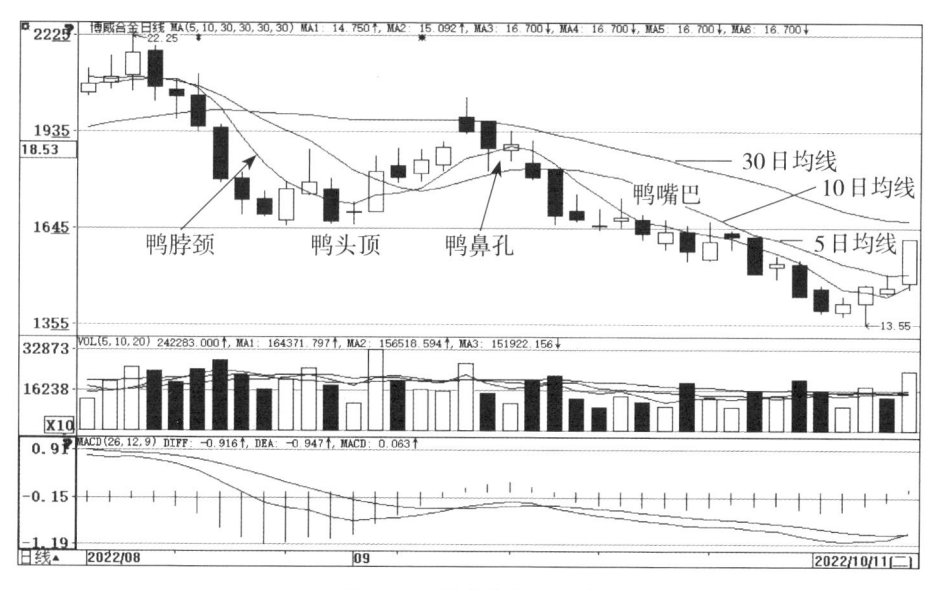

图3-10 博威合金日K线

的空方力量逐渐凝聚起来，持续打压股价。虽然股价下跌时获得支撑，但这种支撑的力量很弱。最终鸭嘴巴打开时，股价持续下跌的趋势已经形成。

精讲提高

1.在倒挂老鸭头形态中，鸭鼻孔越小，说明股价下跌的动能越强，该形态的看跌信号也就越强烈。

2.从鸭脖颈出现到鸭嘴巴形成可能要经过较长一段时间。这段时间持续越久，未来股价的下跌空间也就越大。

3.如果在鸭鼻孔形态形成、5日均线跌破10日均线的同时，均量线与MACD指标形成了死叉，则该形态的看跌信号会更加强烈。

3.4　均线三线开花

三线开花形态是指120日均线与250日均线处于交叉状态或者极度接近的并行状态时，20日均线自下向上穿越了这两条均线，随后这三条均线像喇叭开花一样逐渐分散开，最终形成了极度分离的多头排列形态。

3.4.1　并线三线开花

并线三线开花形态是指在三线开花的初始点，120日均线与250日均线处于极度接近的平行状态。此时20日均线从下向上穿越这两条均线，分别形成两个均线金叉形态。

这样的形态完成后，如果股价放量上涨，就预示着三条均线将逐渐分散开，这就是未来股价会持续上涨的信号。

如图3-11所示，2021年12月，成都银行（601838）的120日均线和250日均线在底部区域几乎水平运行，且250日均线在120日均线下方。2022年1月初，其20日均线自下向上穿越了这两条均线，这就形成了并线三线开花的形态。三线开花形态形成后，股价放量上涨，同时三条均线也逐渐发散。这预示着未来股价将会持续上涨，是看涨买入信号。

如图3-12所示，2022年5月，际华集团（601718）的120日均线和250日

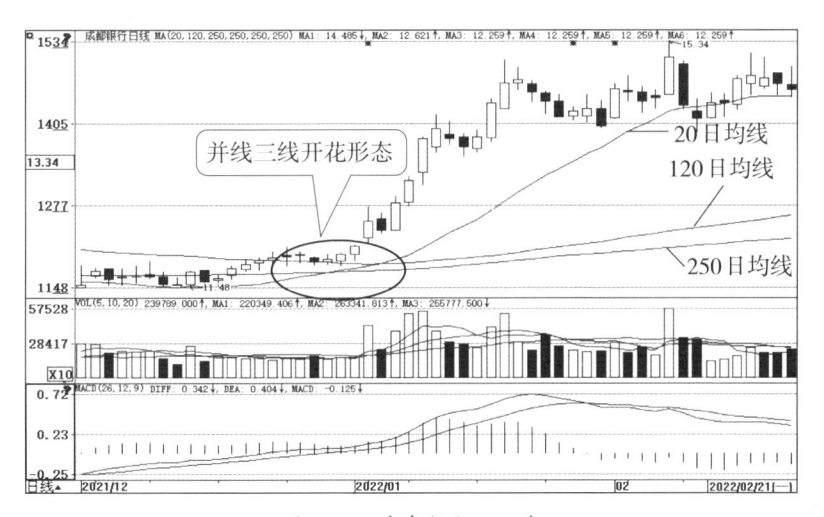

图3-11　成都银行日K线

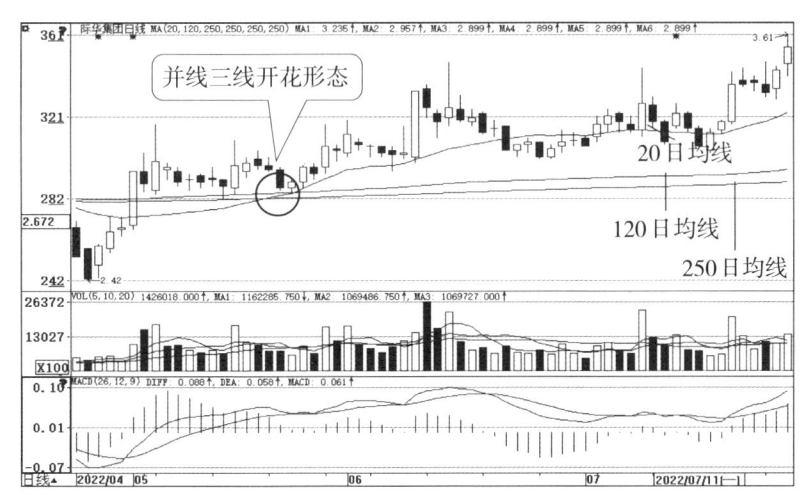

图3-12　际华集团日K线

均线在底部几乎水平运行。5月下旬，其20日均线逐渐向上突破了这两条长期均线。三条均线逐渐发散，形成并线三线开花形态。这样的形态预示着未来股价将会持续上涨，是看涨买入信号。

精讲提高

1.在并线三线开花形态的初始点，120日均线可能是在250日均线上方，也可能是在250日均线下方。如果250日均线位于120日均线上方，则该形态完成后，120日均线会突破250日均线，之后再持续上涨。

2.并线三线开花形态完成后，三条均线散开的速度越快，说明多方越强势，该形态的看涨信号也就越强烈。

3.4.2 顺向三线开花

顺向三线开花形态是指在三线开花的初始点，120日均线自下向上突破250日均线。在两条条长期均线黄金交叉的同时，20日均线也从下向上穿越这两条均线交叉点，形成了三条均线几乎同时交叉的形态。

顺向三线开花形态表明股价在长期来看进入上涨走势，同时短期也进入了上涨走势。这时上涨动能十分强势，发出未来股价将会持续上涨的信号。

如图3-13所示，2021年11月，同达创业（600647，已更名为*ST同达）的120日均线向上穿越250日均线，同时其20日均线一举突破了这两条长期均线。由此K线图上形成了三条均线几乎同时交叉的形态。之后，随着股价放量上涨，这三条均线逐渐发散开。这个形态说明市场上的上涨动能十分强劲，是未来股价会持续上涨的信号。

如图3-14所示，2022年5月中旬，招商南油（601975）的120日均线向上突破了其250日均线。5月初，其20日均线曾连续向上突破了120日均线和

250日均线。之后随着股价持续上涨，三条均线逐渐发散。这样的形态说明市场上的多方力量十分强势，未来股价将会持续上涨。

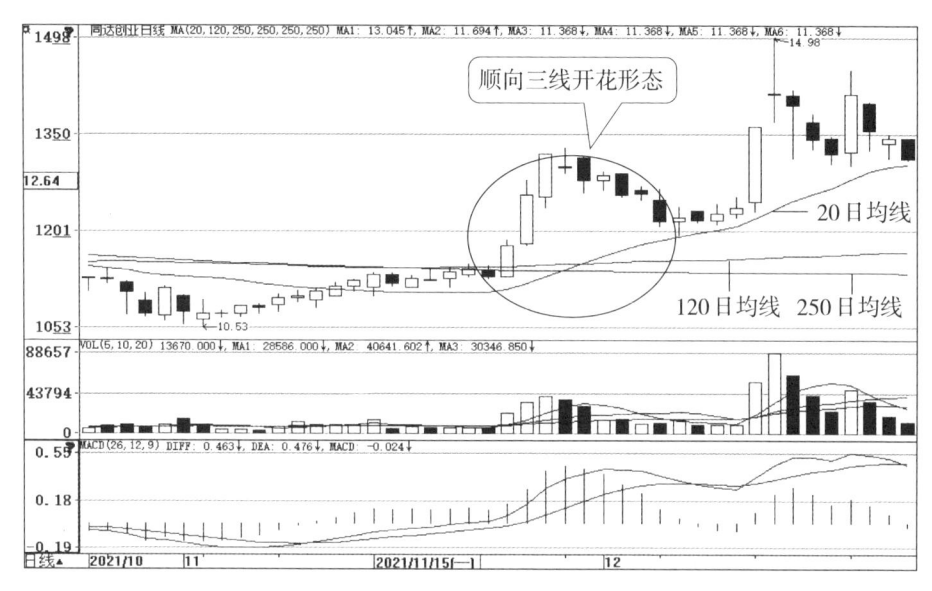

图3-13 同达创业日K线

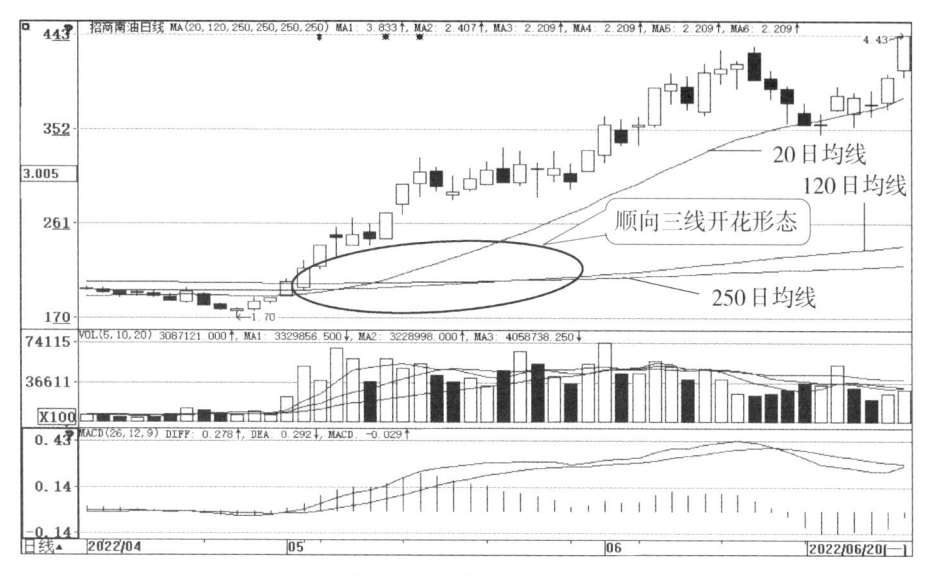

图3-14 招商南油日K线

精讲提高

1. 顺向三线开花形态中，三条均线没有必要在一个交易日内同时完成交叉形态。只要几条均线之间的交叉距离很近，例如在20个交易日内完成交叉形态，就是有效的看涨信号。

2. 在顺向三线开花形态形成后，如果20日均线在高位掉头下跌，意味着中线股价走弱，此时投资者应该尽快获利了结。

3. 利用顺向三线开花的形态，投资者可能无法在最低点买入，但只要在三线开花形态形成当日买入，投资者仍然可以获得未来一段时间的收益。

3.4.3 逆向三线开花

逆向三线开花形态是指在三线开花的初始点，120日均线与250日均线形成死亡交叉，即120日均线下穿250日均线。此时20日均线由下向上穿越这个交叉点，形成了三条均线同时交叉的形态。

逆向三线交叉形态说明虽然当前市场行情较弱，但未来股价有上涨的趋势。随后股价往往会整理一段时间，之后将持续上涨。因此，逆向三线开花形态同样是看涨买入信号。

如图3-15所示，2022年6月中旬，东阳光（600673）的120日均线与250日均线之间形成死亡交叉形态。几乎在这个死亡交叉的同时，其20日均线向上突破了这两条长期均线。这样的形态说明虽然长期来看弱势行情仍在继续，但短期股价已经有上涨的趋势。未来股价经过一段时间整理后，将开始持续上涨行情，这是一个看涨买入信号。

如图3-16所示，2021年11月至12月，廊坊发展（600149）的120日均线跌破了其250日均线，这两条长期均线形成死亡交叉形态。之后不久，其20日均线向上连续突破了120日均线和250日均线。这样的形态说明虽然股价在长期来看仍处于弱势行情中，但短线已经出现了上涨的迹象。未来股价稍作整理后可能持续上涨，这是看涨买入信号。

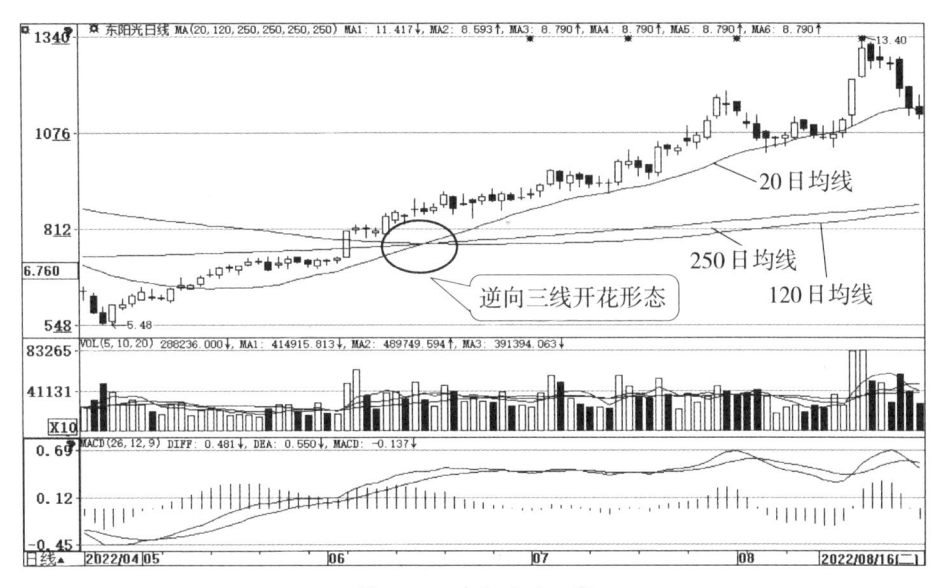

图 3-15　东阳光日 K 线

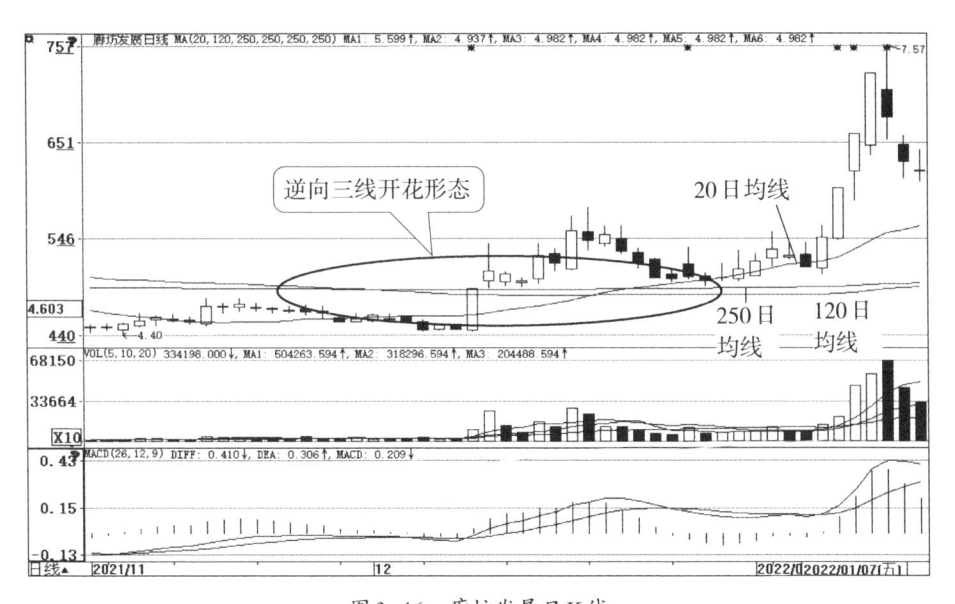

图 3-16　廊坊发展日 K 线

精讲提高

1.与顺向三线开花形态相同,逆向三线开花形态的三条均线没有必要在一个交易日内同时交叉。只要几条均线之间的交叉距离很近,例如在20个交易日内完成交叉形态,就是有效的看涨信号。

2.逆向三线开花形态的看涨信号强度要弱于顺向三线开花形态的看涨信号强度。不过与顺向三线开花形态相比,投资者按照逆向三线开花的看涨信号买入股票,很容易就可以买在最低点上,利润空间更大。

3.5 均线火车轨

均线火车轨形态由120日均线和250日均线组成。如果这两条均线几乎平行运动,即二者之间的距离既没有被快速拉大,也没有被快速缩小,就形成了火车轨形态。

3.5.1 两线顺向火车轨

两线顺向火车轨形态是指120日均线位于250日均线上方,且两条均线以几乎平行的形态一起缓慢上涨的形态。

两线顺向火车轨形态说明股价已经进入稳定的上涨行情,并且这种上涨行情短期内不会改变,未来股票价格将持续上涨。

如图3-17所示,从2022年9月下旬开始,德邦股份(603056)的120日均线和250日均线就开始以几乎平行的形态上涨,二者组成了两线顺向火车轨形态。这种形态说明股价的上涨行情十分稳固,而且这种上涨行情在短期内不会结束。

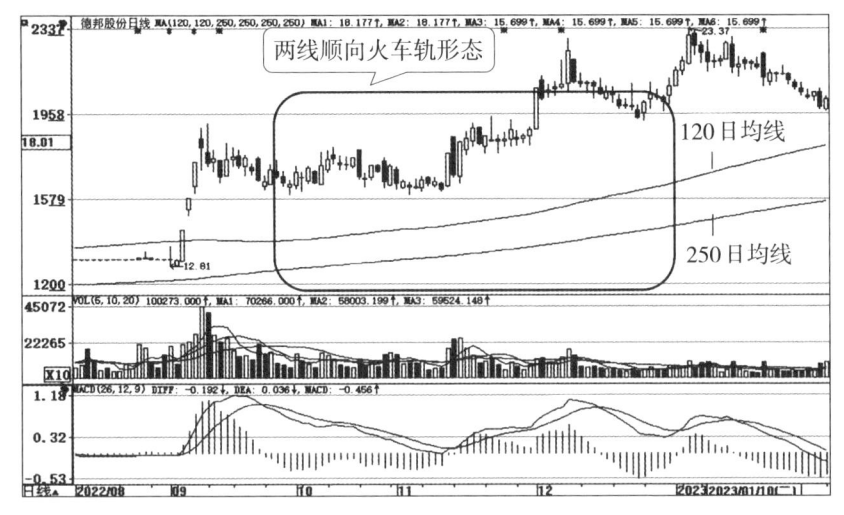

在2022年10月至2023年2月这段时间内，投资者可以伺机做多买入。

图3-17 德邦股份日K线

如图3-18所示，2021年4月至6月，川仪股份（603100）的日K线图上出现了两线顺向火车轨形态。这个形态说明股价处于持续上涨趋势中，并且这种上涨趋势短期内不会结束。在此期间，投资者可以积极做多买入。

图3-18 川仪股份日K线

精讲提高

1.在股价持续上涨过程中，120日均线和250日均线之间的带状区间会在股价下跌时起到重要的支撑作用。

2.两线顺向火车轨的形态往往能持续几个月至一年的时间。在这段时间内，只要该形态不被破坏，投资者就应该长期持有，避免踏空后市。

3.如果在个股走出两线顺向火车轨形态的同时大盘持续下跌，就说明这只股票的走势十分强势。未来大盘见底反弹时，个股股价将加速上涨。

3.5.2 小火车轨

小火车轨形态可以被当作两线顺向火车轨的失败形态。如果股价在两线顺向火车轨形态形成后不久就开始加速上涨，导致120日均线的上涨速度超过250日均线的上涨速度，两条均线就无法再维持平行上涨的形态，这种形态就被称为小火车轨形态。

小火车轨形态表示股价经过缓慢上涨，蓄势一段时间后，开始被加速拉升。这是未来股价会快速上涨的信号。看到这个信号，投资者可以积极买入股票。

如图3-19所示，2022年4月中旬至8月初，海兴电力（603556）的120日均线和250日均线平行上涨，二者形成了两线顺向火车轨形态。

自8月11日开始，股价加速上涨。这导致120日均线的上涨速度明显超过250日均线的上涨速度，之前的两线顺向火车轨形态被破坏，形成小火车轨形态。

这样的形态说明未来股价将会快速上涨。此时投资者可以积极买入股票。

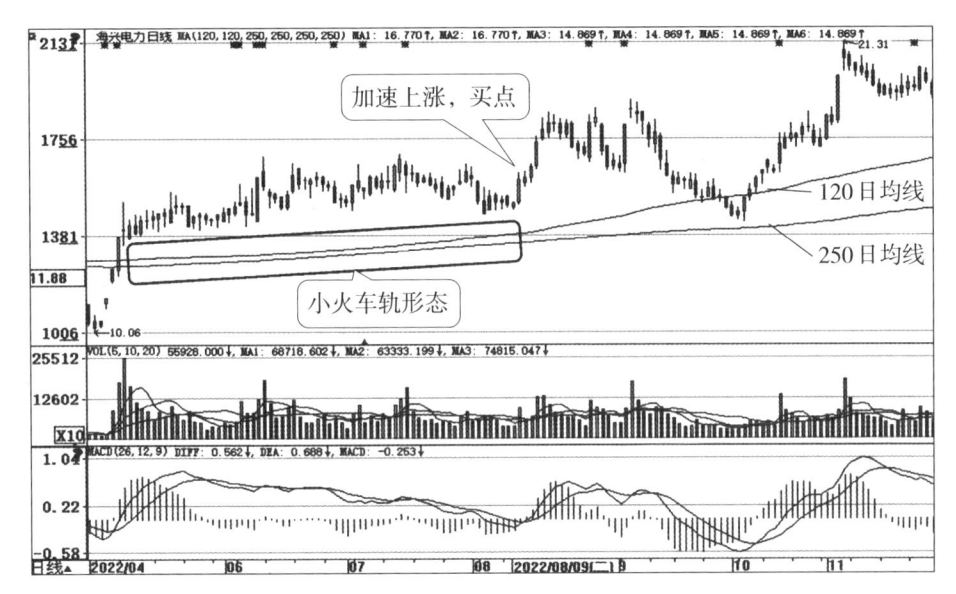

图 3-19 海兴电力日K线

精讲提高

1. 在牛市中如果出现两线顺向火车轨形态，很可能是主力在边拉升股价边建仓。这种建仓不会耗费太多时间，加上市场处于牛市，主力建仓完成后拉升也不会困难。所以在牛市中，两线顺向火车轨形态往往持续时间较短。未来股价很可能会大幅上涨而破坏这种形态，使该形态演变为小火车轨形态。

2. 当股价加速上涨时，如果成交量迅速放大，就说明多方在大力拉升股价，这样该形态的看涨信号会更加可靠。

3.5.3 反向火车轨

反向火车轨形态是指当120日均线位于250日均线下方时，二者以几乎平行的形态缓慢下跌的形态。

这个形态说明当前市场处于持续的下跌过程中，且未来这种下跌趋势还将继续。一旦反向火车轨形态形成，投资者就应该尽快卖出手中的股票。并且在这个形态结束前，绝对不能贸然买入。

如图3-20所示，2022年3月至6月，荣泰健康（603579）的120日均线位于250日均线下方，且这两条均线以基本平行的形态持续下跌。这样的形态说明股价处于持续的下跌过程中，而且这种持续的下跌行情在短期内难以结束。在这样的行情中，投资者应该尽量减少操作，避免不必要的风险。

图3-20　荣泰健康日K线

精讲提高

1.在股价持续下跌过程中，120日均线和250日均线之间的带状区间会在股价反弹时形成巨大的阻力。

2.反向火车轨的形态往往能持续几个月至一年的时间。在这段时间内，只要该形态没有被破坏，投资者就应该尽量减少操作。

3.反向火车轨的形态形成后，股价可能会见底反弹，但也有很大风险会加速下跌。因此投资者在看到火车轨形态被破坏后，应该谨慎操作。

3.6 均线的头肩底和头肩顶

均线的头肩底和头肩顶分别是由均线组成的底部和顶部形态。它们预示着股价经过一段时间的上涨或者下跌行情后，之前的趋势即将反转，开始向相反的方向运行。

3.6.1 均线头肩底

均线头肩底形态是均线下跌一段时间后在底部形成连续三个底部的形态。其中左右两个底部的低点基本相同，这两个底部分别叫左肩和右肩；中间的底部低于左右两边，叫头部。另外，左肩和头部结束后的两个反弹高点也基本水平，将这两个高点连接起来就形成了头肩底的颈线。

头肩底形态说明股价下跌的动能越来越弱，下跌趋势即将结束。未来一旦均线能突破颈线，就说明上涨行情已经开始，此时就是买入股票的时机。

头肩底形态完成后，均线可能会小幅回调，但是只要回调不跌破颈线，股价就会再次上涨。这次回调是对之前看涨形态的确认。在回调的低点，投资者可以加仓买入股票。

如图3-21所示，2021年9月至12月，志邦家居（603801）的10日均线完成了头肩底形态。这个形态说明股价下跌的动能正在减弱，有见底反弹的趋势。

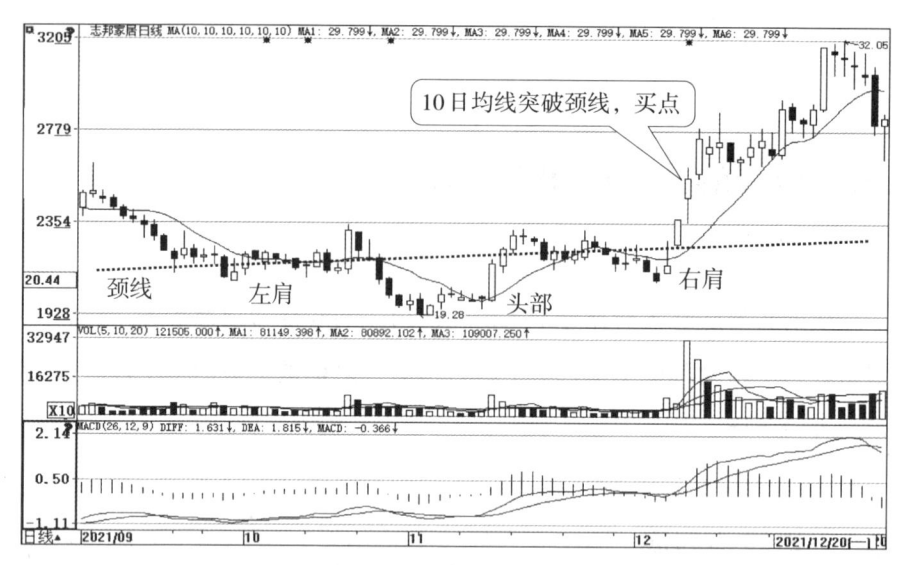

图 3-21 志邦家居日 K 线

12月8日，10日均线突破了头肩底形态的颈线。这是下跌行情结束、上涨行情即将开始的信号，此时买入时机出现。

如图 3-22 所示，2020 年 12 月至 2021 年 4 月，捷顺科技（002609）的 10 日均线完成了头肩底形态。这是一个看涨买入信号。

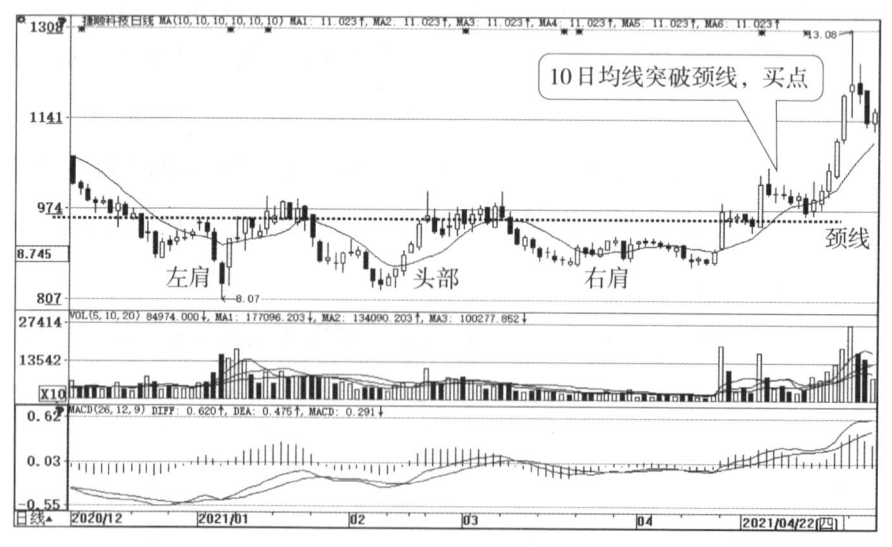

图 3-22 捷顺科技日 K 线

4月28日，10日均线向上突破了头肩底形态的颈线。这说明上涨行情已经开始，此时投资者可以积极买入股票。

精讲提高

1.头肩底形态完成后，10日均线可能回调也可能不回调。如果均线不回调，该形态就没有第二个买点出现。

2.如果在左肩和头部形成时成交量逐渐萎缩，而在右肩形成时成交量放大，则释放了空方力量衰弱、多方开始拉升股价的信号。这样的情况下，该形态的看涨信号会更加可靠。

3.除了头肩底形态外，均线的双重底、三重底、圆弧底等形态都是有效的看涨买入信号。

3.6.2 均线头肩顶

均线头肩顶形态是均线经过一段时间上涨后，在高位区域形成连续三个顶部的形态。其中左右两个顶部基本水平，形成左肩和右肩；中间的顶部高于两边，形成头部。左肩和头部回调的低点基本保持水平，将这两个低点用直线连接起来，就形成了头肩顶的颈线。

头肩顶形态是上涨行情结束、股价即将进入下跌行情的信号。当均线跌破颈线时，说明空方已经占据主动，并且开始持续打压股价，此时卖出时机出现。

当均线跌破颈线后，可能会有小幅反弹，但反弹不到颈线位置就会再次遇阻下跌。这次反弹是对之前看跌形态的确认。均线反弹时，是卖出股票的另一个时机。

如图3-23所示，2022年8月至10月，博迈科（603727）的10日均线完成了头肩顶形态。这个形态说明股价持续上涨一段时间后，多方力量逐渐减弱，空方力量增强，这是股价将见顶下跌的信号。

10月21日，随着股价持续下跌，10日均线跌破了头肩顶形态的颈线。这个形态说明空方开始持续打压股价，下跌行情已经开始，此时是卖出股票的时机。

如图3-24所示，2021年11月至2022年4月，青鸟消防（002960）的股价在上

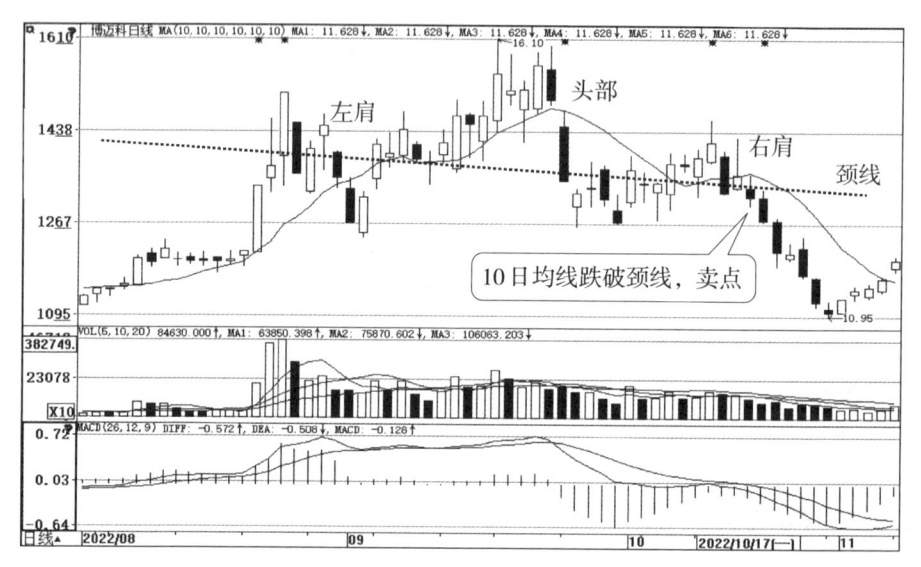

图3-23　博迈科日K线

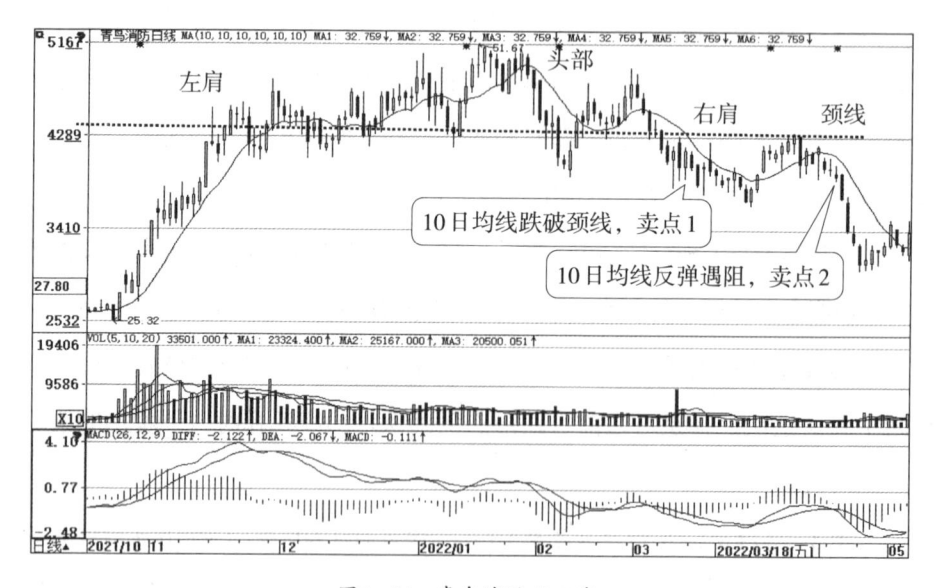

图3-24　青鸟消防日K线

涨一段时间后,其10日均线在顶部区域形成了头肩顶形态,发出看跌卖出信号。

3月14日,随着股价下跌,10日均线跌破了头肩顶形态的颈线。这是下跌行情已经开始的信号,此时卖出时机出现。

4月中旬,10日均线反弹后没有突破颈线就再次下跌,这是对之前看跌信号的确认。均线反弹遇阻时,是第二个卖出时机。

精讲提高

1.头肩底形态形成后,10日均线可能反弹也可能不反弹。如果均线不反弹,表明该形态没有第二个卖出机会。

2.如果在左肩和头部形成时成交量逐级萎缩,则释放了多方力量衰弱、上涨行情即将结束的信号。这样的情况下该形态的看跌信号会更加可靠。

3.除了头肩顶形态,均线的双重顶、三重顶、圆弧顶等形态都是有效的看跌卖出信号。

第 4 章

利用均线在不同行情中操作

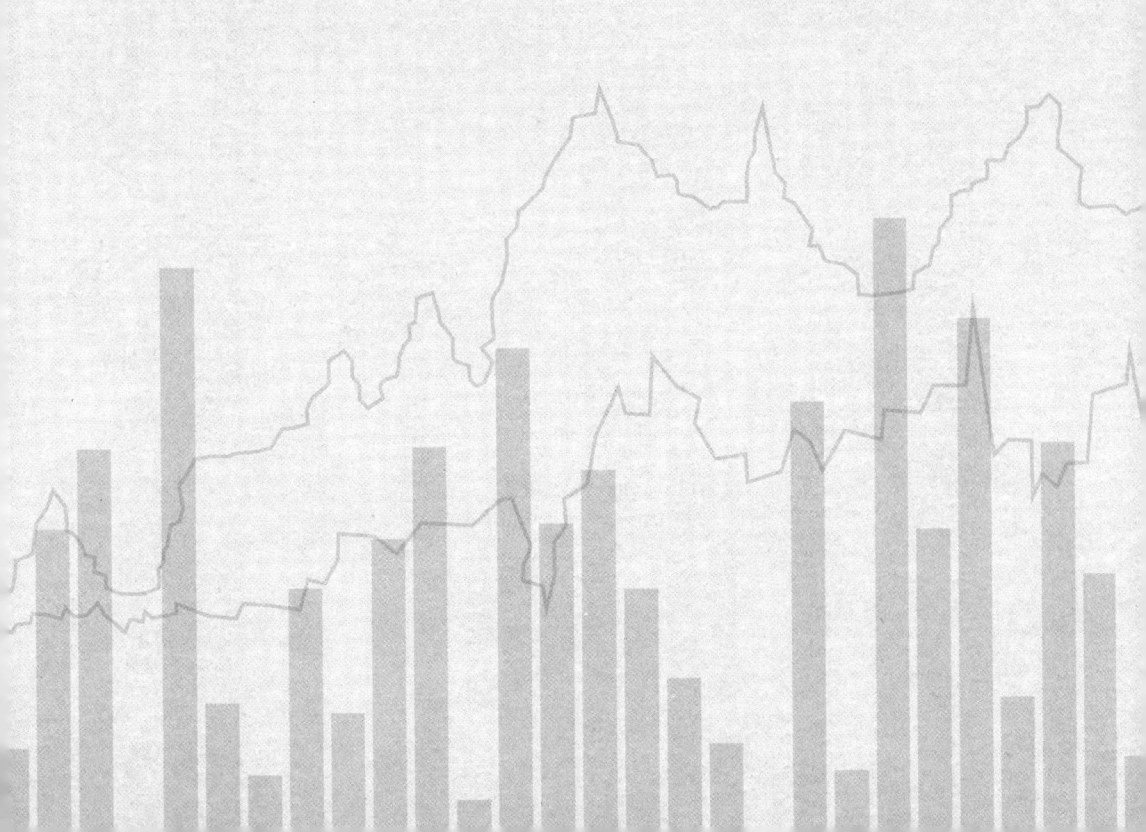

4.1 在牛市中操作

牛市是指大盘指数和个股股价都在持续上涨的行情。在这种行情中,指数和股价都像是被牛角向上顶一样,持续上涨,所以这种行情被称为牛市。牛市时投资者最容易赚钱。

4.1.1 判断牛市行情的起点

投资者利用均线指标可以很清楚地判断牛市行情何时开始。此时常用的判断方法有两种:一是指数或者股价突破120日均线,意味着牛市行情开始;二是20日、60日和120日三条均线形成多头排列,同样意味着牛市行情开始。

如图4-1所示,上证指数的120日均线可以一定程度上反映近120日所有投资

图4-1 上证指数日K线

者交易股票的平均价格。2020年6月2日，上证指数突破了120日均线。这说明近120日买入股票的投资者多数都已经处于获利状态，是市场进入牛市行情的标志。

6月中旬，上证指数回调到120日均线位置再度获得支撑上涨，这是对市场已经进入牛市行情的确认。

如图4-2所示，2022年5月，壶化股份（003002）的股价开始反弹向上，其20日均线相继突破了60日均线和120日均线。2022年8月10日，该股60日均线也突破了120日均线。至此，三条均线形成多头排列形态。这样的形态说明市场上的短期交易价格已经超过中期交易价格，且中期交易价格也超过了长期交易价格，这是市场进入上涨行情的标志。

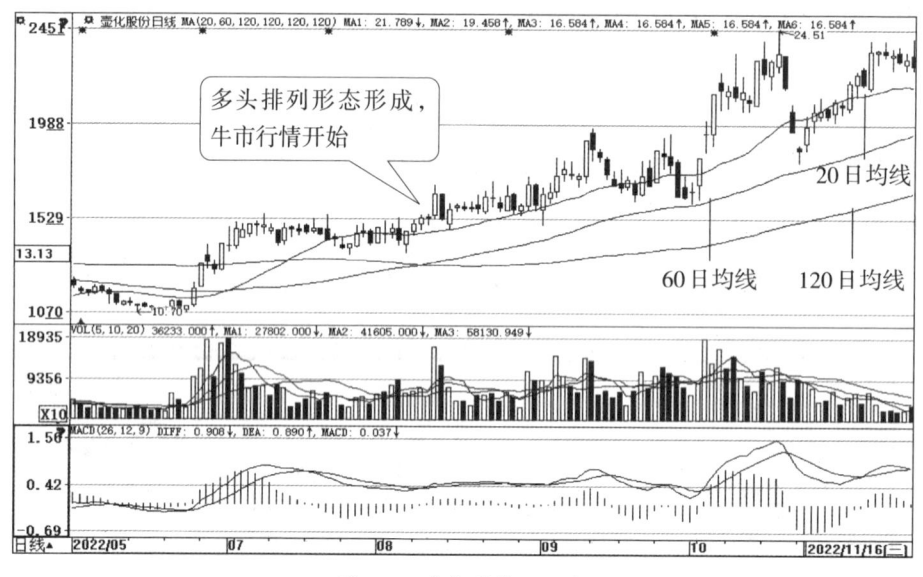

图4-2 壶化股份日K线

精讲提高

1.当均线指标显示牛市开始时，往往股价已经持续上涨了一段时间。投资者选择的均线周期越长，该指标对行情的指示就越滞后，但是其信号的准确度会越高。

2.在牛市行情中，股价和成交量往往会呈现上涨时放量、回调时缩量的形态。如果是上涨时缩量、回调时放量，则是牛市行情即将见顶的先兆，此时投资者应该注意控制风险，可以考虑先减少一定的仓位。

4.1.2 在牛市中要持股不动

在牛市中最简单的获利方法就是选择强势股票后一直持有待涨，不被暂时的回调"吓住"。只要牛市行情没有确定的结束信号，投资者就可以一直持有股票。

如图4-3所示，2021年8月底，四川成渝（601107）的股价突破了120日均线。这说明该股已经进入了牛市行情。在牛市行情中，投资者可以一直持有股票。

直到2022年4月21日，股价才跌破其120日均线。这说明当前股票的交易价格已经低于过去120日的平均交易价格，是上涨行情结束的信号，这时投资者可以将手中的股票卖出。

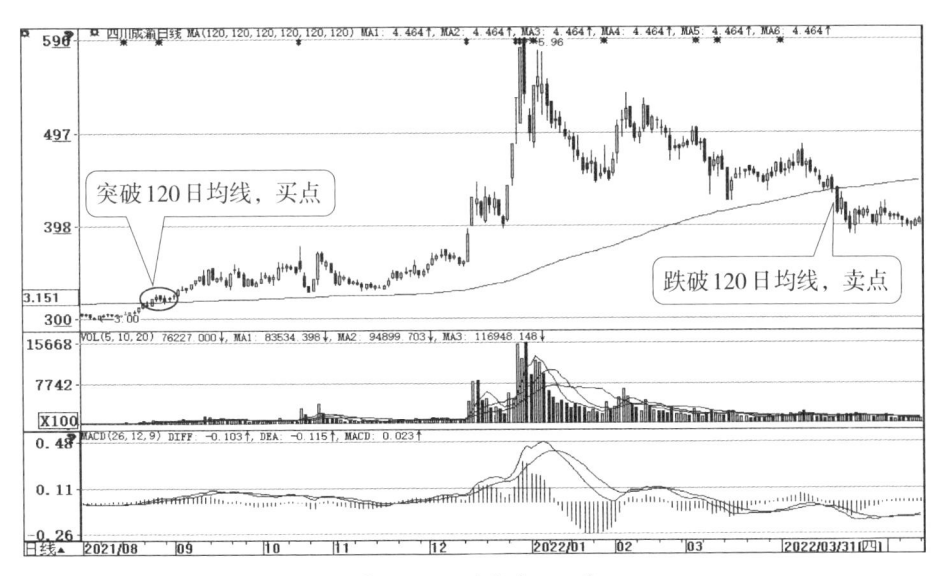

图4-3 四川成渝日K线

如图4-4所示，2021年3月，庞大集团（601258，已更名为*ST庞大）的20日均线、60日均线和120日均线完成了多头排列形态。这个形态说明牛市行情开始，是看涨买入信号。

在随后几个月时间里，三条均线一直持续多头排列形态。这是牛市行情还在继续的信号，此时投资者可以一直持股待涨。

直到2021年7月，随着股价回调，20日均线跌破了60日均线，这是上涨动能削弱的明显信号，谨慎的投资者可以适当卖出股票以控制风险。

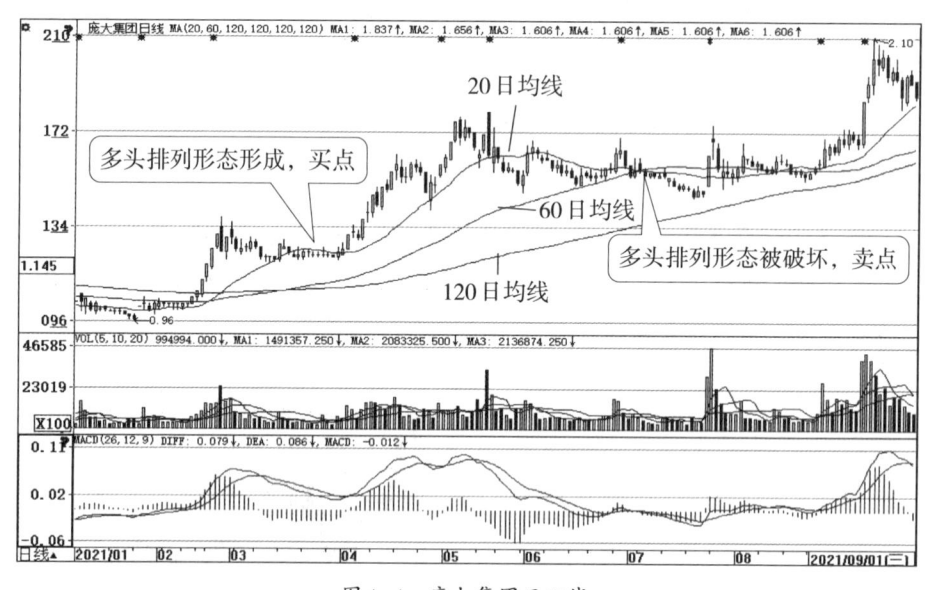

图4-4　庞大集团日K线

精讲提高

1.即使是在牛市行情中，不同股票的上涨幅度也会有很大差别。投资者在操作时应该注意寻找并长期持有强势股票，回避弱势股票。强势股票的特点主要有两个：一是先于大盘出现走牛的征兆，二是在牛市初期的涨势强于大盘。

2.投资者在依据多头排列形态建仓时，可以分笔买入。例如，20日均线突破60日均线时建立1/3仓位,20日均线突破120日均线时再建立1/3仓位,最终60日均线突破120日均线时完成建仓。这样可以最大限度地回避风险。投资者在看到空头排列形态卖出股票时,也可以按照类似的方法分笔卖出股票。

4.1.3 在牛市中做短线波段

在长期的牛市中,如果投资者一直持股待涨,就可以获得不错的利润。不过如果投资者能够根据一些短线买卖信号进行短线波段操作,则能够使自己的获利空间进一步扩大。例如,当股价在短期内快速下跌时,虽然长期的牛市行情没有被破坏,但是投资者仍然可以通过短线买卖信号进行短线波段操作来回避这一段跌幅,等有较为明显的支撑或股价再次向上时再买入。

如图4-5所示,2022年7月12日,中国人寿(601628)股价下跌后虽然没有跌破120日均线,但跌破了20日均线。这个形态说明虽然长期来看股价仍处于牛市行情中,但短期将会下跌。这是短线卖出信号,此时投资者可以

图4-5 中国人寿日K线

将手中的股票卖出。

  8月24日，20日均线在120日均线处得到支撑再次向上，这说明短期下跌行情结束，此时投资者可以将之前卖出的股票买回。通过这样的高卖低买操作，投资者能够成功避开这一段下跌。

精讲提高

  1.在牛市中短线交易股票的方法有很多种，例如依据5日均线和10日均线间的金叉、死叉形态进行操作。

  2.除了高卖低买的方式，投资者还可以低买高卖，即在短线看涨信号出现时加仓买入，短线看跌信号出现时减仓卖出。

4.2　在熊市中操作

  熊市是指大盘指数和个股股价都持续下跌的行情。在这种行情中，指数和股价就像是被熊掌向下拍一样，持续下跌，所以这种行情被称为熊市。在熊市中，获利会变得非常困难，投资者操作时应该以回避风险、保护资金为主要目的。

4.2.1　判断熊市的到来

  投资者可以利用均线指标清楚地判断熊市行情的到来。需要用到的方法主要有两种：一是股价跌破120日均线，意味着熊市行情到来；二是20日、60日和120日均线组成空头排列形态，同样意味着市场进入熊市行情。

  如图4-6所示，2022年1月，上证指数跌破120日均线后获得短暂支撑反弹，但支撑力度不强导致持续下跌。这说明近120日买入股票的投资者多数已经处于套牢的状态，未来他们会看空后市而持续打压股价，这是市场已经进入熊市行情的标志。

如图4-7所示，2022年2月中旬，伴随着股价的连续下跌，九州通（600998）

图4-6 上证指数日K线

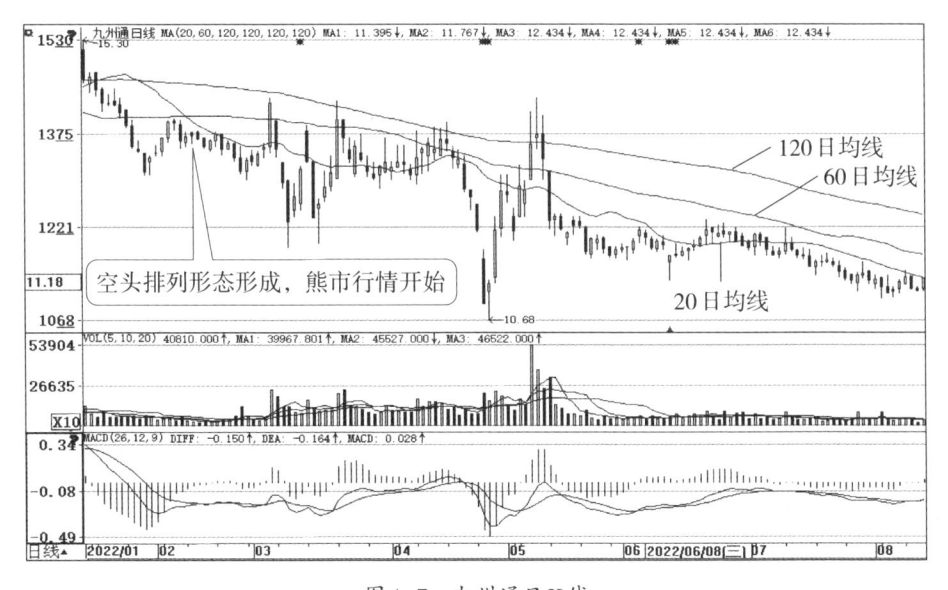

图4-7 九州通日K线

的20日均线连续跌破120日均线和60日均线,此时空头排列形态形成。这说明市场上投资者的短期交易价格低于中期交易价格,且中期交易价格也低于长期交易价格。这是市场已经处于持续下跌行情的信号,标志着熊市行情开始。

精讲提高

1.当均线指标显示熊市开始时,往往指数已经持续下跌一段时间了。投资者选择的均线周期越长,该指标对行情的指示就越滞后,但是其信号的准确度会越高。

2.当股价或指数在牛、熊市行情间过渡时,可能会经过一个反复震荡的整理过程。在整理过程中,股价会在120日均线附近持续震荡,而20日均线、60日均线和120日均线也会反复纠缠在一起。当这样的行情出现时,投资者最好保持观望,等行情明朗时再决定操作方向。

4.2.2　短线精准抢反弹

在熊市行情中,如果投资者希望尽量回避风险,那么最好持币观望,不应该盲目地交易股票。如果投资者想让自己的收益最大化,则可以把握熊市行情中的一些短线反弹机会。例如,当股价在短期内快速反弹时,即使熊市行情仍在继续,投资者也可以利用短线的买卖信号来把握这一段涨幅。

如图4-8所示,从2022年10月开始,中国化学(601117)股价在下跌中途快速反弹。虽然这次反弹没有使股价突破120日均线、结束熊市行情,但是投资仍然可以借助这次反弹的机会短线买卖获利。

11月9日,5日均线突破了10日均线,二者形成金叉形态,这是短线看涨买入信号。12月16日,5日均线跌破了10日均线,二者形成死叉形态,这是短线看跌卖出信号。

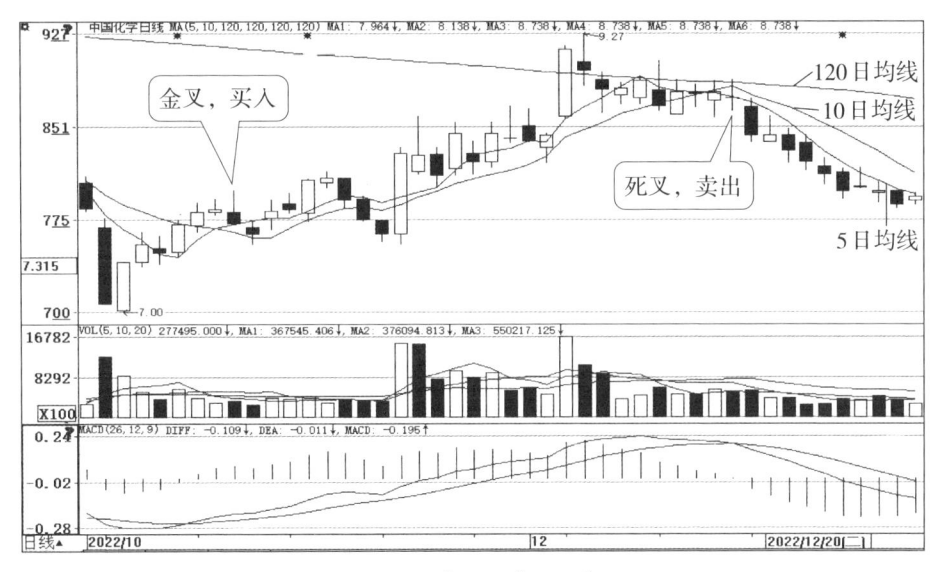

图 4-8　中国化学日 K 线

如图 4-9 所示，2022 年 4 月底，桐昆股份（601233）股价开始快速反弹。虽然这次反弹没有使股价突破 120 日均线、结束熊市行情，但是投资者还是可以借助这次反弹的机会，短线买卖股票获利。

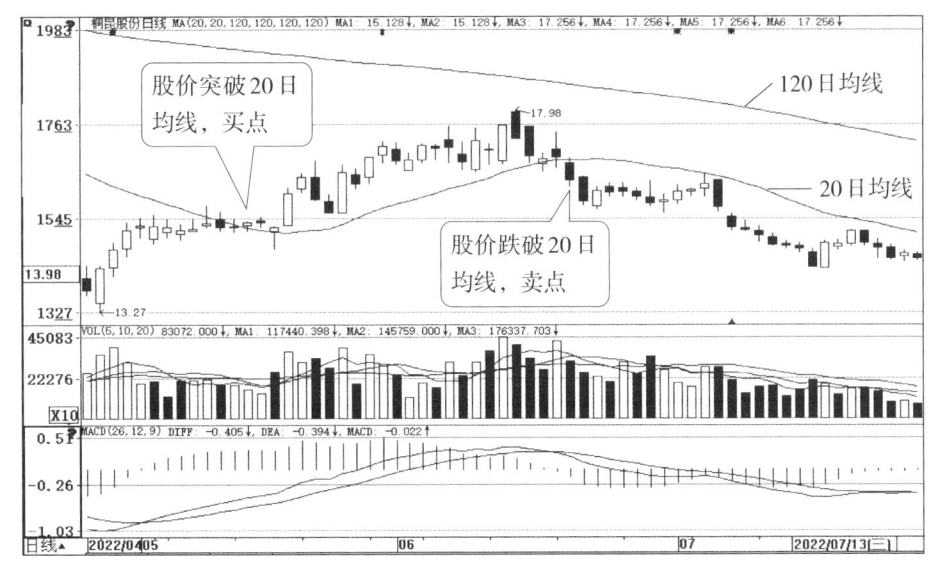

图 4-9　桐昆股份日 K 线

5月17日，股价突破了20日均线，这是短期内股价将上涨的看涨信号，短线买点出现。6月21日，股价跌破了20日均线，这是短期内股价将下跌的看跌信号，短线卖点出现。

精讲提高

1.短线交易本身的获利空间比较有限，而均线的买卖信号又比较滞后。因此，当投资者看到短线买卖信号时，应该尽快完成交易。

2.熊市中的交易有很大风险。因此，投资者即使看到了短线抢反弹的机会，也应该尽量轻仓交易，避免一次买入太多被套牢。

4.2.3 寻找比大盘强势的股票

在熊市行情的尾端，要寻找比大盘强势的股票进行操作。这类强势个股的表现通常有：当大盘还在持续下跌时，该股可能已经开始在低位横盘整理，甚至见底反弹；该股虽有下跌但下跌幅度明显小于大盘；该股虽有下跌但并未跌破关键支撑线等。未来大盘见底反弹，进入牛市行情时，这些股票的涨幅往往会远远超过大盘，成为牛市中的大牛股。

因此，在熊市中，除了进行一些短线交易外，投资者还应该密切关注那些明显比大盘强势的个股。一旦大盘见底，进入牛市，就是买入这些股票的时机。

如图4-10所示，2022年4月，山煤国际（600546）股价跟大盘一样大幅度回落，其跌幅虽然不小但并未跌破120日均线，说明该股中长期的上涨趋势仍未改变，与同期大盘相比，其上涨动能远强于大盘。4月27日，伴随着大盘的反弹向上，该股股价也在120日均线附近得到支撑再次向上，此时正是投资者买入股票的时机。

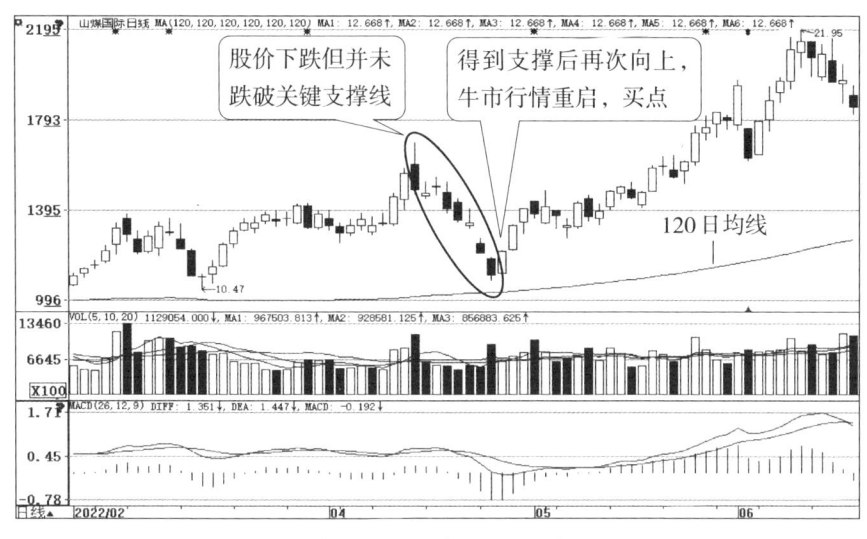

图4-10　山煤国际日K线

精讲提高

1.当发现有比大盘强势的股票时，投资者应该冷静观察，等大盘进入牛市后再买入操作。一旦大盘经过整理后继续熊市，很可能会带动个股持续下跌。

2.当个股先于大盘见底时，其成交量必然会同步放大。这是投资者纷纷看好后市，开始大量买入股票的信号。

4.3 在结构性牛市中操作

结构性牛市也就是局部牛市，是指在大市不好、上证指数和深证指数走势都很弱的情况下，个别板块和股票出现的独立牛市行情。在结构性牛市中，投资者应该坚持的策略是"把握强势股票，适时灵活换股"。

4.3.1 把握市场一线强势股票

在结构性牛市中,部分强势股票的涨幅可能会远远超过大盘走势,而一些弱势股票很难有所表现。因此,在结构性牛市中,投资者应该尽快找出市场上最强势的板块的股票,并迅速买入。

在结构性牛市中,大盘会持续横盘整理,均线也会反复纠缠在一起。如果此时个股的均线形成了金叉、银山谷、三线开花等看涨形态,随后多条均线开始呈现明显的多头排列,并向上发散,就说明该股走势强于大盘,属于强势股。如果同一板块中有多只股票同时形成了相似的强势上涨形态,就说明这是一个强势板块。

2022年年初,上证指数开始见顶回调,进入弱势整理。同时部分股票和板块却逆市上涨,形成了结构性牛市。绿康生化(002868)就是这轮结构性牛市中的强势股票。如图4-11所示,2022年5月17日,该股股价一举突破20日均线、60日均线和120日均线,形成了一阳穿多线的看涨形态。这个形态宣告了该股上涨行情开始。

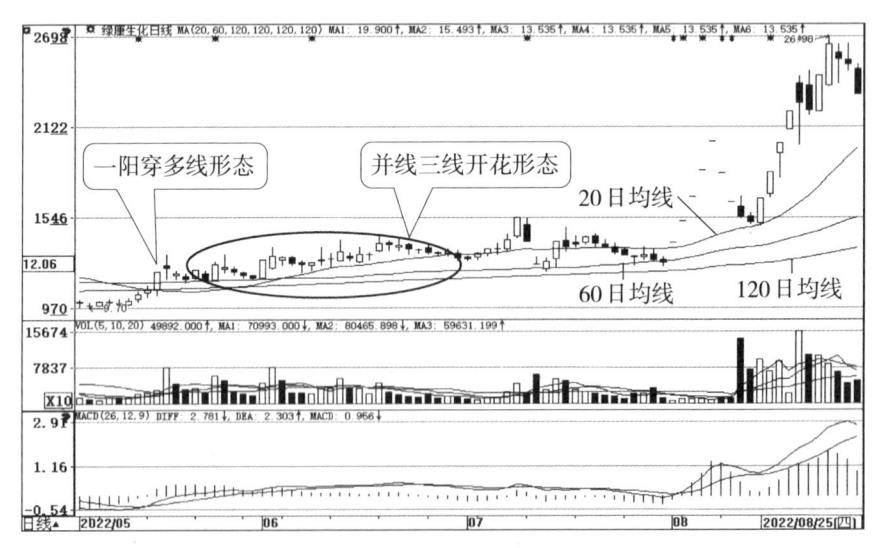

图4-11 绿康生化日K线

第4章 利用均线在不同行情中操作

随后一段时间里,该股股价持续上涨,三条均线又形成了并线三线开花形态,这是股票即将加速上涨的信号。

在2022年大盘见顶回调、弱势整理的背景下,宝明科技(002992)股价在这段时间却快速上涨。

如图4-12所示,2022年6月20日,该股股价一举突破20日均线、60日均线和120日均线,形成了一阳穿多线的看涨形态。7月中旬,三条均线形成多头排列并逐渐向上发散的形态,这个形态宣告了该股进入大幅上涨行情。

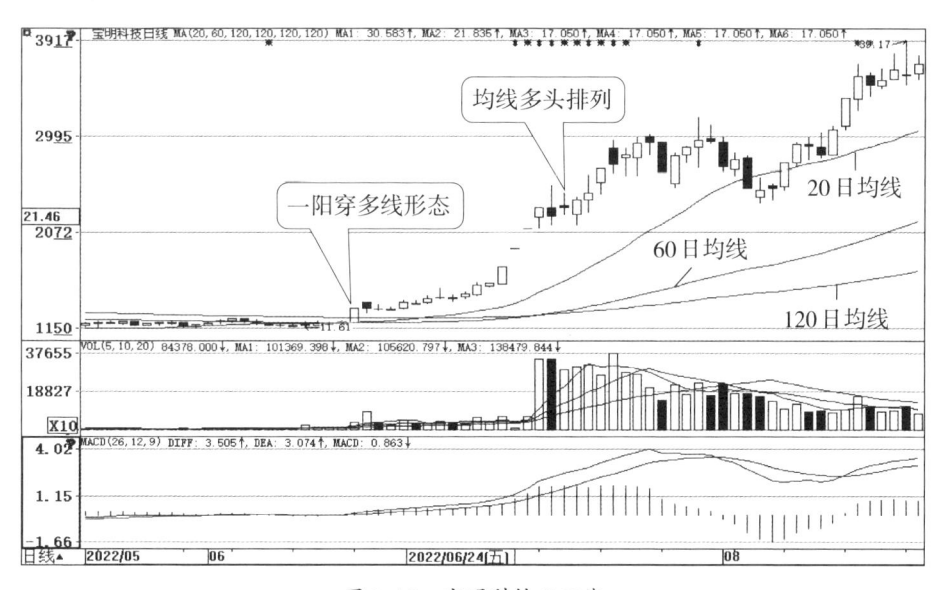

图4-12 宝明科技日K线

精讲提高

1.在结构性牛市中,如果某个板块的股票集体上涨,投资者一定要寻找涨势最强的股票买入,此时投资者不要以为高价股风险太大就不敢追高了。相反,那些在上涨时表现较弱的股票,未来板块整体见顶下跌时,其表现往往会更弱。

2.在结构性牛市中操作时,投资者除了关注大盘和股票的技术走势,还应该多关注消息面的因素,例如重大经济事件、某些概念炒作等。

4.3.2 根据板块轮动灵活换股

在结构性牛市中，投资者一定不能抱死自己手中的弱势股票不放。此时等待热点恰巧降临到自己持有的股票上是不现实的，投资者应该积极换股。当手中持有的股票走弱时，投资者就应该果断将其卖掉，寻找新的热点题材和热点股票买入。

2022年上半年，市场对光伏、新能源汽车、智能制造等概念进行反复炒作。

如图4-13所示，2022年4月底，依靠新能源汽车、智能制造等概念，盾安环境（002011）止跌回升。5月26日，该股均线形成银山谷形态，买点出现。

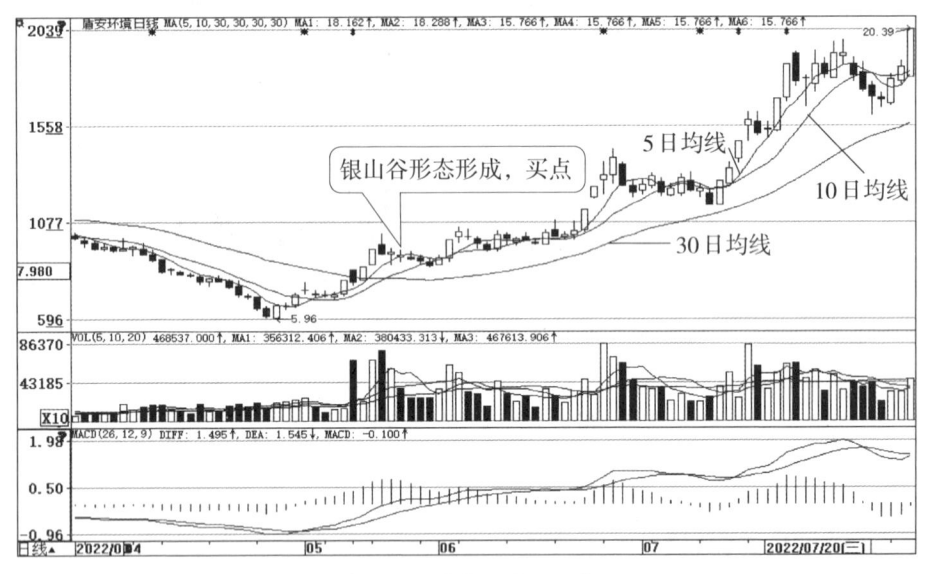

图4-13 盾安环境日K线

如图4-14所示，传艺科技（002866）是2022年钠离子电池概念炒作中最强势的股票之一。2022年6月20日，该股出现一阳穿多线形态的看涨信号。7月8日，其20日均线、60日均线和120日均线形成了多头排列形态，这是上涨行情已经确立的信号。

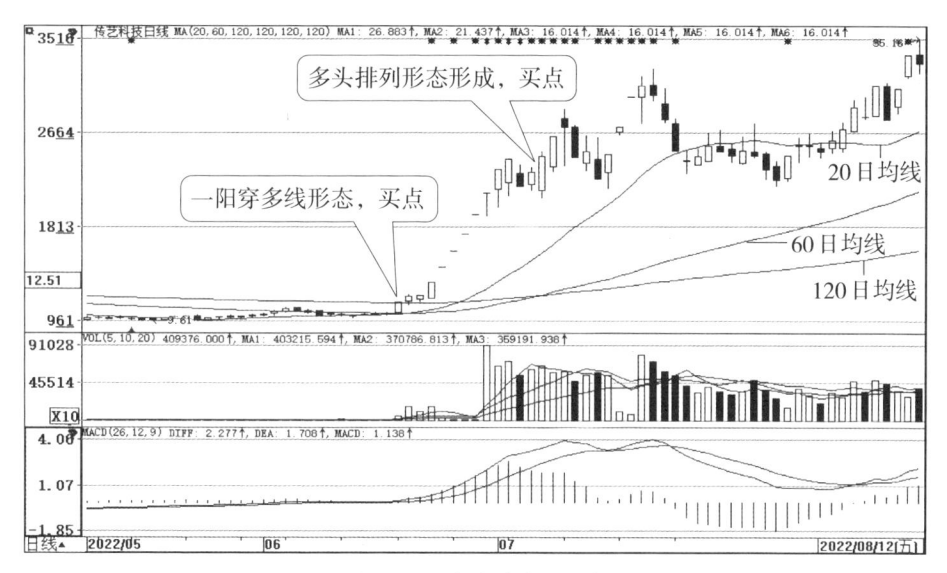

第4章 利用均线在不同行情中操作

图4-14 传艺科技日K线

如图4-15所示，全聚德（002186）是2022年逐渐兴起的大消费概念和预制菜概念炒作中的龙头股。2022年11月1日，该股形成一阳穿多线的形态。到11月下旬，该股的20日均线、60日均线和120日均线形成了并线三线开花形态，这是股价即将进入持续上涨行情的信号。

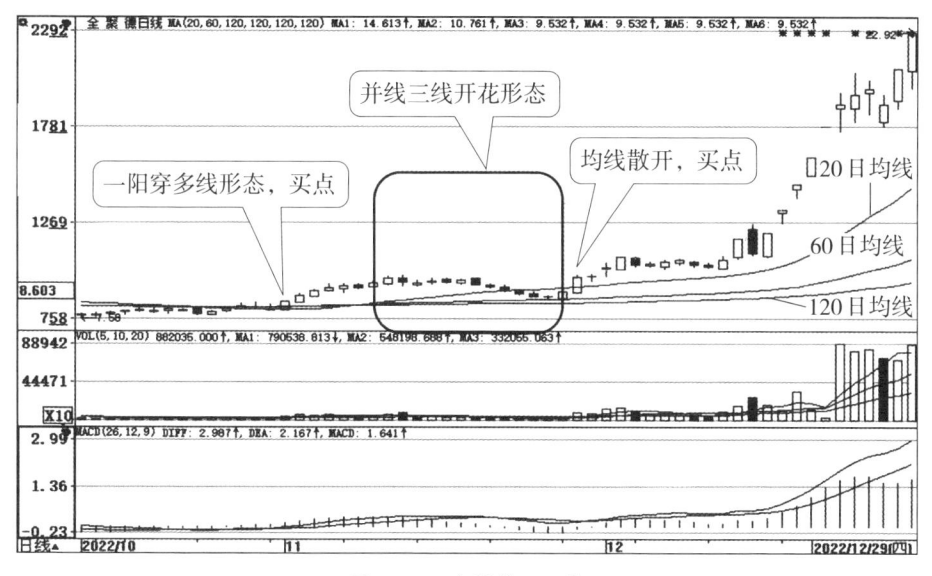

图4-15 全聚德日K线

089

11月29日，该股股价经过短暂回调后再次大幅向上。此时三条均线之间的距离也再度被拉大，买入时机出现。

精讲提高

1.在结构性牛市中，投资者一定要看清市场发展方向，把握不同时期的概念，避免漫无目的地追涨杀跌。

2.在结构性牛市中，投资者需要做的是卖出手中非主流的股票，买入当前属于主流热点板块的强势股票。千万不能将手中持续上涨的强势股票卖出，用所赚的钱去"补仓"买入那些已经被套牢的弱势股票。

第 5 章

利用均线捕捉大牛股

5.1 买入刚刚启动的大牛股

牛股是在一段时间内涨幅远远超过其他个股的股票。

在牛股的上涨刚刚启动时就买入股票，是每个股民追求的目标。以均线指标作为依据，投资者可以清楚地知道哪些股票是刚刚启动的大牛股，并且找出买入这些牛股的最佳时机。

5.1.1 在突破整理区间时买入

牛股启动之前，其股价往往会在底部持续整理。在整理过程中，成交量持续萎缩，多条均线纠缠在一起，形成一个整理区间。如果未来股价能放量突破这个区间，其均线也完成看涨信号并逐渐向上发散，就是牛股即将启动的标志。

如图5-1所示，从2022年10月起，龙磁科技（300835）股价经过一段时

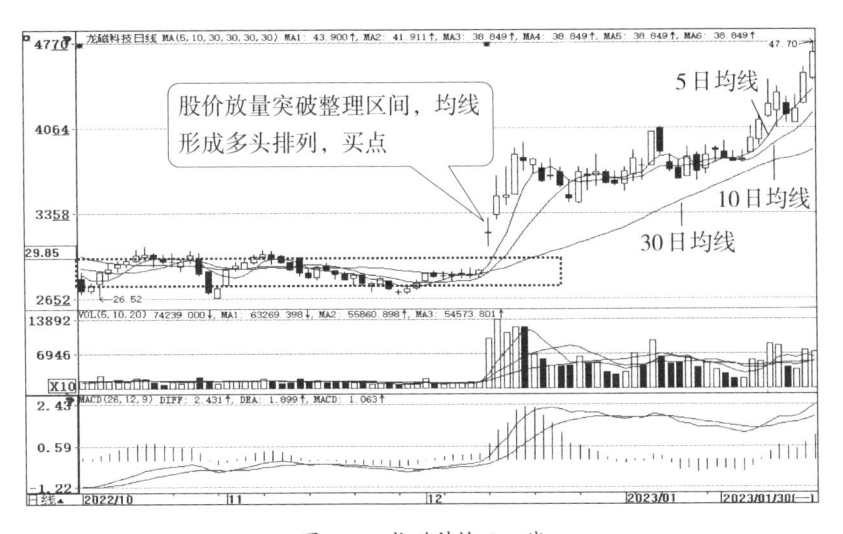

图5-1 龙磁科技日K线

间下跌后逐渐在底部横盘整理。股价在横盘整理过程中多次在几乎同一个价位遇到阻力下跌，形成了一个明显的底部横盘整理区间，同时其5日均线、10日均线和30日均线也纠缠在一起。

12月12日，股价大幅放量上涨，突破前期横盘区间。同时其均线指标也结束整理，开始形成向上发散的多头排列形态。这是牛股即将启动的标志，此时买入机会出现。

如图5-2所示，从2022年12月开始，科大讯飞（002230）的股价就开始持续横盘整理，形成了一个明显的横盘整理区间。2023年1月16日，该股股价突破整理区间，1月18日均线老鸭头形态出现，买点形成，这是股价即将开始上涨的先兆。

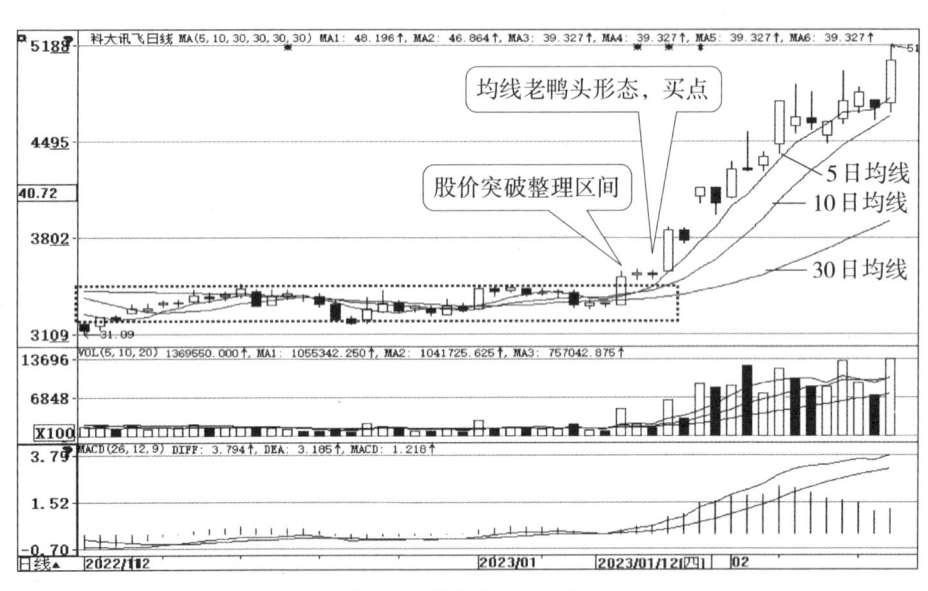

图5-2 科大讯飞日K线

精讲提高

1.股价持续下跌之后，可能在底部持续横盘整理，之后向上突破，持续上涨；也可能见底后先小幅上涨，在略高的位置持续横盘整理，之后向上突破，继续上涨。

2.当大牛股启动时，往往会伴随热点题材的炒作，同时股票的成交量和换手率也会大幅放大。投资者在交易时应该注意这两个方面的因素。

5.1.2 在突破后回调时买入

当大牛股启动后，可能会有一段小幅回调行情。这次回调是对之前向上突破形态的确认，不会破坏股价持续上涨的趋势。当回调结束，股价将加速上涨。如果投资者没有在大牛股刚刚启动时买入股票，或者买入股票不多，想要继续加仓，可以趁股价回调的机会买入。

如图5-3所示，2022年4—5月，赛力斯（601127）的股价在经过一波下跌走势后反转向上，同时其均线也逐渐形成多头排列。5月19日，均线银山谷形态正式形成，这是股价将持续上涨的信号，投资者要注意及时买入。

5月底，随着股价的持续震荡，5日均线回调到10日均线附近获得支撑。5月31日，5日均线获得支撑后再次向上。这个形态说明股价的震荡只是对之

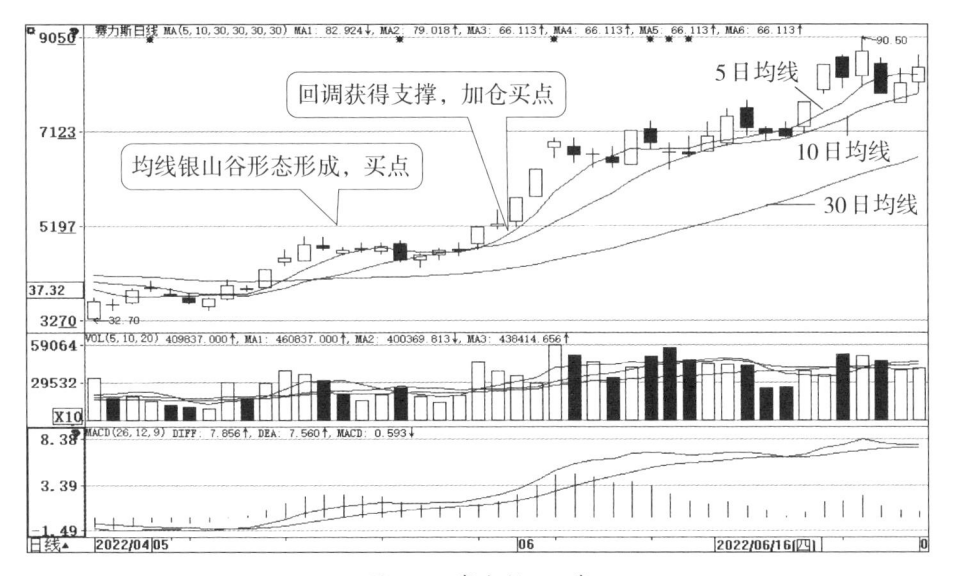

图5-3 赛力斯日K线

前突破形态的确认，未来股价将加速上涨，此时是加仓买入股票的时机。

如图5-4所示，2022年1月初，平煤股份（601666）在小幅上涨后缓缓回落，同时其10日均线、30日均线和60日均线逐渐靠拢。1月13日，三条均线几乎同时出现金叉，形成顺向三线开花形态，这是上涨动能十分强势、未来股价将会持续上涨的信号。

之后，该股均线形成多头排列。2022年1月底，该股股价回调到30日均线附近得到支撑，且均线多头排列形态不变，说明上涨趋势没有改变，投资者可以大胆逢低买入。

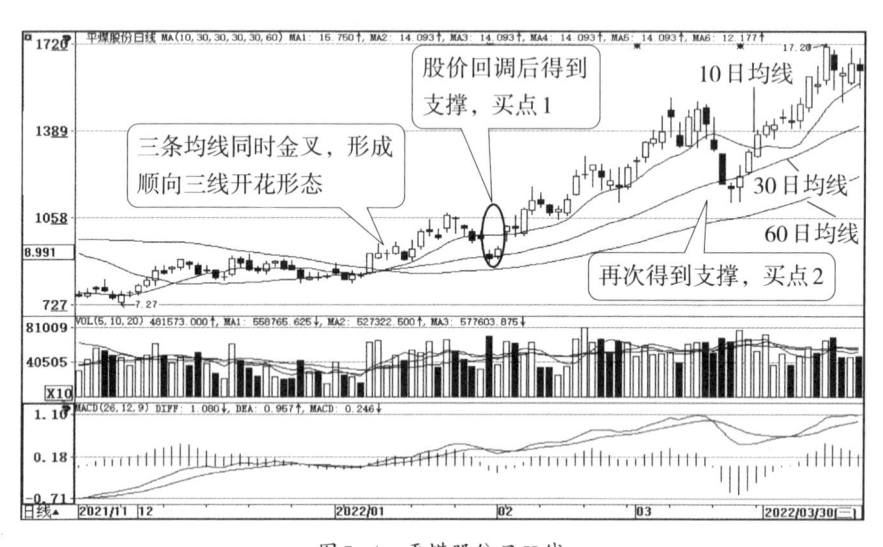

图5-4 平煤股份日K线

精讲提高

1.股价在向上突破后可能回调整理，也可能没有回调整理就持续拉升。如果股价没有回调，就没有加仓买点出现。

2.股价回调时一定不能跌破之前向上突破的位置。如果股价跌破这个位置，则意味着上涨趋势被破坏。未来股价即使上涨，其上涨空间也会非常有限。

3.如果股价回调时成交量萎缩，说明市场上的做空力量有限。同理，当股价获得支撑上涨时，如果成交量放大，说明多方力量很强，这样的情况下该形态的看涨信号更加可靠。

5.2 买入已经大幅上涨的大牛股

当大牛股形成后，只要股价能持续上涨，投资者就可以一直持有股票，甚至可以在持续上涨过程中追高买入。

5.2.1 在上涨过程中追高买入

在大牛股持续上涨的过程中，多条均线会形成多头排列的形态。只要这种多头排列形态没有被破坏，且多条均线之间的距离逐渐被拉大，就说明上涨行情仍在继续，市场上的多方力量丝毫没有减弱趋势。在这样的情况下，投资者可以积极追高买入股票。

如图5-5所示，2021年4月开始，潞安环能（601699）股价在持续上涨过程中，其10日均线、30日均线和60日均线一直保持多头排列形态，且三条均线间的距离逐渐发散。这样的形态说明市场上的多方力量持续强势，股价将被持续拉升。直到5月上旬，10日均线见顶下跌之前，一直是追高买入股票的机会。

如图5-6所示，2022年7—8月，长飞光纤（601869）的30日均线和60日均线形成了两线顺向火车轨形态。这个形态说明虽然股价上涨的速度不快，但是其上涨趋势十分稳定。股价在短期内不会结束这种持续上涨的形态。因此在这个形态持续的过程中，投资者可以积极追高买入股票。

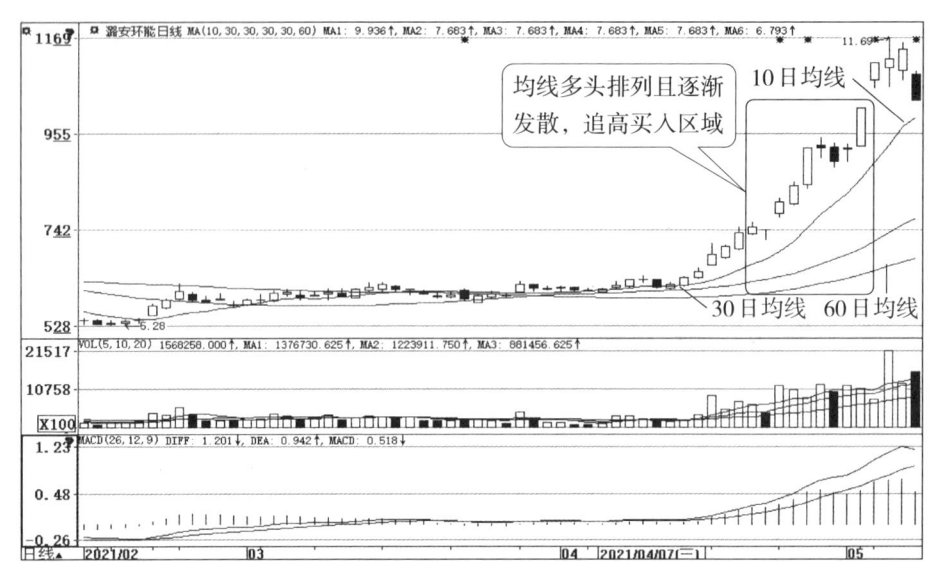

图 5-5　潞安环能日 K 线

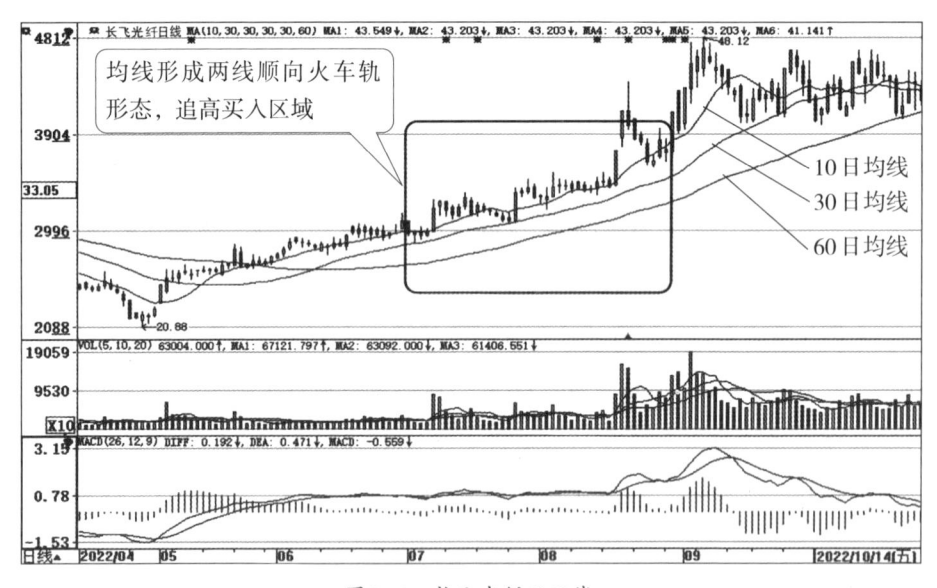

图 5-6　长飞光纤日 K 线

精讲提高

1.当股票的持续上涨行情结束时,并不一定会马上见顶下跌。相反,很多大牛股在经过高位横盘整理后往往会继续向更高的价位上涨。

2.当股价持续上涨时，往往会沿某条均线运行，多次回调都在这条均线位置获得支撑，例如5日均线、10日均线或者20日均线。追高买入后，投资者可以将止损位设定在这条均线上。一旦股价跌破这条均线，就说明股价有见顶下跌的风险。

5.2.2 在小幅回调获得支撑时买入

当大牛股持续上涨一段时间后，可能会有部分达到获利目标的投资者卖出股票。这会导致股价小幅回调，移动平均线的多头排列形态也可能被破坏。此时如果股价回调到某条均线位置获得支撑，或者短期均线在长期均线位置获得支撑，说明上涨趋势仍在继续，这是投资者追高买入股票的时机。

如图5-7所示，2022年12月，金钼股份（601958）股价经过一段时间上涨后回调。股价在回调过程中跌破了10日均线，但是在30日均线位置获得支撑止跌。这个形态说明短暂的下跌并没有改变持续的上涨行情，市场上仍有大量投资者看好后市，未来股价还将继续上涨。

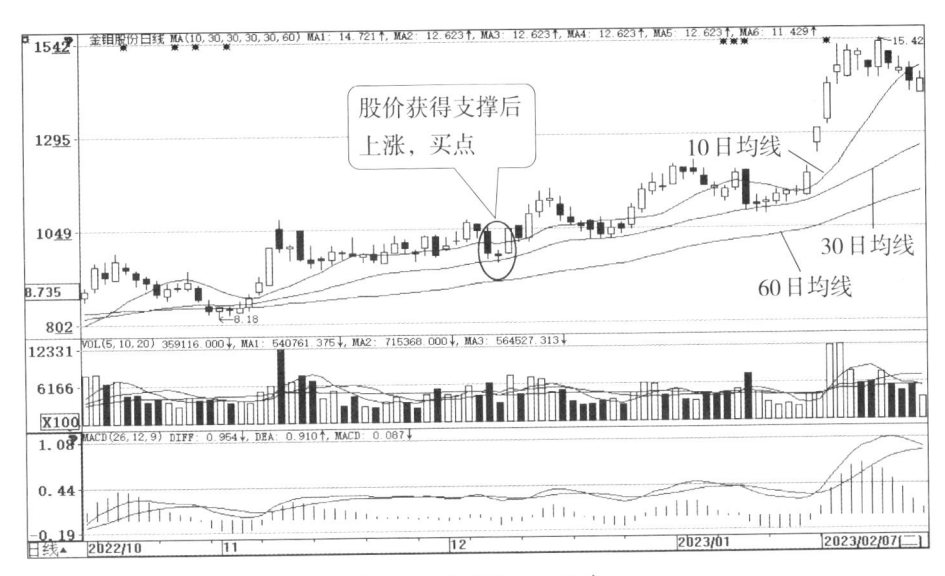

图5-7 金钼股份日K线

2022年12月9日，股价开始加速上涨，K线形成启明星形态，这是投资者买入股票的时机。

如图5-8所示，2022年8月至11月，恒生电子（600570）出现较大幅度上涨，最高涨幅接近52%。11月初，该股10日均线、30日均线和60日均线三条均线形成多头排列形态，这是上涨趋势确定的信号。

从11月下旬开始，该股股价冲高回落，10日均线跌破30日均线并逐渐向60日均线靠拢。12月下旬，该股股价一度跌破60日均线但很快再次向上，10日均线在60日均线附近得到支撑，30日均线依然在60日均线上方运行，说明股价回调并没有改变上涨趋势，投资者可以在股价及10日均线获得明显支撑时买入。

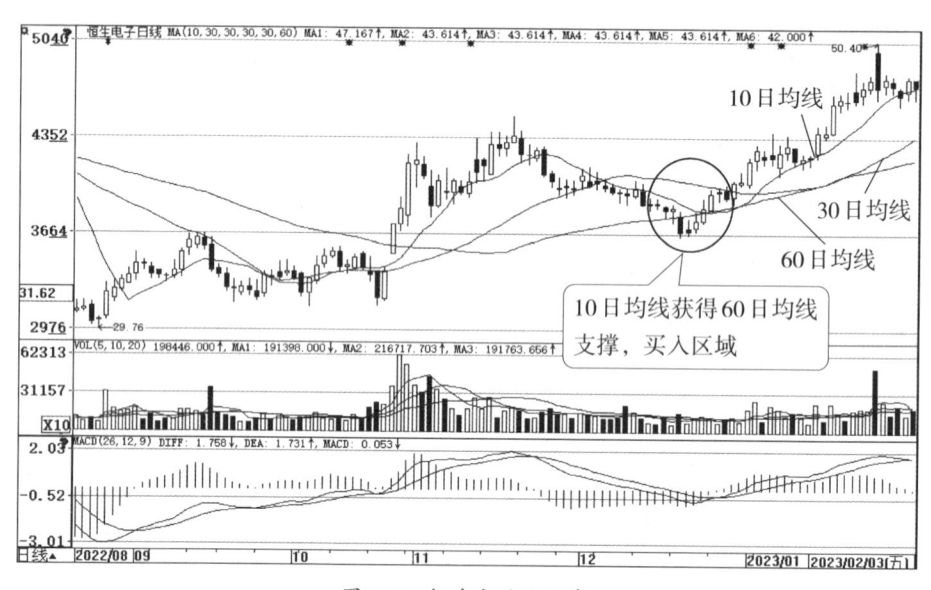

图5-8 恒生电子日K线

精讲提高

1.股价下跌时可能跌破多条均线，同时均线的多头排列形态也可能被破坏。但是只要两条长期均线还呈现多头排列形态，投资者就可以认为上涨行情仍在继续。

2.如果投资者原来就持有股票,可以在股价见顶回调时卖出,等回调获得支撑反弹时再将股票买回,这样可以回避中间的一段下跌。

3.股价在均线位置获得支撑后,可能沿均线整理一段时间继续下跌。因此为了回避风险,投资者最好等到股价开始上涨、脱离均线的支撑位后再买入股票。同样道理,当短期均线在长期均线位置获得支撑时,投资者最好等到短期均线掉头向上、脱离支撑位后再买入股票。

5.3 买入二次启动的大牛股

市场上有句俗语叫"千金难买牛回头",当大牛股结束快速上涨行情,回调整理一段时间后,可能会再次被向上拉升,形成二次启动的行情。如果投资者能抓住这段二次启动的行情,将大幅获利。

5.3.1 在放量金叉时买入

如果成交量在牛股回调时逐渐萎缩,等股价回调一段时间后能够放量反弹,并且均线同时形成金叉,就说明该股票已经完成了调整,即将进入新的上涨行情。在成交量放大且均线金叉形成时,就是买入股票的时机。

如图5-9所示,2022年7月至8月,卓朗科技(600225)经过一轮快速上涨后见顶回调。在持续的回调过程中,其成交量逐渐萎缩,而均线的多头排列形态则完全被破坏。

从2022年10月开始,卓朗科技的股价再次开始上涨,同时其10日均线也连续突破了30日均线和60日均线,形成金叉。11月28日,30日均线向上突破60日均线，均线银山谷形态形成。这显示该股票已经重新进入上涨趋势，牛股二次启动，此时是买入时机。

如图5-10所示，从2022年11月开始，中国软件（600536）经过持续的上涨后见顶回调。在持续回调过程中，其成交量不断萎缩，而均线的多头排列

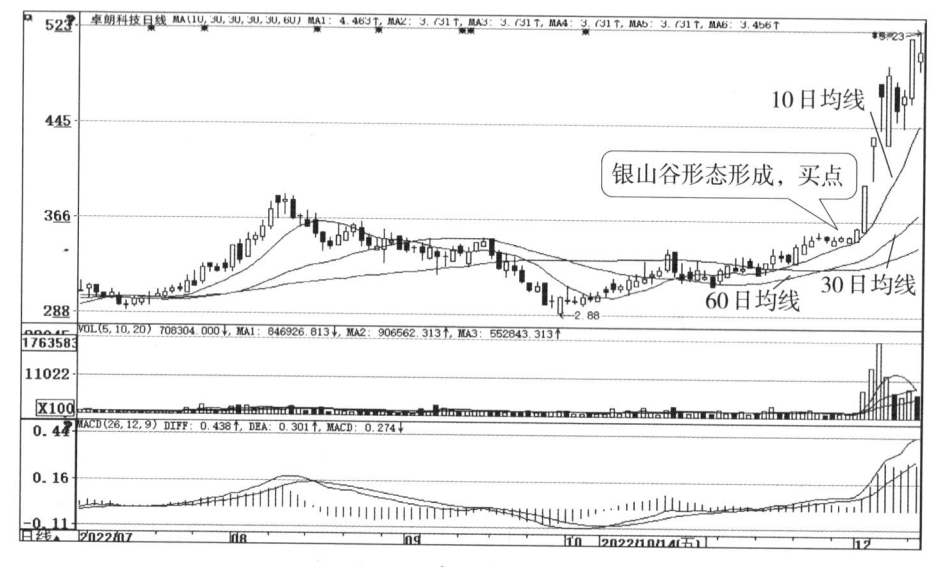

图5-9 卓朗科技日K线

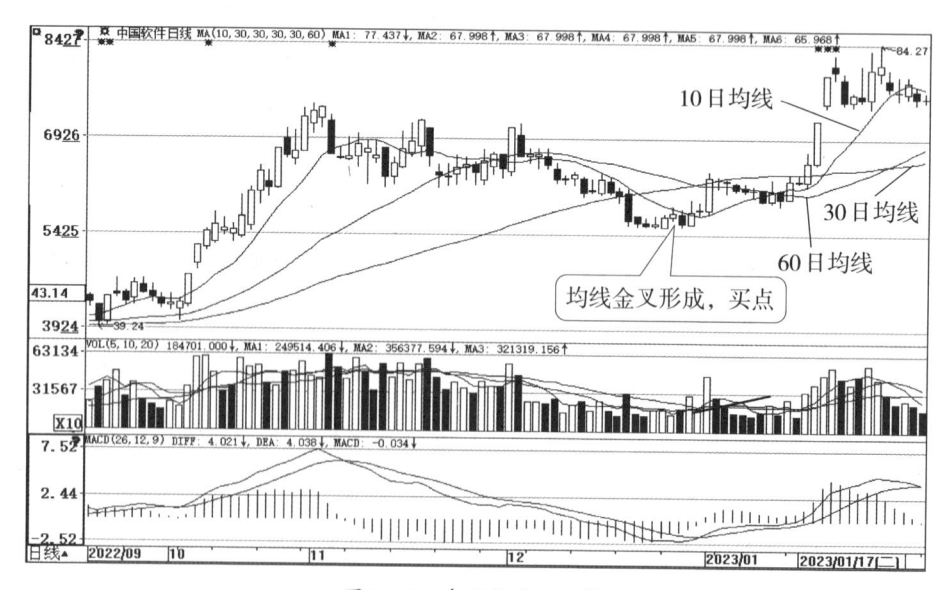

图5-10 中国软件日K线

形态也被破坏。

从 2022 年 12 底开始，股价经过一波回调震荡后再次放量向上。1 月 16 日，10 日均线向上突破 30 日均线，多头排列虽未形成，但强上涨动能已经显现无疑，这说明该股票已经重新进入上涨行情，此时投资者可以积极买入股票。

精讲提高

1. 在二次启动行情出现之前，原来的上涨趋势已经被完全破坏，此时股票再次启动后会开始一轮新的上涨行情。

2. 如果投资者同时依照多条均线操作，在二次启动时就会有连续多个金叉形态出现。此时投资者可以适当地分批买入股票，分散风险。

3. 股价回调见底后，可能马上开始放量上涨，也可能在底部缩量整理一段时间后再突然放量拉升。

5.3.2 在突破前期高点时买入

牛股经过一段时间上涨后形成的高点，往往会在未来股价上涨时成为重要的阻力位。股价在未来上涨到这个位置后，往往会有大量前期被套牢的投资者抛出股票，而看涨的投资者也会在心理因素的作用下不愿买入，这就会造成股价持续在同一个价位遇到阻力。

未来股价经过一段时间整理后，如果能够沿均线温和上涨，并且对这个阻力位形成有效突破，就说明前期套牢盘已经被完全消化，投资者开始重新看好后市。这是一轮新的上涨行情即将开始的信号。

如图 5-11 所示，2022 年 7 月，恩华药业（002262）股价经过一段时间的上涨后见顶下跌。之后，该股股价持续回调，一直未能对这个顶部形成有效突破。

直到2022年8月初，该股股价回调见底后沿10日均线上涨，最终突破了前期阻力位，同时其成交量也大幅放大。这样的形态意味着一轮新的上涨行情已经开始，当股价完成突破时，就是买入股票的时机。

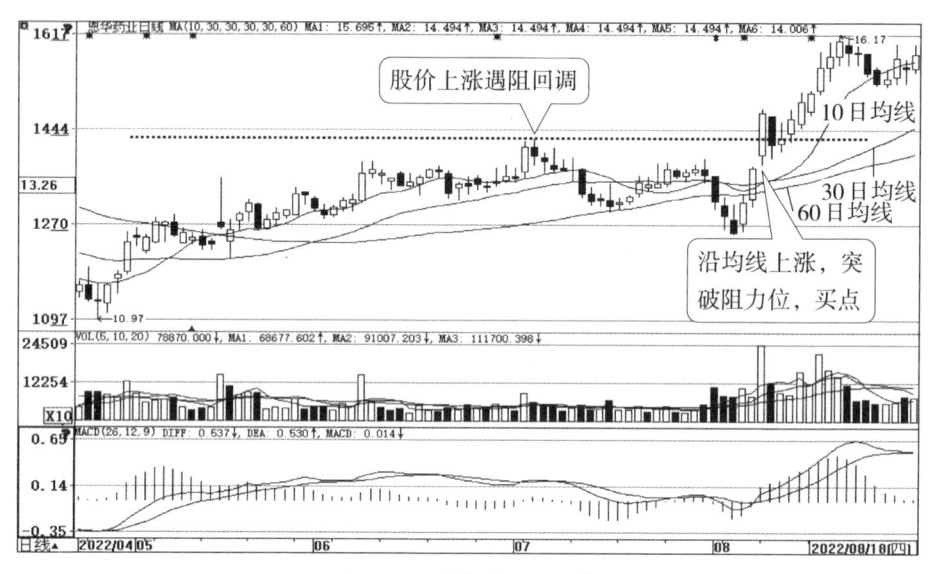

图5-11　恩华药业日K线

精讲提高

1.如果股价在反弹向上突破时上涨速度很快，远离了均线，说明这只是短期内多方力量的集中爆发，股价持续上涨的趋势还没有形成，未来股价还有很大风险会见顶下跌。这时投资者最好不要追高买入股票。

2.如果在回调过程中股票除权除息，则会对前期高点的相对位置产生一定的影响。投资者在操作时应该注意这方面的因素，最好将复权前后的价格综合考虑。

3.股价上涨的阻力位一旦被突破，这个位置就会变成股价下跌的支撑位。未来股价下跌到这个位置时如果能见底反弹，就形成买入机会。

5.4 卖出见顶下跌的大牛股

当投资者持有的大牛股见顶下跌时，投资者应该尽快将其卖出。这样，投资者还可以等股价再次确定上涨行情时买入。万一因为冒险操作而损失了已经获得的利润，那么之前努力捕捉大牛股的操作就完全失去意义了。

5.4.1 在股价跌破均线后卖出

在股价持续上涨过程中，投资者往往会发现股价是沿着一条均线上涨的，如20日均线、30日均线等。股价在上涨过程中，连续多次回调到这条均线附近都能够获得支撑反弹。在这样的情况下，投资者可以将这条均线视为向上浮动的止损线。未来一旦股价跌破了这条均线，就代表上涨行情结束，此时是投资者卖出股票的时机。

如图5-12所示，2022年5月至8月，岳阳兴长（000819）股价持续上涨。在上涨过程中，股价多次回调到30日均线位置时都能获得支撑上涨。这说明30日均线是股价上涨的有效支撑线，此时投资者可以将其作为一条向上浮动的止损线。

2022年8月26日，股价见顶下跌，跌破了30日均线。随后几个交易日的股价走势也确认了跌破均线的有效性，它说明持续的上涨行情已经结束，此时是卖出股票的时机。

如图5-13所示，2022年10—12月，西安饮食（000721）股价持续上涨。在上涨过程中，其股价多次在30日均线位置获得支撑。此时投资者可以将30日均线作为自己操作的止损线。

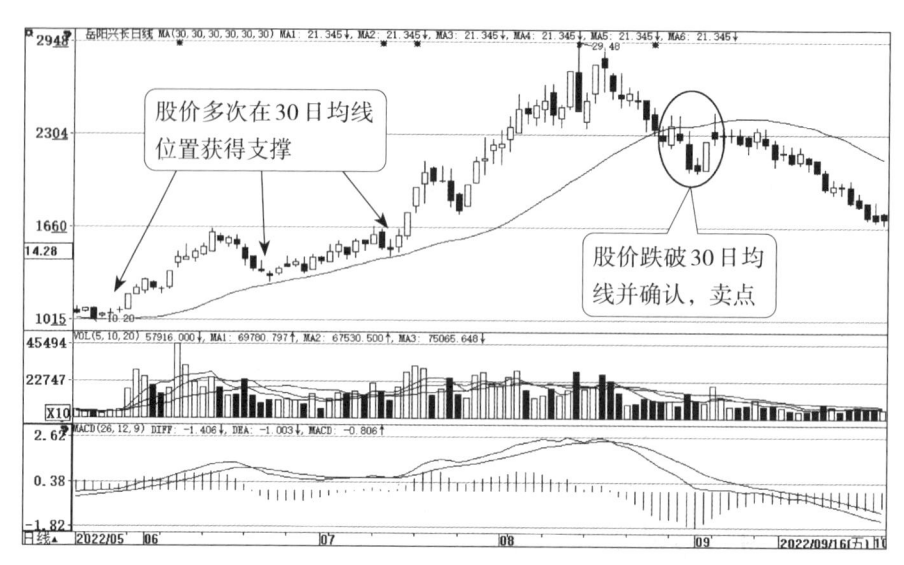

图 5-12　岳阳兴长日K线

2023年1月中旬，股价回调到30日均线位置获得支撑。但此次获得支撑后股价没有马上上涨，而是沿30日均线整理。直到1月19日，K线跳空低开，股价跌破30日均线，说明上涨行情已经结束，此时是卖出股票的时机。

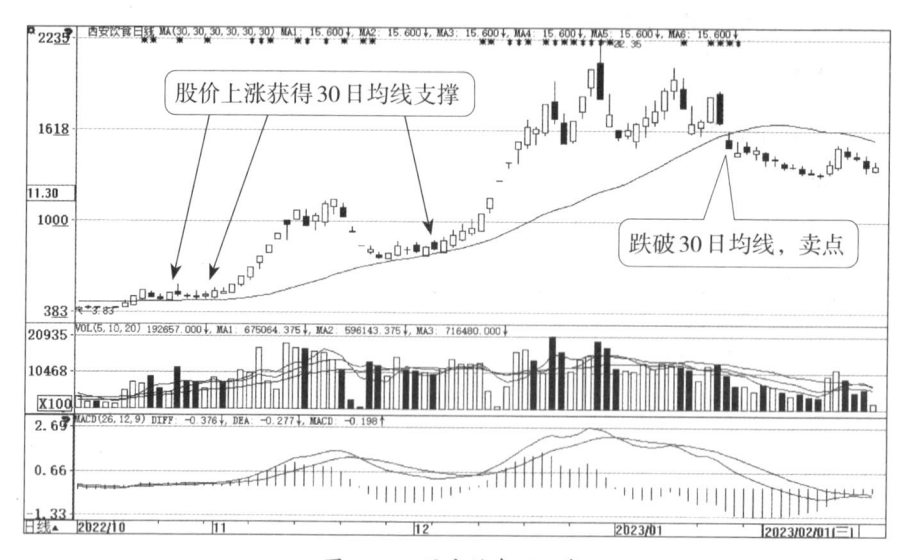

图 5-13　西安饮食日K线

精讲提高

1.将均线作为"止损线",当股价跌破均线、投资者"止损"时,往往能够获得不错的收益。

2.不同股票上涨获得支撑的均线周期会有所不同。上涨速度越快的股票,其适用的均线周期就越短。

3.股价跌破均线后其上涨行情可能并不会就此结束。如果未来股价能沿均线继续上涨,就是投资者将股票买回的时机。

5.4.2 在空头排列完成后卖出

在大牛股见顶下跌后,多条均线会逐渐形成空头排列形态。这是股价已经进入下跌行情的标志。当空头排列完成时,是卖出股票的时机。

如图5-14所示,2022年11月中旬,竞业达(003005)股价见顶下跌。2022年11月下旬至12月,该股的10日均线连续跌破30日均线和60日均线。

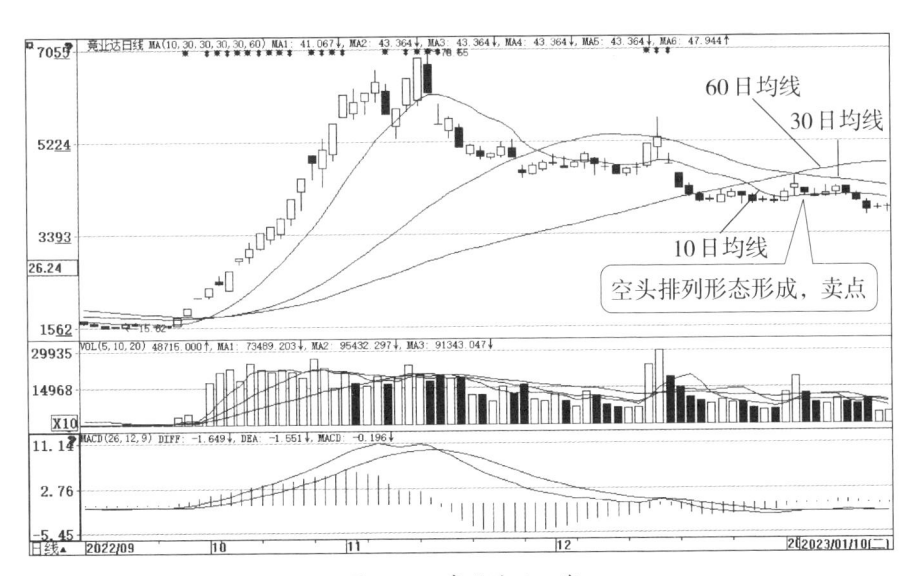

图5-14 竞业达日K线

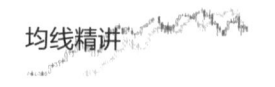

2023年1月5日，该股的30日均线也跌破了60日均线，此时均线的空头排列形态形成。这个形态标志着该股已经进入了下跌行情，此时是卖出股票的时机。

如图5-15所示，2021年4月下旬，玲珑轮胎（601966）在经过长期的大涨之后股价见顶下跌。5月17日，该股的10日均线跌破了30日均线，此时股价已经有见顶下跌的风险，投资者可以先将手中的股票卖出1/3。

5月20日，该股的10日均线跌破了60日均线，此时股价下跌的风险已经很大，投资者最好再卖出1/3的股票。

6月9日，该股的30日均线跌破60日均线，表明空头排列形态已经形成。这标志着股票完全进入下跌行情，此时投资者应该尽快将手中剩余的股票卖出。

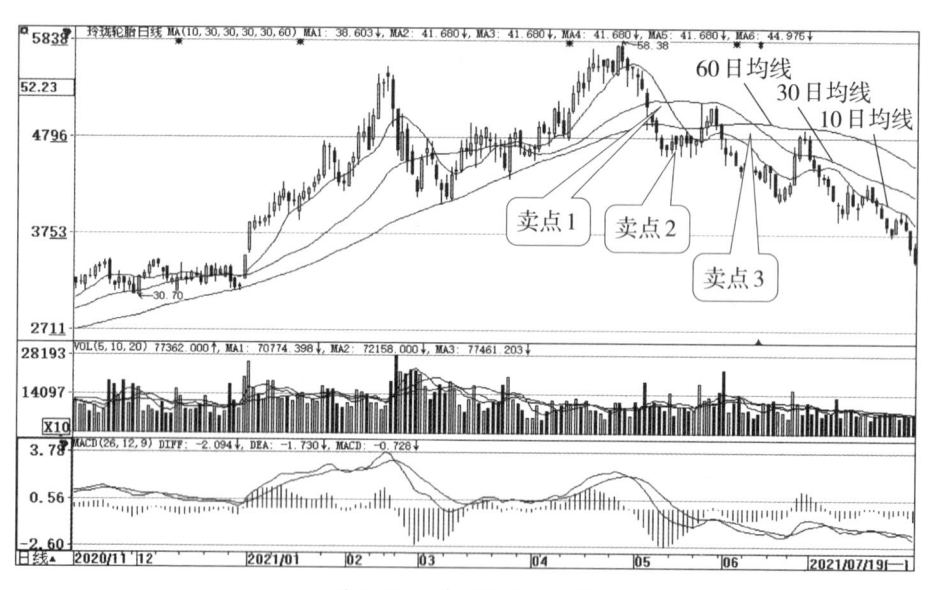

图5-15　玲珑轮胎日K线

精讲提高

1.与股价跌破均线后马上卖出的方法相比，等均线空头排列形态形成后再卖出股票可能会损失更多的利润,但是其看跌信号的准确度会更高。

2.均线由上涨行情的多头排列最终进入下跌行情的空头排列会经过一个整理过程。为了尽量保持已经获得的收益,投资者可以在这个整理过程中分批卖出股票。

第 6 章

利用均线识别主力动向

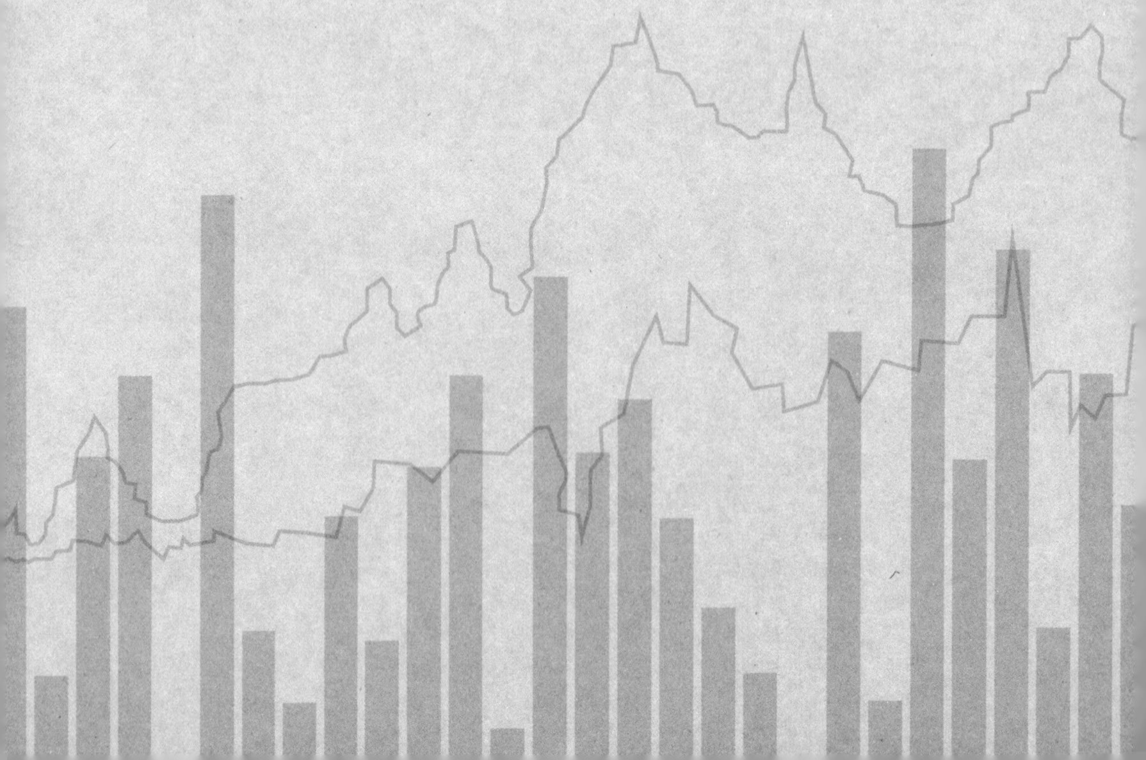

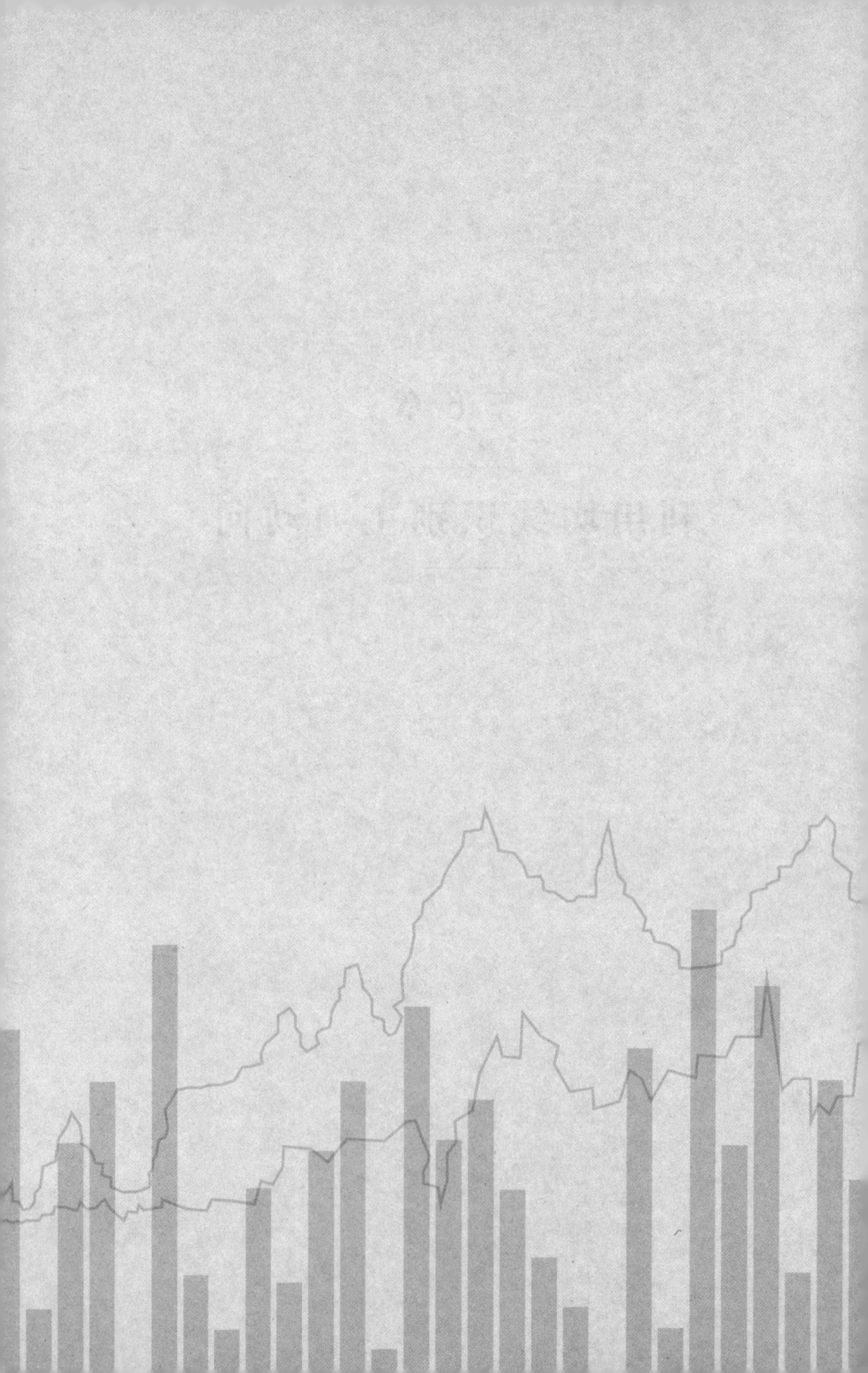

6.1 识别主力即将拉升的股票

主力在坐庄一只股票时，要经过建仓、拉升、洗盘、出货的过程。其中拉升阶段是主力将股价向上抬拉，提高自己获利空间的最主要过程，在这个过程中股价往往会有很大的涨幅。因此，如果能选择那些主力建仓完毕、即将开始拉升的股票买入，投资者就可以获得不错的收益。

6.1.1 主力建仓完成后洗盘的买点

当主力建仓完毕、即将开始拉升股价时，往往会先将股价快速向下打压，使其跌破重要支撑位，之后再迅速向上拉升。这次快速打压是主力在拉升前进行的洗盘动作。通过这样洗盘，之前在主力建仓过程中跟风买入的部分散户就会交出手中的筹码，主力则能够大大减轻自己在拉升股价时遇到的阻力。

在洗盘的过程中，股价和短期均线可能会连续破位下跌，但一些中期均线往往能够在长期均线位置获得支撑。而且股价快速下跌后很快就会被再次向上拉升，这是因为主力只是想洗掉一部分意志不坚定的短线散户，并没有想要在市场上制造大范围的看空氛围。

当洗盘行情结束、股价开始上涨时，就说明主力已经开始拉升股价，此时是买入股票的时机。

如图6-1所示，从2021年9月底开始，金山股份（600396，已更名为*ST金山）经过一波上涨走势后，其股价快速下跌，跌破10日均线和30均线的支撑位。这样的形态说明之前的上升是主力在底部建仓，而持续横盘整理行情后的下跌很可能是主力在洗盘。

2021年12月，股价结束下跌开始向上，买入时机出现。

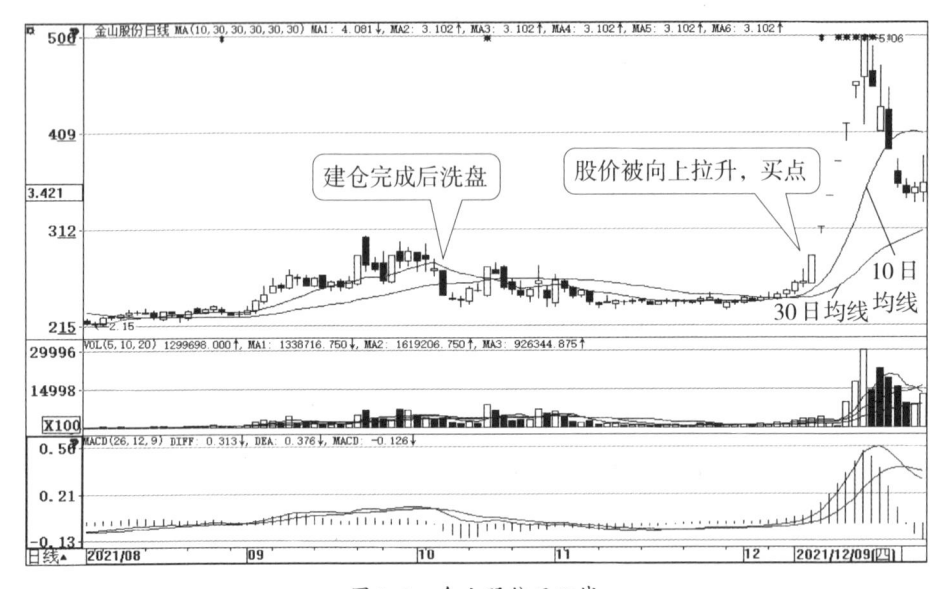

图6-1 金山股份日K线

精讲提高

1. 如果在股价持续下跌的尾端成交量极度萎缩，说明主力洗盘的效果十分明显，未来当股价被向上拉升时，其上涨空间会更广。

2. 为了最大限度地回避风险，投资者可以等到均线形成多头排列形态、上涨行情已经完全确定后再买入股票。

3. 有些主力在建仓完成后并不会洗盘，而是马上拉升股价，等将股价拉升一段时间后再开始洗盘。在这样的情况下，该买入机会就不会出现。

6.1.2 股价突破整理区间的买点

主力为了降低自己的买入成本，往往会在建仓过程中尽量让股价保持在低位。在这个过程中，股价可能在底部持续横盘整理，也可能在震荡过程中非常缓慢地上涨。均线也往往会纠缠在一起，没有形成持续的多头排列形态或者空头排列形态。

股价在低位整理一段时间后，如果能放量突破整理区间，同时均线也形成多头排列形态并逐渐向上发散，就说明主力已经完成建仓，开始向上拉升股价。

如图6-2所示，2021年8月至12月，金时科技（002951，已更名为ST金时）股价持续在底部区域横盘整理，这是主力在低价位建仓的信号。在横盘整理过程中，其10日均线、30日均线和60日均线反复纠缠在一起。

2021年12月30日，该股股价被放量向上拉升，突破了之前横盘整理区间的高点，同时其三条均线也形成多头排列形态并逐渐向上发散。这说明主力经过长期的建仓后已经吸足筹码，未来股价将被持续拉升，此时是买入股票的时机。

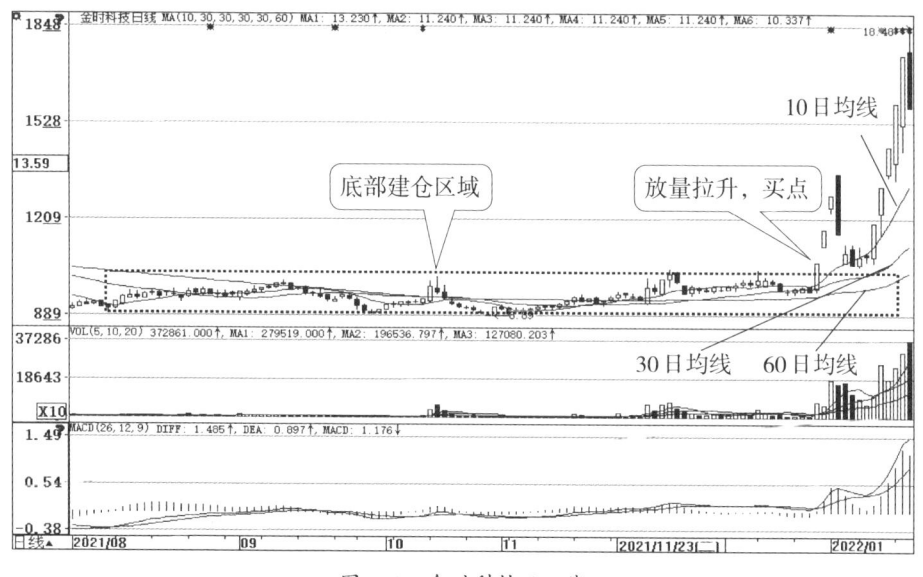

图6-2 金时科技日K线

如图6-3所示，2021年2月至4月，锦泓集团（603518）股价在一个狭窄的区间内缓慢放量上涨。

4月20日,该股股价突破了缓慢的上涨区间,开始加速上涨,K线形成一根放量大阳线,同时其三条均线也形成了多头排列形态并逐渐向上发散。这样的形态说明主力经过持续的建仓后已经开始拉升股价。当股价向上突破时,就是买入股票的时机。

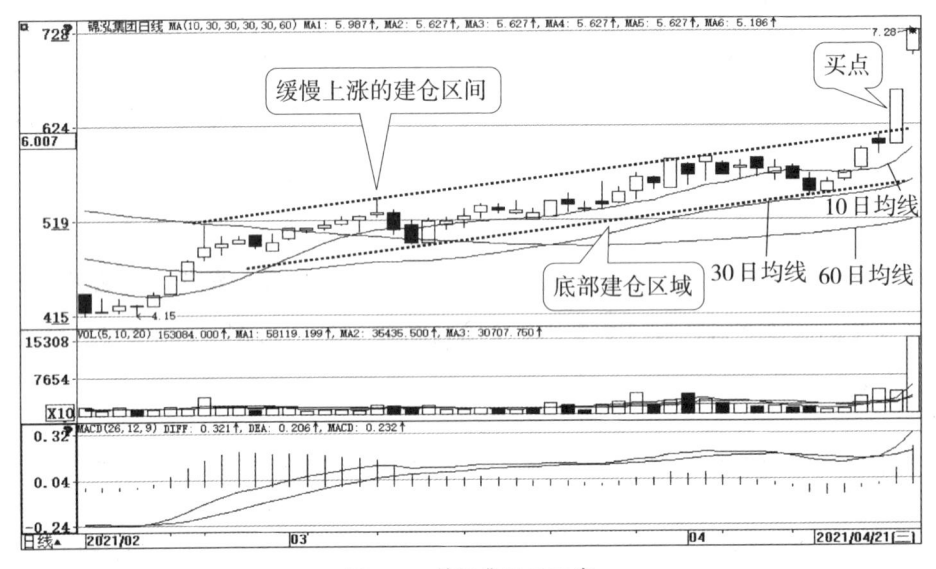

图6-3 锦泓集团日K线

精讲提高

1.在股价突破横盘整理区间的同时,如果均线完成了一阳穿多线的形态或者三线开花形态,则是对持续上涨行情的验证。此时该形态的看涨信号会更加可靠。

2.股价在底部横盘整理的时间越长,其未来的上涨空间就越大。

6.1.3 上升趋势形成的买点

当多条均线形成多头排列形态并逐渐发散上涨时,说明上涨行情已经开始。此时主力已经通过拉升股价在市场上制造了看涨氛围，未来会有大量散户因为看好后市而买入，股价也将在散户和主力的共同推动下持续上涨。当这样的形态形成时，就是投资者买入股票的时机。

如图6-4所示，2021年5月11日，紫光国微（002049）的10日均线、30日均线和60日均线形成了多头排列形态，这个形态说明主力已经成功在市场上制造了看多氛围。在这种市场氛围的影响下，会有越来越多的散户看好后市买入，未来股价将在散户和主力的共同推动下持续上涨，此时是买入股票的时机。

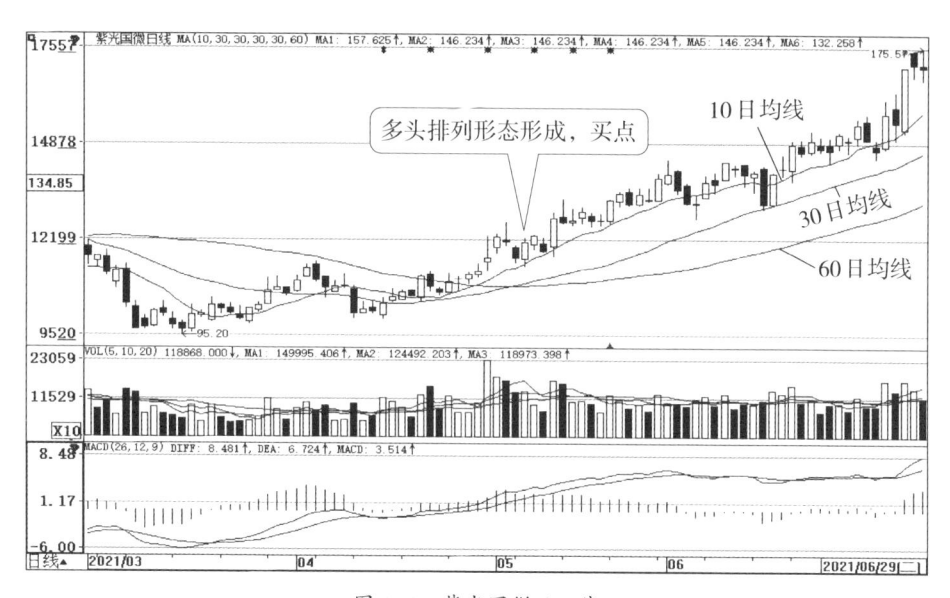

图6-4 紫光国微日K线

如图6-5所示，2021年2月至2021年7月，新安股份（600596）的120日均线和250日均线共同组成了两线顺向火车轨形态。这样的形态说明市场上已经形成了持续的看多氛围，未来股价将在主力和散户的共同推升下持续上涨。

精讲提高

1.当上涨趋势形成、主力开始拉升股价时，投资者可以买入股票。当股价处于上涨趋势中时，投资者也可以追高买入。

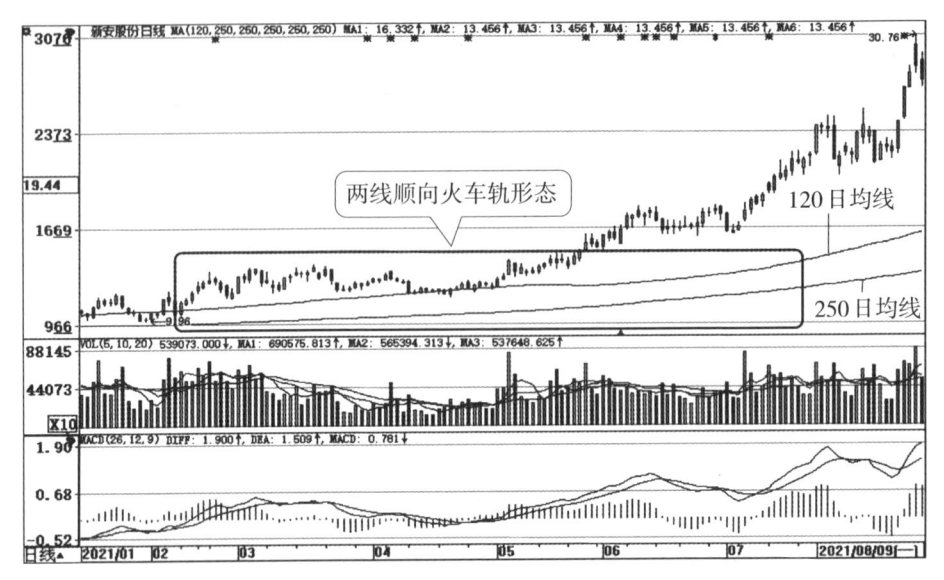

图6-5 新安股份日K线

2.在股价上涨过程中,如果成交量逐渐放大,是市场上看多氛围逐渐增强的信号,未来股价还将有较大的上涨空间;一旦成交量萎缩,股价就有了见顶下跌的风险,此时投资者应该谨慎操作。

3.当主力在拉升过程中洗盘时,持续上涨的形态可能会被短暂破坏。此时投资者可以先卖出离场,等主力洗盘结束、股价重新进入上涨趋势时,再把股票买回。

6.2 分辨主力是在洗盘还是出货

在实际操作中,主力洗盘和出货的技术特征经常会十分相似。主力为了掩盖自己的操作目的,经常将洗盘做成出货的形态,或者将出货做成洗盘的形态。这就让散户投资者很难分辨出主力真实的操作意图。如果错将洗盘当作出货而卖出股票,很可能会踏空一段上涨行情。相反,如果错将出货当作洗盘而继续持股,则会被套牢在高位。

6.2.1 利用均线对股价的支撑

避免被主力欺骗最简单的方法之一，就是寻找能够对股价形成有效支撑的均线。在股价持续上涨过程中，往往能够有一条均线可以对股价形成有效的支撑，如20日均线、30日均线等。每次主力洗盘造成股价下跌，股价还未跌破这条均线就再次被拉升。因此，投资者可以将这条均线作为判断主力洗盘还是出货的依据。如果股价回落没有跌破均线，说明主力在洗盘，投资者可以继续持股。如果股价回落跌破均线，就说明主力在出货，投资者应该卖出股票。

如图6-6所示，2022年4月至7月，文一科技（600520）股价在上涨过程中多次回调到34日均线位置都获得支撑反弹。此时投资者可以将这条均线作为判断主力是洗盘还是出货的依据。

从7月下旬开始，股价下跌。虽然在这次下跌过程中股价的累计跌幅超过15%，但股价并没有跌破34日均线，这说明此次下跌只是主力在洗盘，投资者可以继续持有该股票。8月2日，股价获得34日均线的支撑后开始上涨，此时是投资者买入股票的时机。

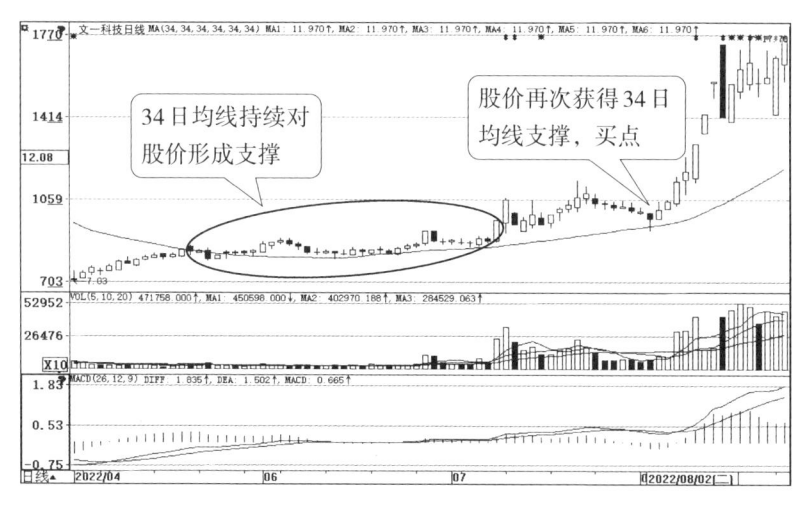

图6-6 文一科技日K线

如图6-7所示，2021年7月至9月，中国中冶（601618）股价在上涨过程中持续获得了30日均线的支撑，投资者可以将这条均线作为判断主力是洗盘还是出货的参照。

9月27日，股价冲高回落，破30日均线，这说明主力已经在出货，股价受到持续打压，此时是投资者卖出股票的时机。

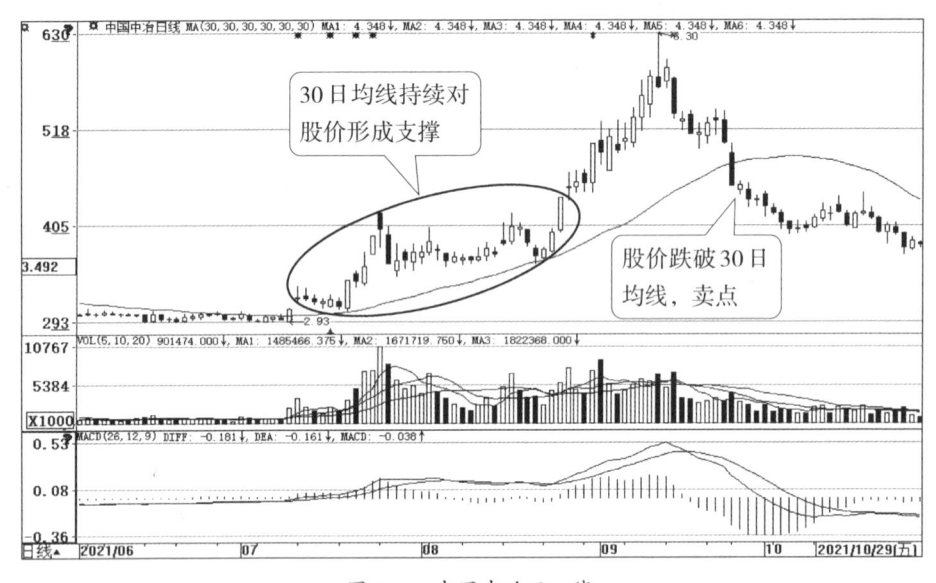

图6-7　中国中冶日K线

精讲提高

1.有时主力为了更彻底地洗盘，可能让股价跌破前期重要的支撑均线，随后再将股价向上拉升，这种形态被称为"骗线"。当出现"骗线"时，投资者可以先卖出股票，等股价重新上涨后再将手中的股票买回。

2.在实际操作时，投资者为了避免主力制造"骗线"的影响，可以选择一些特殊周期的均线，如21日均线、34日均线、55日均线等。

6.2.2 利用均线的排列形态

在股价持续上涨过程中，其均线往往会形成多头排列形态并持续上涨。当股价回落，出现洗盘或者出货的行情时，这种多头排列形态往往就会被破坏。如果在均线形成空头排列形态之前股价就见底反弹，说明这次回落是主力在洗盘，未来随着股价上涨，均线会再次形成多头排列形态。如果均线的多头排列形态被破坏后股价持续下跌，均线最终形成了空头排列形态，则说明主力已经在顶部出货，未来股价将遭到持续打压。

如图6-8所示，2022年9月初，海油工程（600583）股价经过持续的上涨后见顶回落。在股价回落过程中，虽然5日均线跌破了20日均线，但是20日均线一直位于60日均线上方，三条均线并没有形成空头排列形态。这个形态说明股价回调可能只是主力在洗盘，在这个过程中投资者可以一直放心持股。

10月26日，随着股价上涨，三条均线再次形成多头排列形态，这说明主力结束洗盘，开始再次拉升股价。这是投资者加仓买入股票的时机。

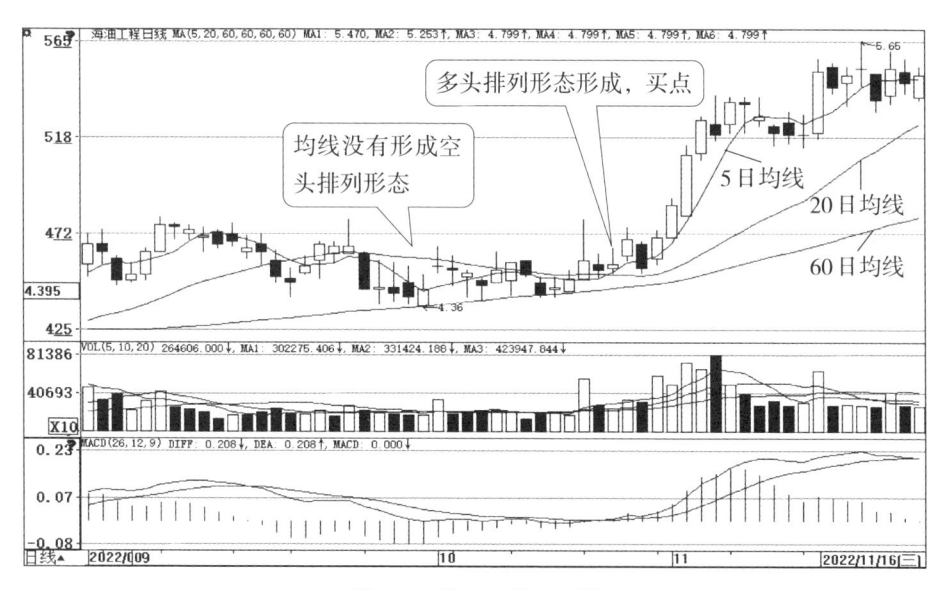

图6-8　海油工程日K线

如图6-9所示，2022年8月，上声电子（688533）的5日均线和20日均线相继跌破了其60日均线。9月1日，均线的空头排列形态形成。这个形态说明主力已经在顶部区域完成出货，未来股价将受到打压而持续下跌。此时是投资者卖出股票的时机。

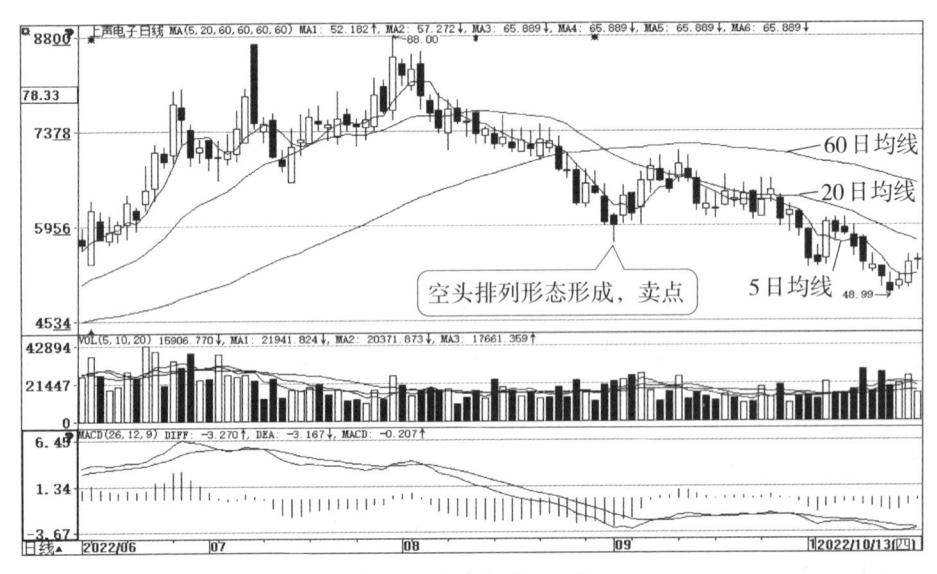

图6-9 上声电子日K线

精讲提高

1.只要三条均线没有形成空头排列形态，投资者就可以认为多头排列形态没有被完全破坏，此时可以继续持股待涨。

2.除了均线，投资者也可以将成交量作为判断主力洗盘还是出货的重要参考。如果股价下跌、成交量萎缩，往往是主力在洗盘；如果股价下跌、成交量放大，则是主力出货的标志。

第 7 章

利用均线和其他指标配合操作

7.1 均线和成交量结合运用

股票的成交量大小可以反映出该股票对投资者的吸引程度。如果将均线和成交量结合运用,投资者可以综合考虑当前股价涨跌和投资者买卖股票的热情,进而判断未来股价走向。

7.1.1 均线和成交量同步上涨

均线和成交量同步上涨,说明随着股价上涨,越来越多的投资者正在买入股票,而他们买入股票又会推动股价继续上涨。此时市场已经进入了良性循环,未来股价将持续上涨。

如图7-1所示,2022年5月,旭光电子(600353)的20日均线见底反弹,

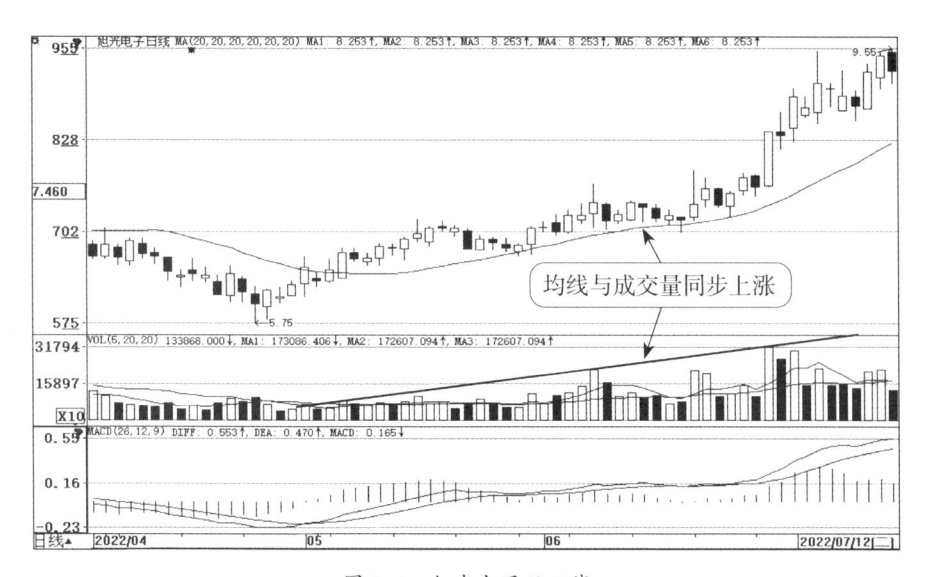

图7-1 旭光电子日K线

与此同时，其成交量也持续放大。这样的形态说明随着股价持续上涨，投资者的交易热情也越来越高，开始大量买入股票。而他们的买入又会推动股价继续上涨。此时市场已经进入了良性的上涨周期，未来股价将持续上涨。当这样的形态出现时，是投资者买入股票的时机。

如图7-2所示，2023年12月下旬，智能自控（002877）的股价见底反弹，向上突破20日均线，但成交量并未有明显的配合。之后，该股股价在20日均线上方缓缓震荡。

1月30日开始，该股股价大幅上涨，均线和成交量同步向上。这说明在股价上涨过程中，由于短期概念（该股涉及智能控制阀、光伏、人工智能、工业互联网等热点概念）的炒作，短期内跟风买入股票的投资者越来越多，未来股价将持续快速上涨。这样的形态确定时，投资者可以在后市伺机买入。

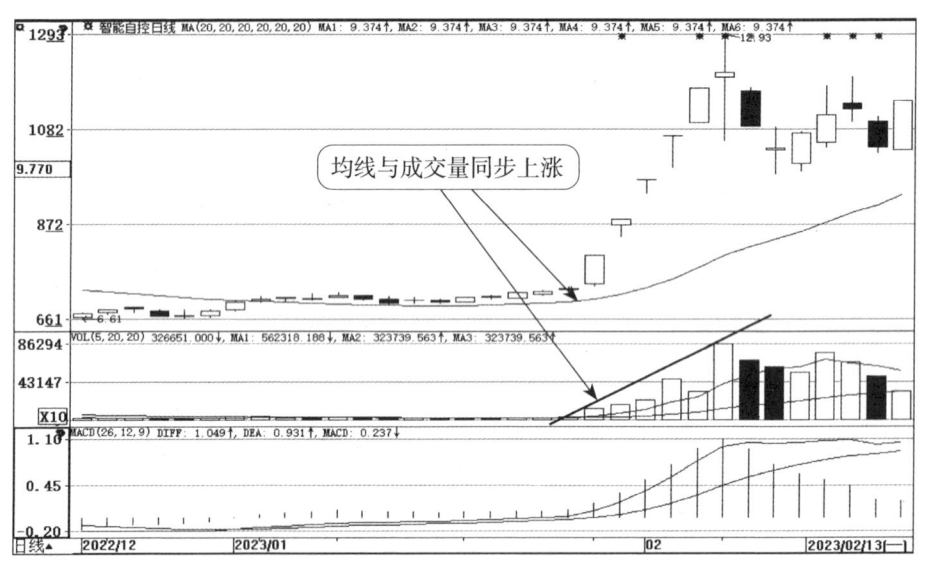

图7-2　智能自控日K线

精讲提高

在均线上涨的同时，成交量可能突然放大，也可能在波动过程中逐渐放大，这都是看涨买入股票的信号。

7.1.2 均线和成交量顶背离

当股价上涨一段时间后,如果均线继续上涨、连续创新高,但成交量无法持续上涨,二者就构成了顶背离形态。均线和成交量的顶背离形态说明虽然股价还在持续上涨,但追高买入的投资者已经越来越少,短期内股价很可能会见顶下跌。这是看跌卖出信号。

如图7-3所示,2022年8月至9月,中葡股份(600084)的20日均线持续上涨,与此同时,其成交量却明显萎缩,二者形成了顶背离形态。这样的形态说明虽然股价还在持续上涨,但是追高买入的投资者已经越来越少,短期内股价很可能就会见顶下跌,当这样的形态出现时,是投资者卖出股票的时机。

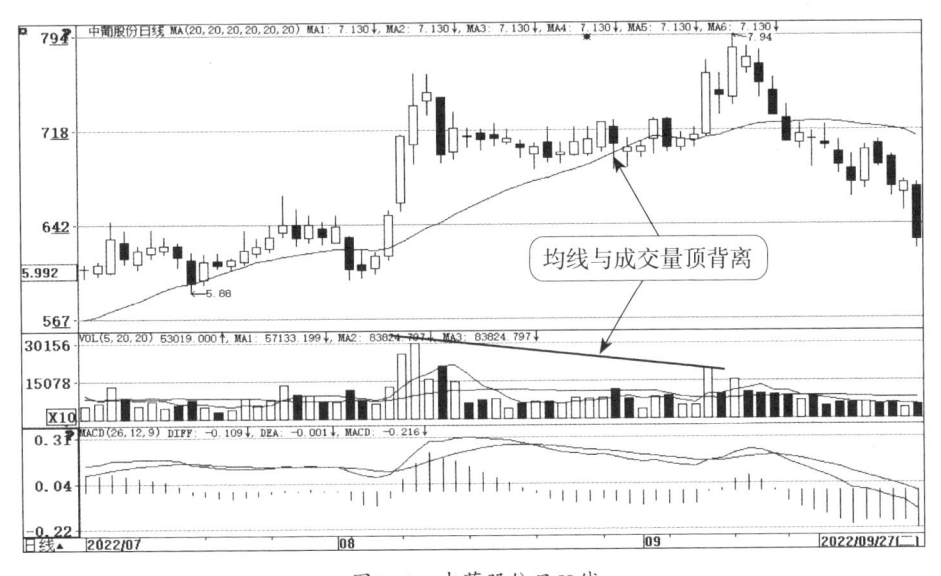

图7-3 中葡股份日K线

如图7-4所示,2022年5月,冠豪高新(600433)的20日均线开始持续上涨。在此过程中,其成交量先是逐渐放大,而后从6月开始,均线仍在继续上涨,但成交量逐渐萎缩,二者形成了顶背离形态。这样的形态说明随着股价上涨，追高买入的投资者越来越少，未来股价将见顶下跌。投资者一旦见到顶背离形态出现要注意伺机卖出股票，尤其当股价跌破均线时要注意清仓。

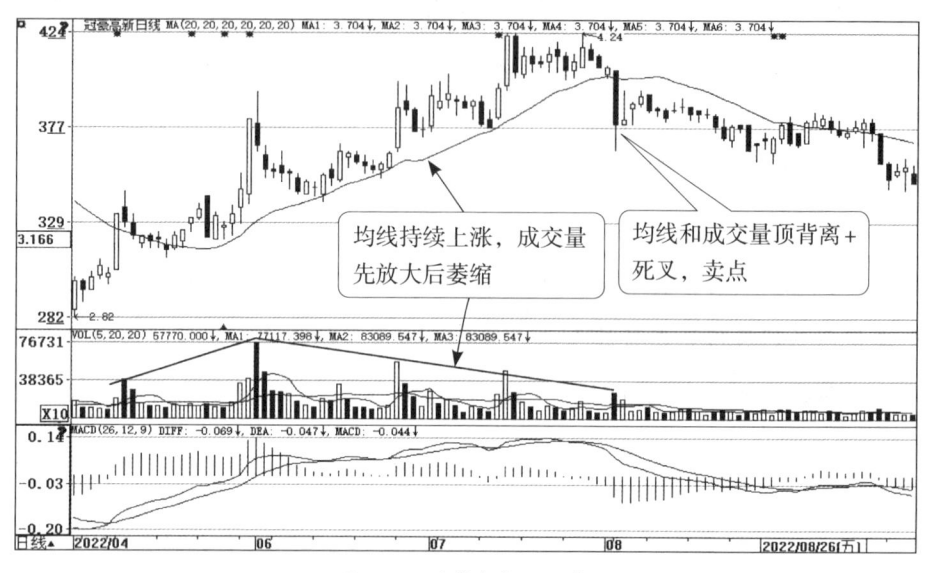

图7-4　冠豪高新日K线

精讲提高

1.顶背离形态形成后，股价可能还会缩量上涨一段时间。为了不踏空这段上涨行情，投资者可以等到股价跌破均线，或者均线开始掉头下跌后再卖出股票。

2.在均线持续上涨过程中，成交量可能持续萎缩，也可能先放大、后萎缩。

7.1.3　均线和成交量同步下跌

如果在均线持续下跌的同时成交量也持续萎缩，就说明随着股价下跌，虽然抄底买入的投资者很少，但想要在低位抛出股票的投资者也不多，未来股价下跌的空间已经十分有限。此时一旦成交量再次放大，就说明有抄底资金在买入股票，股价将见底反弹，这是看涨买入信号。

如图7-5所示，从2022年11月中旬开始，新华医疗（600587）的20日均线见顶下跌，进入持续的下跌行情，同时其成交量也逐渐萎缩。这样的形态说明在下跌过程中虽然没有投资者接盘买入，但是想要在低价卖出的投资者也已经越来越少。这是股价很快就会见底反弹的信号。

2023年1月，新华医疗的成交量已经下降到极低的水平。1月4日，该股股价向上突破20日均线，但没有成交量配合。1月13日，股价在均线上方放量上涨，这说明该股股价已经转势，即将进入加速上涨行情，此时是投资者买入股票的机会。

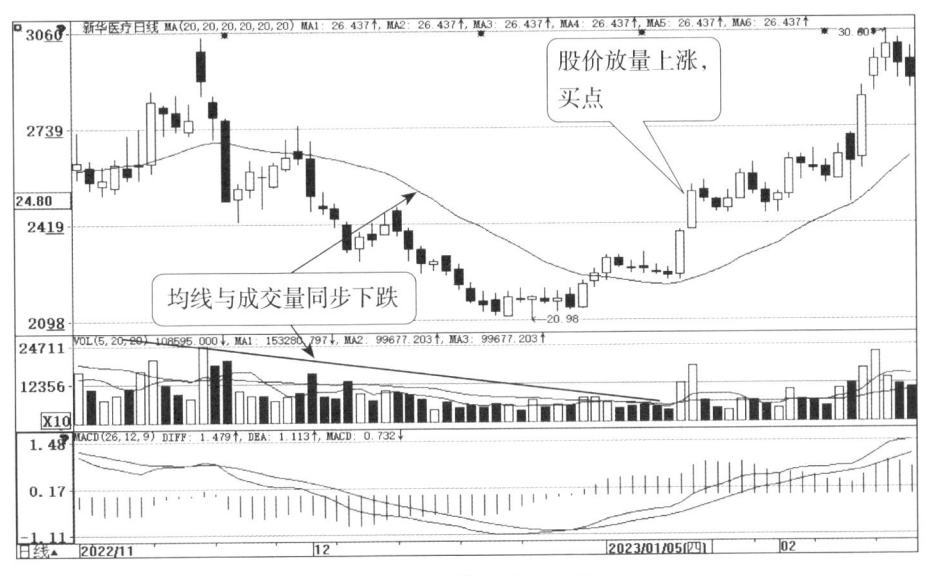

图7-5　新华医疗日K线

精讲提高

1.在成交量持续萎缩后，股价可能会继续下跌一段时间才止跌反弹。为了避免买入后被套牢，投资者可以等到股价突破均线，或者均线掉头上涨后再买入股票。

2.部分在低位不愿卖出股票的投资者可能等到股价上涨后将手中的股票卖出。因此未来股价在上涨过程中可能会遇到较强的阻力,特别是当股价上涨到前期高点位置时,可能会有大量卖盘出现,造成股价剧烈震荡。

7.1.4　均线和均量线同时金叉

在短期均线和长期均线同时上涨时,如果短期均线突破了长期均线,二者形成均线金叉形态,这是股价加速上涨的信号。当短期均量线向上突破长期均量线时,二者就形成了均量线金叉形态,这是成交量快速放大、市场人气快速聚集的信号。

如果均线的金叉和均量线的金叉同时出现,说明市场上的买方人气快速聚集,股价在其推动下加速上涨。这就形成了十分强烈的看涨买入信号。

如图7-6所示,2022年10月,捷顺科技(002609)的股价经过一段时间下跌走势后开始上涨。在股价上涨过程中,其5日均线突破20日均线,形成

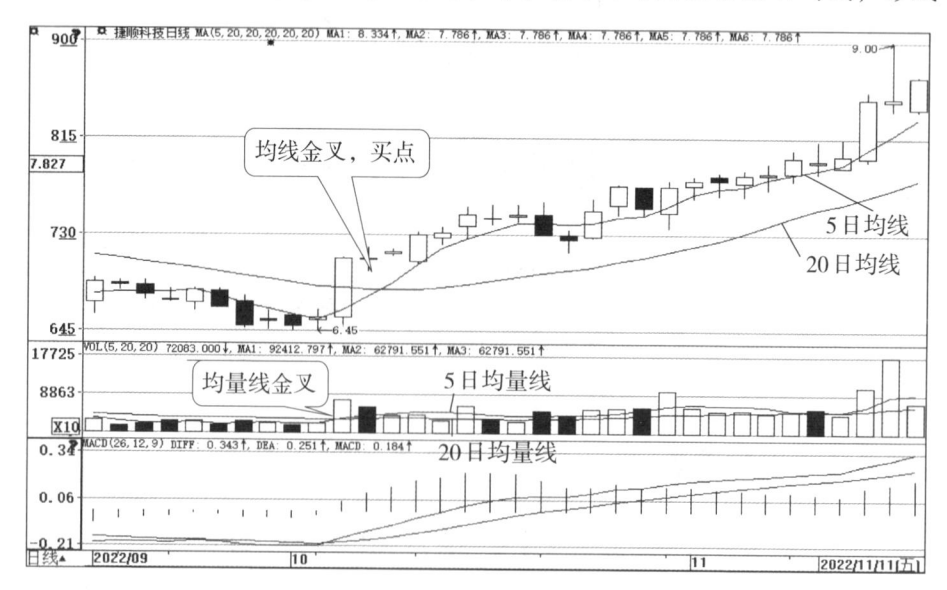

图7-6　捷顺科技日K线

均线金叉。而在之前一个交易日，5日均量线也突破了20日均量线，形成均量线金叉。这样的形态说明市场上的人气快速聚集，股价在投资者的推动下加速上涨，这是看涨买入信号。当两个金叉完成时，就是投资者的买入时机。

如图7-7所示，从2023年1月开始，长城证券（002939）的股价开始缓缓上涨，同时成交量逐步放大。1月5日，其5日均量线突破了20日均量线，形成均量线金叉。1月10日，其5日均线也突破了20日均线，形成均线金叉。这两个金叉虽然没有在同一个交易日内出现，但仍然可以说明股价在加速上涨的同时市场人气快速聚集，是有效的看涨买入信号。当均线的金叉完成时，就是买入时机。

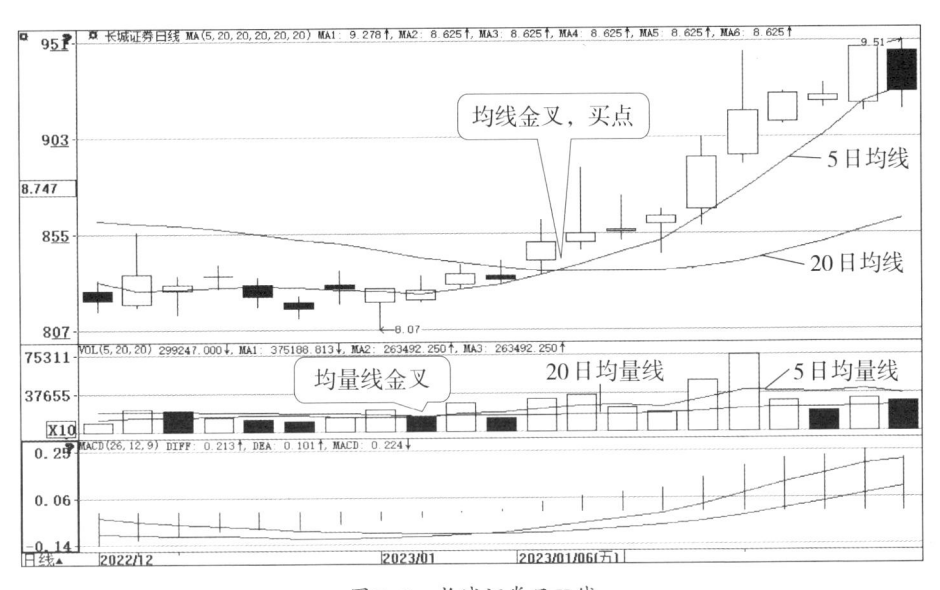

图7-7　长城证券日K线

精讲提高

1.均线的金叉和均量线的金叉可能在同一个交易日内出现，也可能在几个交易日内相继出现。这都是有效的看涨买入信号。

2.金叉如果出现在一段下跌行情之后，是股价见底反弹的信号；如果出现在股价上涨一段时间后又进入回调，则是股价将继续上涨的信号。

3.有时在股价横盘整理时，多条均线、均量线会反复纠缠在一起。这说明市场上的多空力量正在僵持。此时即使有金叉出现也不是有效的看涨买入信号。

4.投资者可以将均量线作为判断放量与缩量的标志。短期均量线一直位于长期均量线上方，且两条均量线同步上涨，是成交量持续放大的信号。

7.1.5 均线和均量线同时死叉

当均线和均量线同时出现死叉形态时，说明股价已经由涨势转入跌势，并且市场上的交易人气正在快速退却，未来股价将进入持续的弱势下跌行情，这是看跌卖出信号。当均线和均量线的死叉都形成时，就是卖出股票的时机。

如图7-8所示，2022年2月底，随着金证股份（600446）的股价持续下跌，其5日均线和5日均量线在同一个交易日分别跌破了其20日均线和20日均量线，形成两个死叉形态。这样的形态说明随着股价下跌速度越来越快，

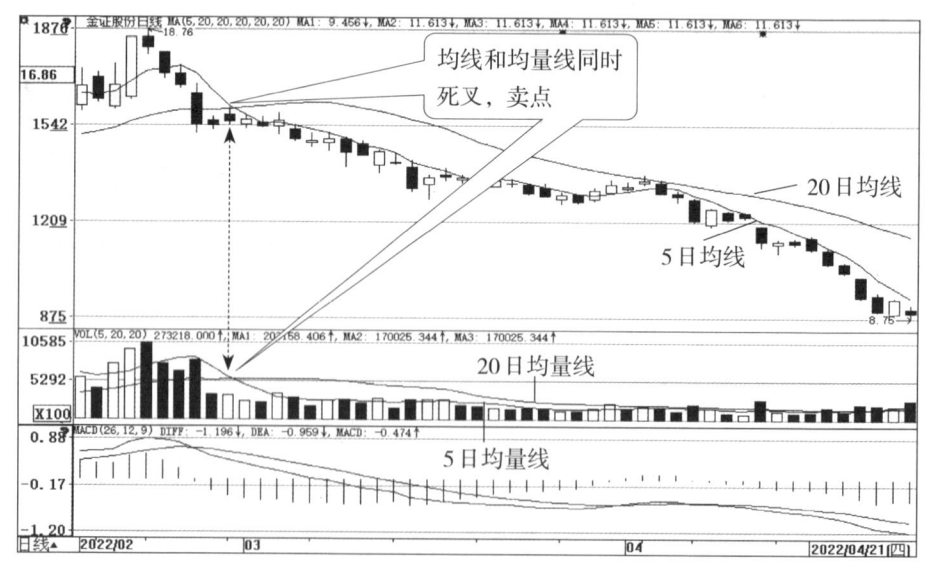

图7-8 金证股份日K线

市场上投资者的交易热情也受到极大打击，买卖股票的投资者越来越少，未来股价将进入持续的下跌行情。当两个死叉同时形成时，就是投资者卖出股票的时机。

如图7-9所示，2022年8月10日，巨一科技（688162）的5日均量线跌破20日均量线，形成死叉。8月17日，其5日均线向下跌破20日均线。这说明随着股价的下跌，投资者的热情也受到打击。这是未来股价会持续下跌的信号。当均线死叉也形成后，仍持股的投资者要注意及时卖出。

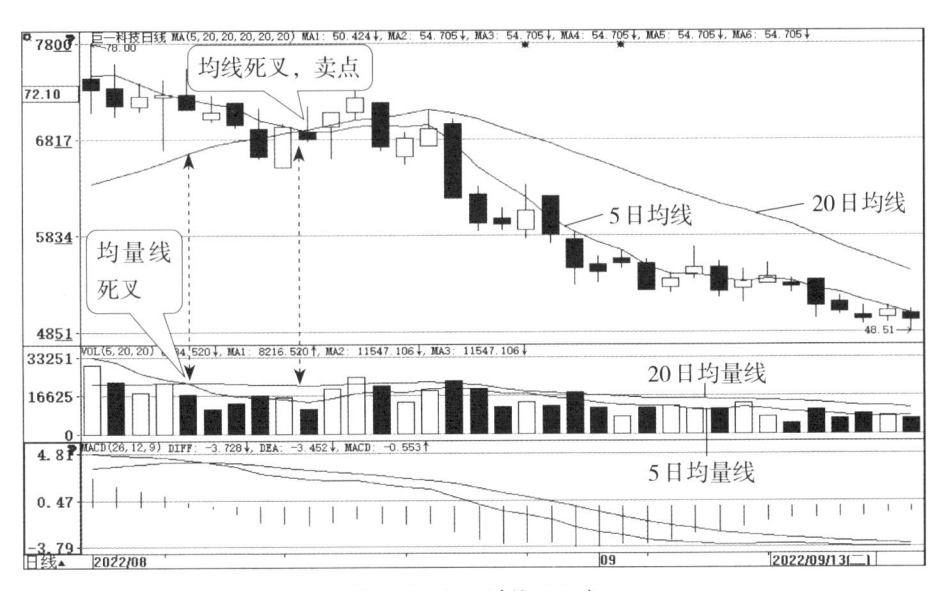

图7-9　巨一科技日K线

精讲提高

1. 均线的死叉和均量线的死叉可能在同一个交易日内出现，也可能在几个交易日内相继出现，这都是有效的看跌卖出信号。

2. 死叉如果出现在一段上涨行情之后，是股价见顶下跌的信号；如果出现在股价下跌一段时间后又开始反弹时，则是股价将继续下跌的信号。

7.2 均线和MACD指标结合运用

MACD指标即移动平均线指标，是衡量股价涨跌速度及涨跌动能的技术指标。将均线和MACD指标结合运用，投资者可以更准确地判断当前股价的运行状况，为自己的操作提供参考依据。

7.2.1 均线和MACD指标同时金叉

当MACD指标中的DIFF线向上突破DEA线时，二者就形成了MACD指标的金叉形态。这样的形态说明股价的下跌速度越来越慢，或者是上涨速度越来越快，市场上的多方力量持续增强，这是看涨买入信号。

如果均线的金叉和MACD的金叉几乎同时出现，则说明股价已经逐渐进入上涨行情，且未来其上涨速度会越来越快。这是十分强烈的看涨买入信号。当两个金叉都形成时，就是投资者买入股票的时机。

如图7-10所示，2023年1月4日，能科科技（603859）的5日均线突破了20日均线，形成均线金叉。在此之前其MACD指标中的DIFF线也突破了DEA线，形成MACD指标金叉。这两个金叉相继出现，显示股价进入了上涨趋势，同时其上涨速度也会越来越快。这样的形态形成时，就是投资者买入股票的时机。

如图7-11所示，2022年10月10日，鲁抗医药（600789）的MACD指标形成金叉；10月14日，均线也形成金叉。这说明随着股价进入上涨行情，市场上买入股票的投资者越来越多，这是个明显的看涨信号。当两个金叉都形成时，就是买入股票的时机。

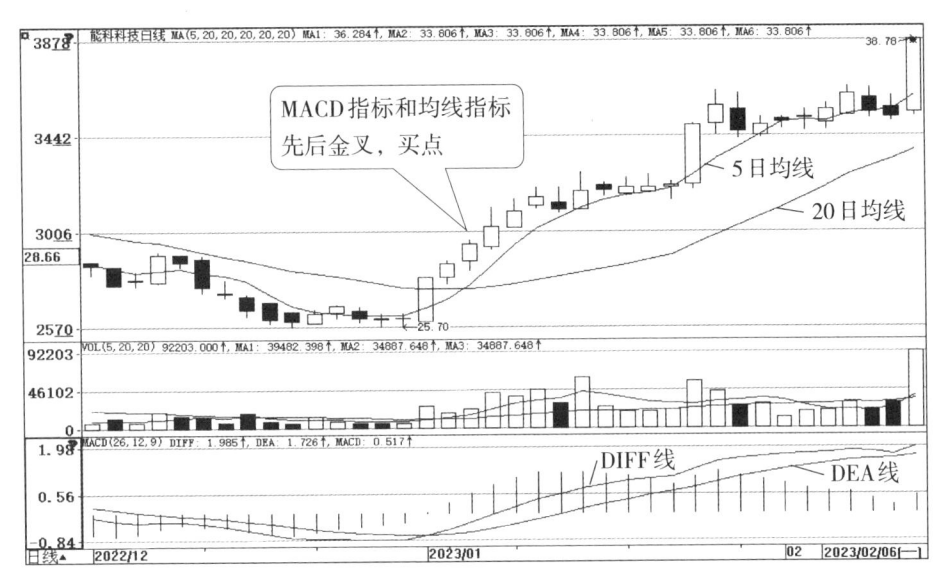

图 7-10 能科科技日 K 线

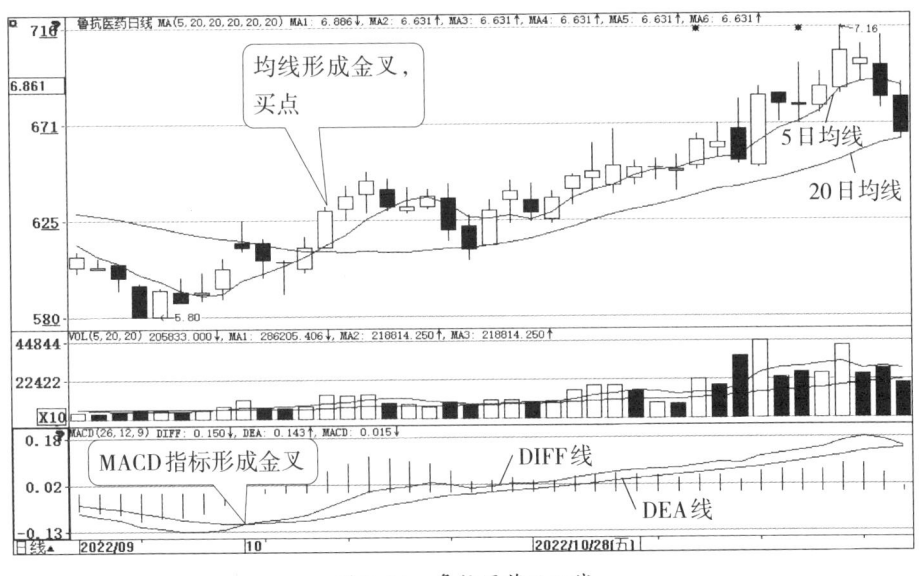

图 7-11 鲁抗医药日 K 线

精讲提高

1. 均线的金叉和 MACD 指标的金叉可能在同一个交易日内出现，也可能在几个交易日内相继出现,这都是有效的看涨买入信号。

2.如果在均线和MACD指标金叉的同时均量线也完成了金叉,则说明随着股价上涨速度加快,投资者的交易热情也大大提高,这就形成了更加强烈的买入信号。

7.2.2 均线和MACD指标同时死叉

当MACD指标中的DIFF线跌破DEA线时,就形成了MACD指标的死叉形态。这样的形态说明股价的上涨速度逐渐变慢,或者下跌速度正在加快,市场上的空方力量逐渐增强。这是看跌卖出信号。

如图7-12所示,2022年9月9日,宁波联合(600051)MACD指标中的DIFF线跌破DEA线,形成MACD指标死叉。2022年9月15日,其5日均线也跌破了20日均线,形成均线死叉。这两个死叉形态先后出现,说明市场已经由上涨行情进入下跌行情,且未来股价的下跌速度会越来越快。9月15日,当第二个死叉形成时就是卖出股票的时机。

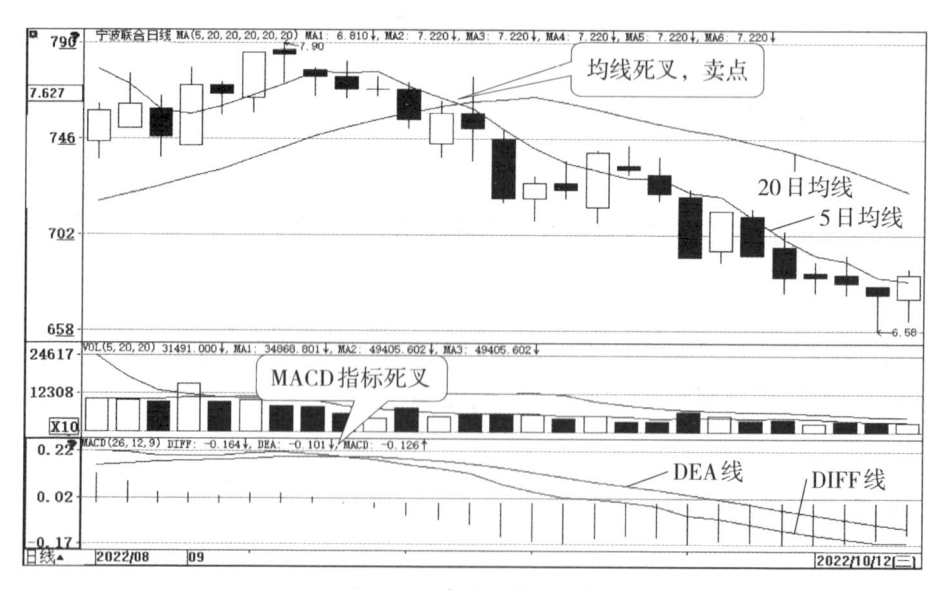

图7-12 宁波联合日K线

如图7-13所示，2022年12月13日，皖维高新（600063）MACD指标中的DIFF线跌破了DEA线，形成MACD指标的死叉形态。与此同时，其均线也完成了死叉。这表明随着股价进入下跌行情，其下跌的速度会越来越快，而投资者的信心也遭到极大打击，短期内股价很难见底反弹。这是十分强烈的看跌卖出信号。当两个死叉形成后，就是卖出股票的时机。

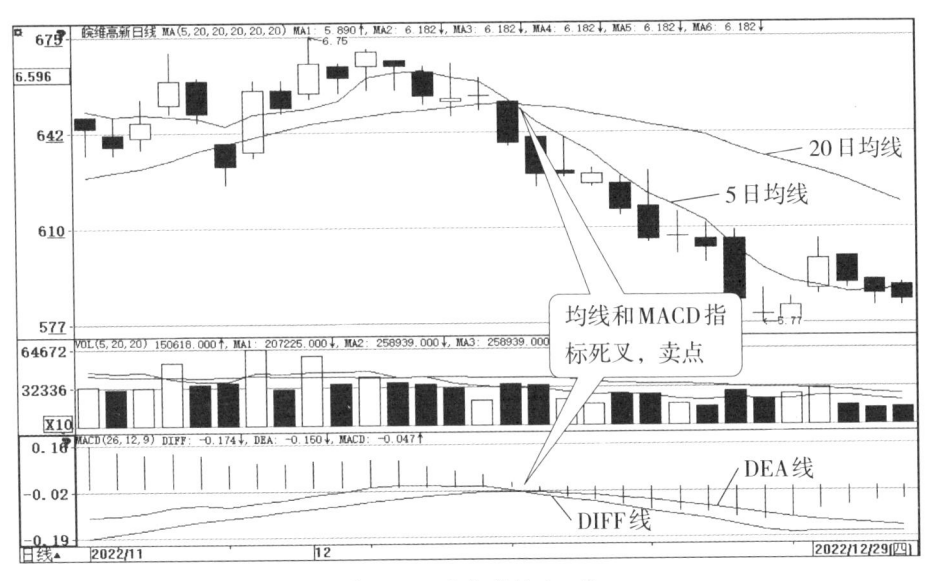

图7-13 皖维高新日K线

精讲提高

1. 均线的死叉和MACD指标的死叉可能在同一个交易日内出现，也可能在几个交易日内相继出现，这都是有效的看跌卖出信号。

2. 如果在均线和MACD指标死叉的同时均量线也形成了死叉，则说明随着股价下跌速度加快，投资者的交易热情也遭到极大打击，这就形成了更加强烈的卖出信号。

7.2.3 均线和MACD柱线底背离

MACD指标中的红绿柱线可以反映当前股价涨跌的内在动能。当指标显示为0轴上方的红色柱线时，说明股价上涨动能较强，柱线越长，则上涨动能越强。当指标显示为0轴下方的绿色柱线时，说明股价下跌动能较强，柱线越长，则下跌动能越强。

如果在均线持续下跌、连创新低的同时，MACD指标的绿色柱线没有创新低，反而出现一底比一底高的形态，均线和MACD柱线就形成了底背离形态。这个形态说明虽然股价还在下跌，但是其下跌动能已经越来越弱。这是下跌行情即将结束、股价将掉头上涨的信号。未来一旦股价能见底反弹，就是买入股票的时机。

如图7-14所示，2022年10月，招商港口（001872）的13日均线持续下跌，连续创出新低。但是与此同时，其MACD柱线却没有创新低，反而形成了一底比一底高的形态。此时，13日均线和MACD柱线逐渐形成了底背离形

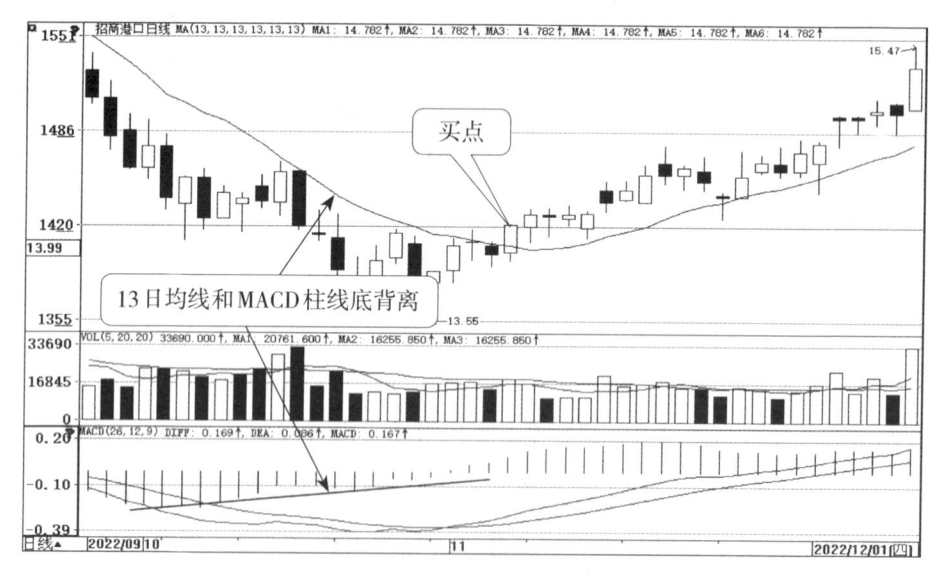

图7-14 招商港口日K线

态。这个形态说明虽然股价处于下跌行情中,但是其下跌的动能越来越弱,股价短期内即将见底反弹。

2022年11月4日,该股股价突破13日均线阻力,且13日均线开始掉头向上,这是股价见底的标志。此时是投资者买入股票的时机。

精讲提高

1.底背离出现后,股价可能持续下跌一段时间才会见底。因此为了避免被套牢,投资者需要等到股价见底反弹时再买入股票。

2.在股价与MACD柱线底背离的同时如果成交量逐渐萎缩,则验证了股价下跌动能逐渐减弱的信号。此时,该形态的看跌信号会更加可靠。

7.2.4 均线和MACD柱线顶背离

如果在均线持续上涨、连创新高时,MACD指标的红色柱线无法创新高,反而形成一顶比一顶低的行情,此时均线和MACD柱线就形成了顶背离形态。这样的顶背离形态说明虽然股价还在上涨趋势中,但是其上涨的速度已经越来越慢,短期内很有可能会见顶下跌,未来一旦股价见顶,就是投资者卖出股票的时机。

如图7-15所示,2022年8月,拓邦股份(002139)持续上涨,13日均线不断创新高。但是与此同时,其MACD红色柱线却越来越短,出现一顶比一顶低的走势。此时,二者形成了顶背离形态。这个形态说明虽然股价在上涨趋势中,但是其上涨速度已经越来越慢,未来股价很可能会见顶下跌。8月19日,该股股价跌破13日均线,同时MACD指标形成死叉,股价已经有见顶下跌的迹象,投资应该尽快卖出手中的股票。

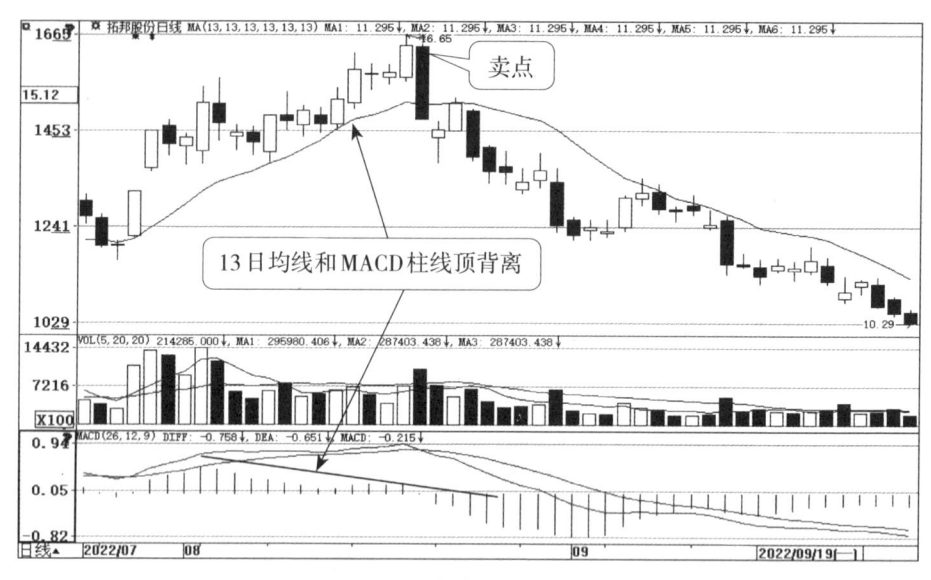

图7-15 拓邦股份日K线

精讲提高

1.顶背离形成后,股价可能会继续上涨一段时间才见顶。为了避免踏空后续涨幅,投资者可以等股价出现明确的见顶信号后再卖出股票。

2.在顶背离形成过程中,如果成交量持续萎缩,则验证了股价上涨动能逐渐减弱这个信号。

第 8 章

利用均线的派生指标

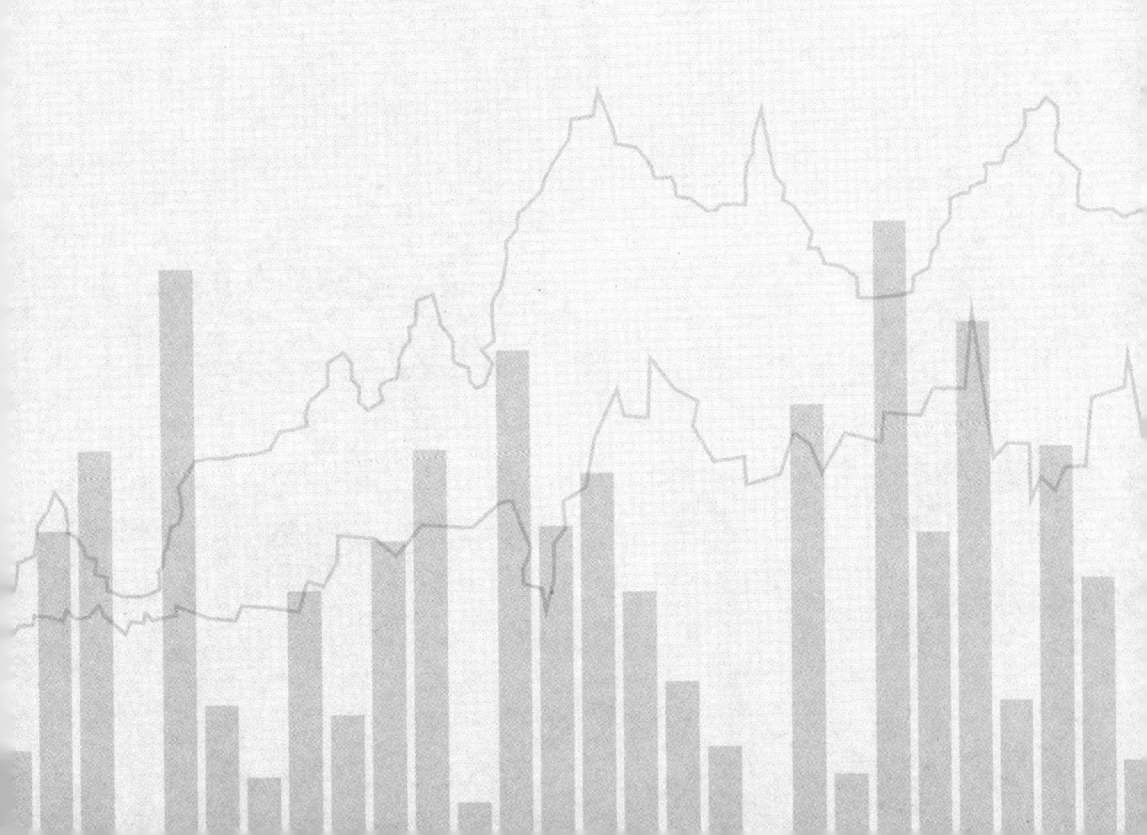

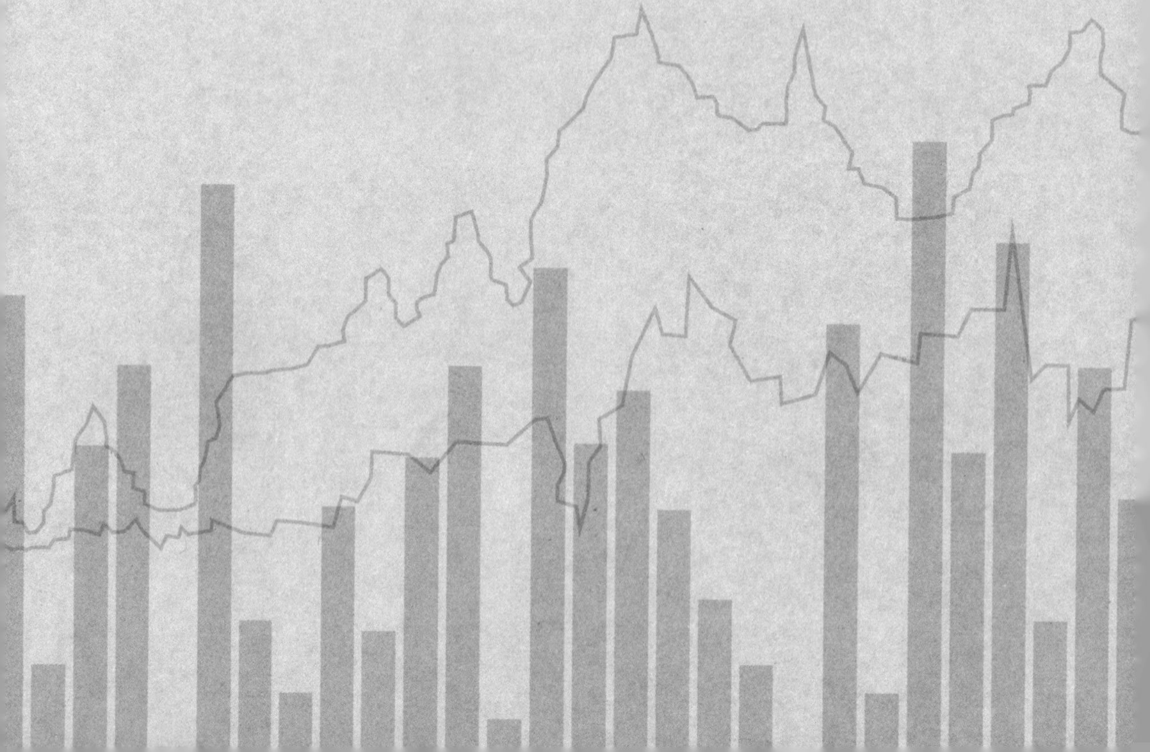

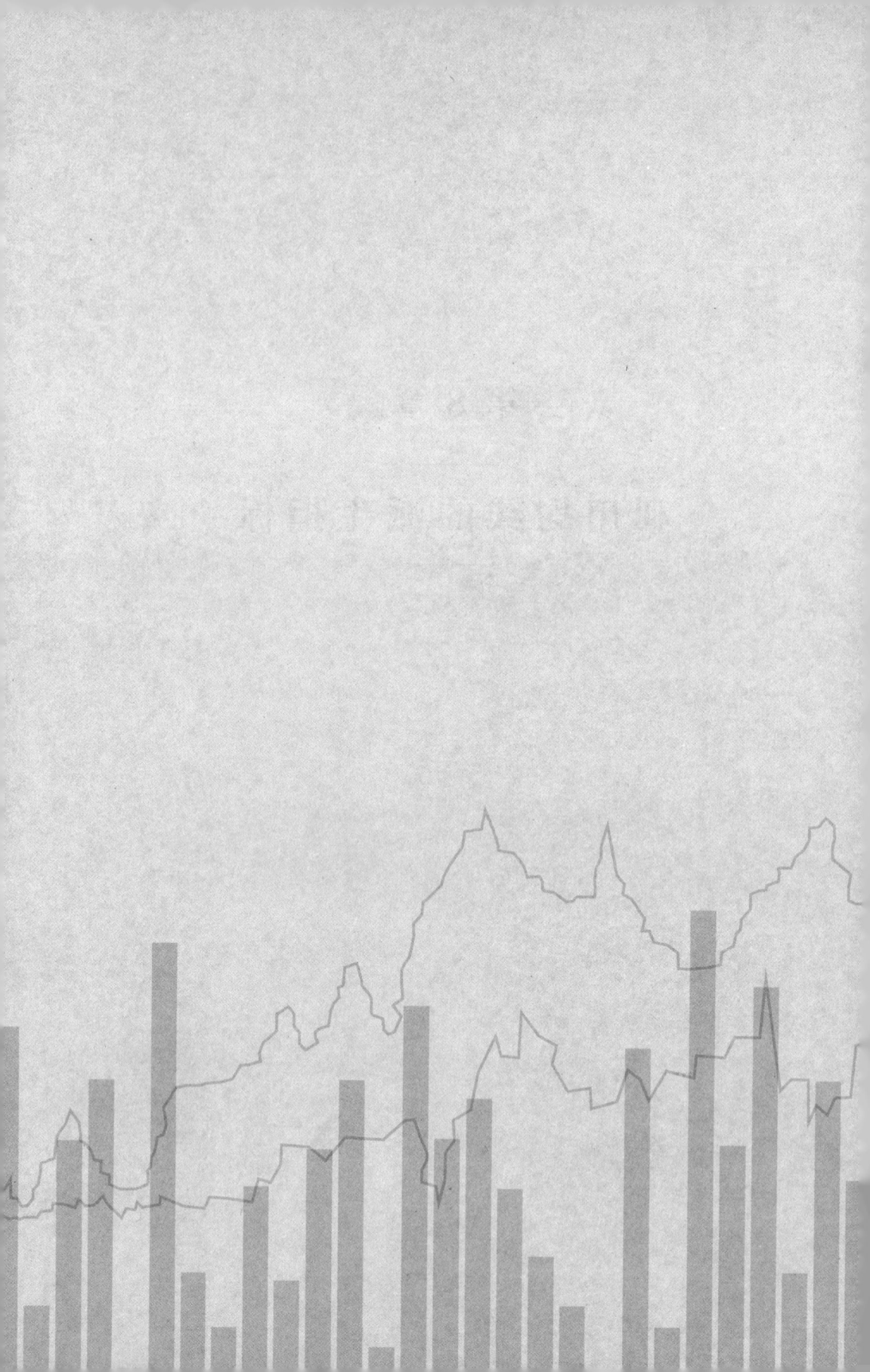

8.1 EXPMA指标

移动平均线虽然能够体现股价整体的运行趋势，但是该指标对股价涨跌的反映有一定的滞后性。当股价见顶下跌时，移动平均线可能要过一段时间才见顶。当股价见底反弹时，移动平均线可能也要过一段时间才见底反弹。为了弥补移动平均线的这一缺陷，投资者可以使用EXPMA指标。

EXPMA指标简称EMA，中文名称是"指数平均数指标"。该指标在计算过程中着重考虑了最近一段时间股价涨跌对曲线走向的影响，因此可以克服移动平均线指标滞后的缺陷。

EXPMA指标在形态上与移动平均线指标大致相同，都是由一组不同周期的曲线构成。另外其使用方法也与移动平均线指标大致相同。

8.1.1 EXPMA线的多头排列和空头排列

当短期EXPMA指标曲线在中期EXPMA指标曲线上方，中期EXPMA指标曲线又在长期EXPMA指标曲线上方，就形成了EXPMA线的多头排列形态。这样的形态说明股价处于持续的上涨过程中。在这个过程中，投资者可以积极做多买入。

如图8-1所示，2022年7月8日，东睦股份（600114）的30日EXPMA线突破60日EXPMA线，在此之前，10日EXPMA线也向上突破30日和60日EXPMA线，从而形成了EXPMA线的多头排列形态。直到9月5日，10日EXPMA线跌破30日EXPMA线前，该股一直保持多头排列形态。在这个过程中，该股股价持续上涨，投资者可以积极做多买入。

均线精讲

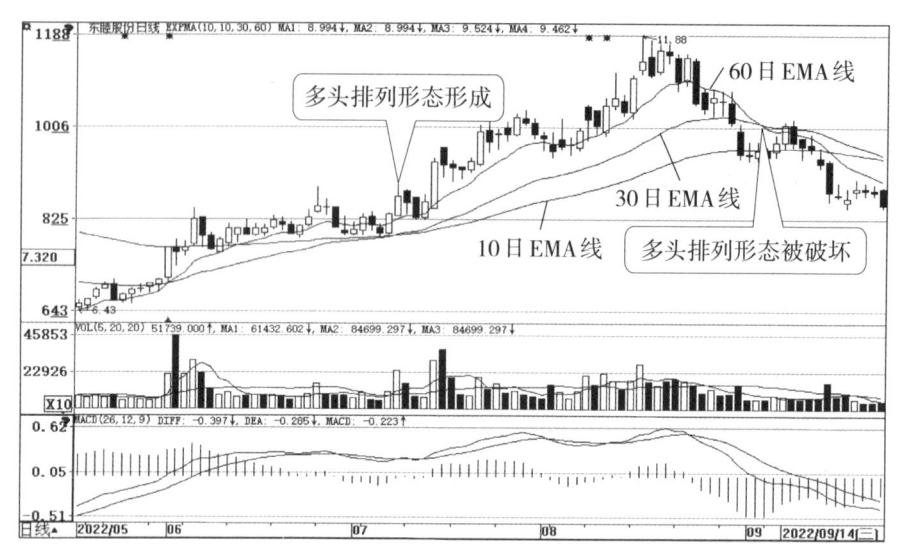

图 8-1 东睦股份日K线

与多头排列形态相反，当长期EXPMA线在中期EXPMA线上方，中期EXPMA线又在短期EXPMA线上方时，就形成了EXPMA线的空头排列形态。当空头排列形态出现时，说明当前股价正处于持续的下跌行情中。在这个过程中，投资者最好减少交易次数，尽量谨慎操作。

如图8-2所示，2022年8月3日，包钢股份（600010）的30日EXPMA线跌破了60日EXPMA线，在此之前其10日EXPMA线已经先后跌破30日和60日EXPMA线，三者形成空头排列形态。11月10日，其10日EXPMA线向上突破30日EXPMA线，空头排列形态被破坏。在这个过程中，股价持续下跌，投资者应该减少交易次数，尽量谨慎操作。

精讲提高

1.在EXPMA线多头排列形态形成的过程中，成交量最好能持续放大，这是市场上多方力量持续增强的信号。在EXPMA线空头排列过程中则不需要成交量的配合。

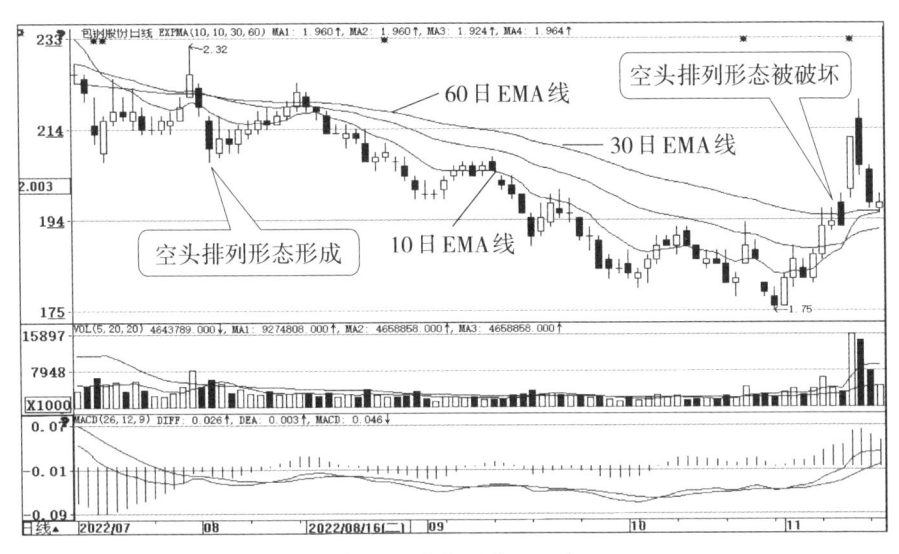

图8-2 包钢股份日K线

2.当EXPMA线在多头排列形态和空头排列形态之间转换时,股价反复波动,并没有明确的运行方向,此时投资者应该尽量谨慎操作。

3.与相同周期的移动平均线相比,EXPMA线的信号会更加提前,但是其对股价短期波动的反应也会更加强烈,这会让指标产生更多错误信号。

8.1.2 EXPMA线对股价的支撑和阻力

EXPMA线会对股价涨跌起到重要的阻力和支撑作用。

当EXPMA线持续上涨时,如果股价回调到EXPMA线位置获得支撑反弹,说明上涨行情还在继续,此时是投资者逢低买进股票的机会。

当EXPMA线持续下跌时,如果股价反弹到EXPMA线位置遇到阻力下跌,说明下跌行情还在继续,此时是投资者逢高卖出股票的机会。

如图8-3所示,特变电工(600089)股价自2021年6月24日突破30日EXPMA线之后,持续在其上方运行并多次回调获得支撑。这样的形态说明股价处于持续的上涨行情中,未来这种上涨行情还将继续。

8月18日，该股股价回调到30日EXPMA线位置再次获得支撑反弹，这是上涨行情还将继续的信号。此时是投资者逢低买入股票的时机。

如图8-4所示，2022年8月底，浙江富润（600070，已更名为ST富润）

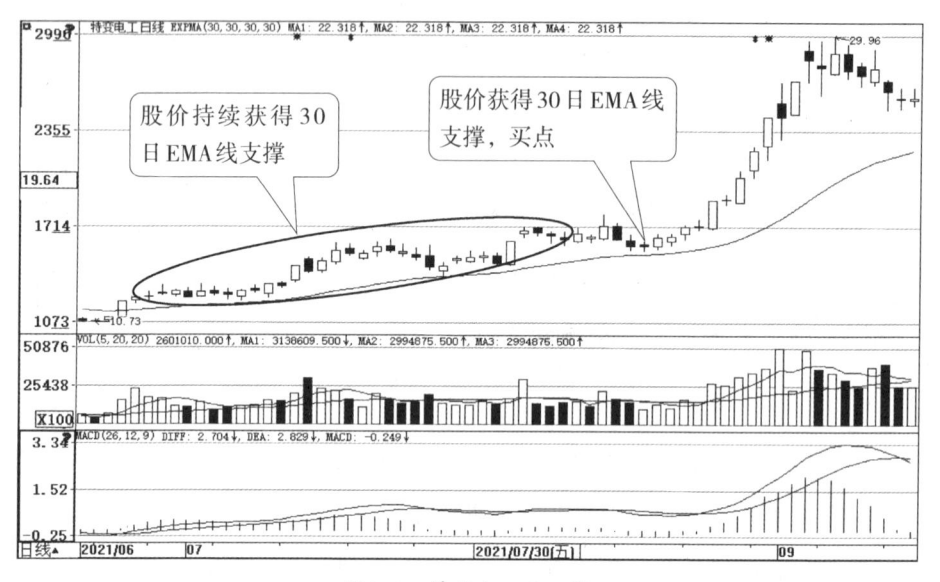

图8-3　特变电工日K线

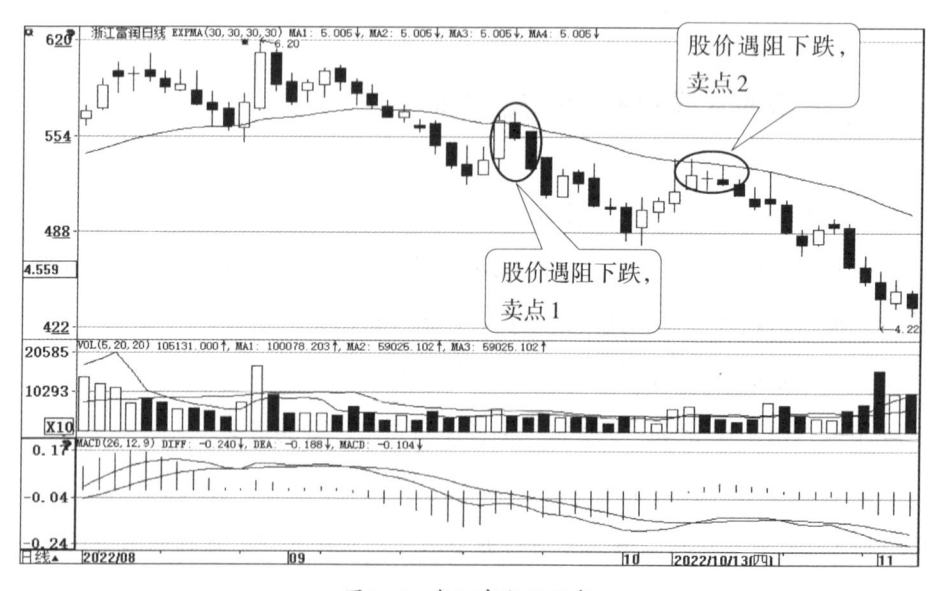

图8-4　浙江富润日K线

股价再创新高后快速下跌，并跌破30日EXPMA线。

2022年9月下旬，该股上涨到30日EXPMA线位置遇阻后下跌。这说明股价处于下跌行情中，此时是投资者逢高卖出股票的时机。

2022年10月中旬，股价上涨到30日EXPMA线位置后再次遇阻下跌，此时是第二个逢高卖出股票的时机。

精讲提高

1.股价上涨回调时的支撑线一旦被跌破，可能会成为未来股价反弹时的阻力线。股价下跌反弹时的阻力线一旦被突破，可能会成为未来股价下跌时的支撑线。

2.有时股价可能会略微跌破或者突破EXPMA线。但是只要跌破或者突破的幅度不大且持续时间不长，投资者就可以认为该位置的阻力或者支撑有效。

3.有时在股价涨跌过程中，投资者无法找到某条移动平均线对股价形成有效的支撑或者阻力，这时可以参考EXPMA线。

8.1.3 股价对EXPMA线的突破

如果在EXPMA线上涨的过程中股价自下向上突破了该线，说明股价由下跌行情进入上涨行情，并且未来会持续上涨，这是看涨买入信号。股价突破EXPMA线后可能小幅回抽，当回抽到EXPMA线位置就会再次获得支撑反弹，此时是加仓买入的时机。

如果在EXPMA线下跌的过程中股价自上向下跌破了该线，说明股价由上涨行情进入下跌行情，并且未来会持续下跌。这是看跌卖出信号。股价跌破EXPMA线后可能小幅反弹，当反弹到EXPMA线位置就会再次遇到阻力下跌。此时是另一个卖出时机。

如图8-5所示，2022年10月13日，人福医药（600079）股价向上突破了30日EXPMA线，同时30日EXPMA线也逐渐开始上涨。这说明股价由下跌行情进入上涨行情，未来将持续上涨。此时是投资者买入股票的时机。

11月初，该股股价小幅回调到30日EXPMA线位置获得支撑上涨。这次回调是对之前突破形态的确认，此时是投资者加仓买入的机会。

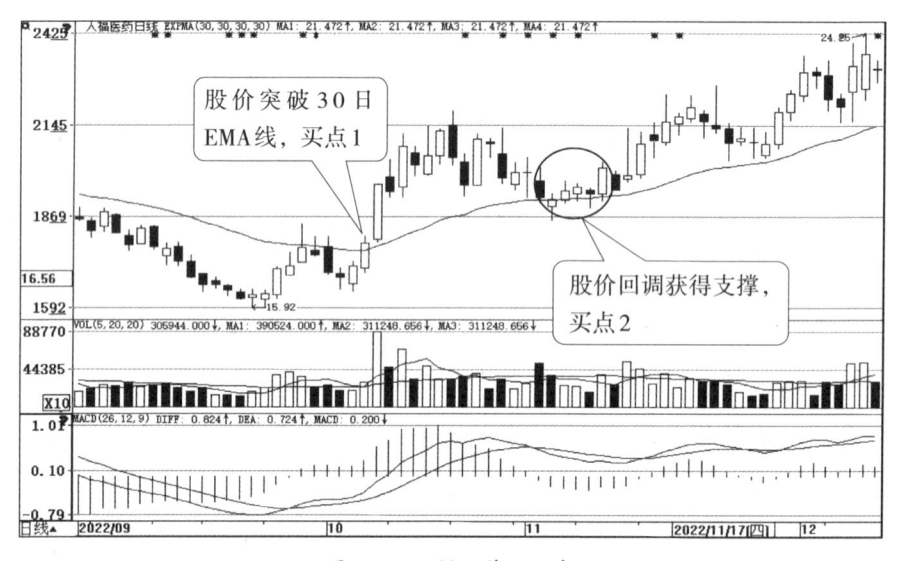

图8-5　人福医药日K线

如图8-6所示，2023年1月19日，中国长城（000066）的股价向上突破其30日EXPMA线，同时该曲线也开始持续上涨，这是看涨买入信号。当突破完成时，就是买入股票的时机。

该股股价突破30日EXPMA线后持续上涨，并没有明显的回调。因此第二个买入时机没有出现。

如图8-7所示，2022年8月16日，万通发展（600246）的股价跌破其30日EXPMA线，同时其30日EXPMA线也逐渐见顶下跌。这样的形态说明股价已经进入下跌行情，并且未来可能会持续下跌，此时是卖出股票的时机。

之后，股价三次反弹到30日EXPMA线位置遇到阻力下跌，这三次反弹是另外的卖出股票的时机，投资者要注意把握，以防被深度套牢。

第 8 章　利用均线的派生指标

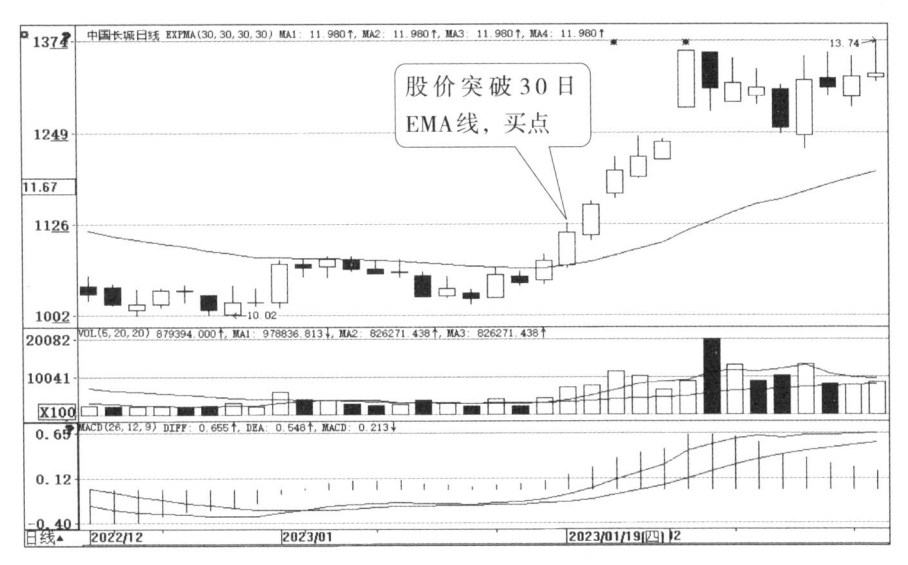

图 8-6　中国长城日 K 线

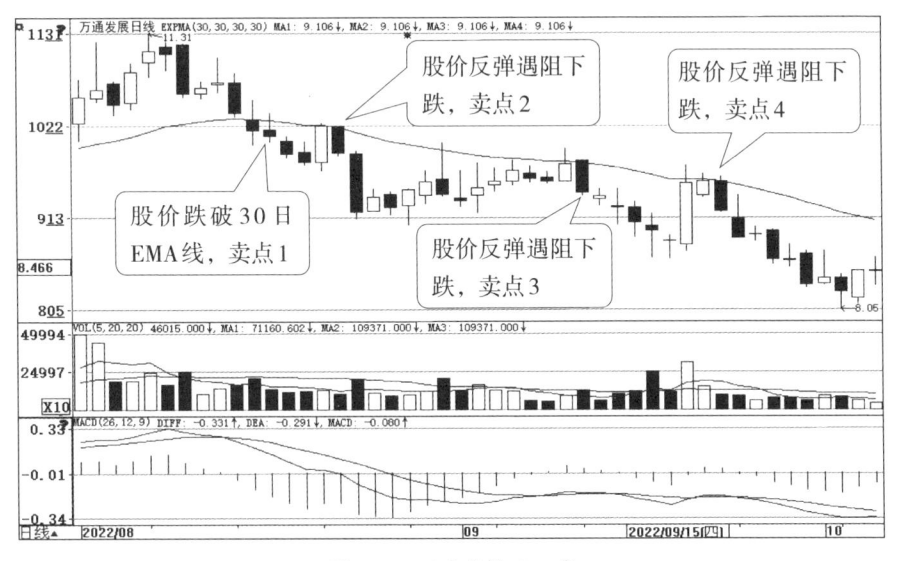

图 8-7　万通发展日 K 线

如图 8-8 所示，2022 年 1 月 18 日，大湖股份（600257）股价跌破了 30 日 EXPMA 线，同时其 30 日 EXPMA 线也见顶下跌。这说明股价已经进入下跌行情，此时是卖出股票的时机。

149

该股股价跌破30日EXPMA线后并没有反弹，而是持续下跌，因此第二个卖出股票的时机没有出现。

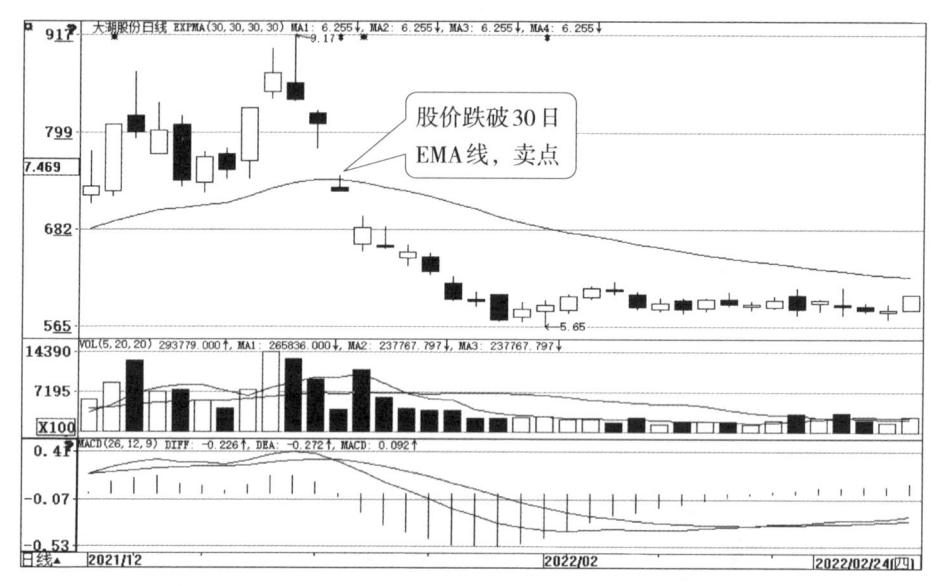

图8-8 大湖股份日K线

精讲提高

1.股价突破EXPMA线后可能持续上涨，没有回调，此时就没有第二个买入机会。股价跌破EXPMA线后也可能持续下跌，没有反弹，此时就没有第二个卖出机会。

2.当股价突破EXPMA线时，如果成交量持续放大，说明市场上的多方力量持续增强，此时该形态的看涨信号会更加可靠，当股价跌破EXPMA线时则不需要成交量的配合。

3.如果EXPMA线走向与股价突破方向相反，即股价向上突破时EXPMA线持续下跌，而股价向下跌破时EXPMA线持续上涨，则该形态并不能作为有效的涨跌信号。

8.1.4 EXPMA线的金叉和死叉

当短期EXPMA线和中长期EXPMA线同时上涨时,如果短期EXPMA线向上突破了中长期EXPMA线,二者就组成了黄金交叉形态。这个形态说明股价已经进入上涨行情,是看涨买入信号。

当短期EXPMA线和中长期EXPMA线同时下跌时,如果短期EXPMA线向下跌破了中长期EXPMA线,二者就组成了死亡交叉形态。这个形态说明股价已经进入下跌行情,是看跌卖出信号。

如图8-9所示,2022年11月16日,宝钢股份(600019)的10日EXPMA线向上突破其30日EXPMA线,二者组成了黄金交叉形态。这样的形态说明股价已经进入上涨行情,并且这种上涨行情未来还能继续。这个金叉形成后,就是投资者买入股票的时机。

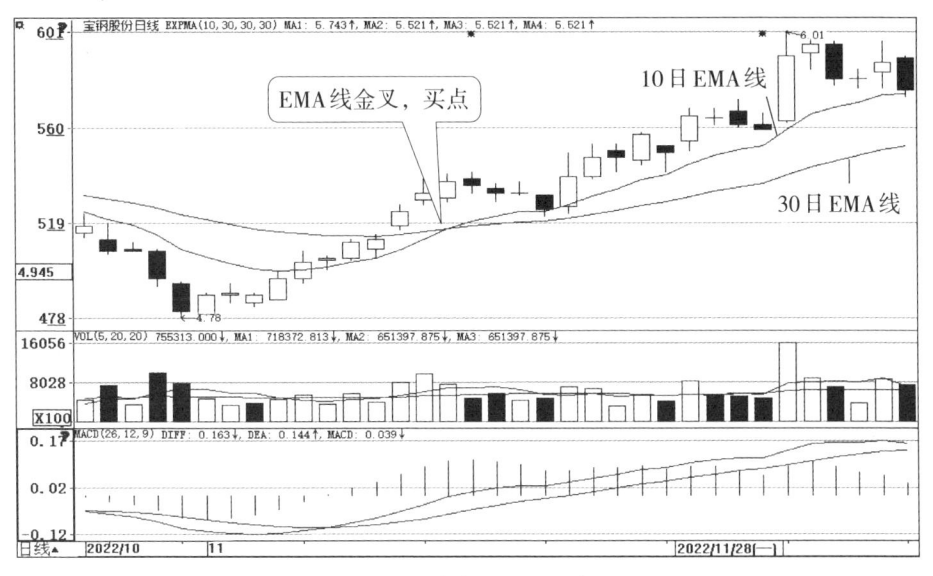

图8-9 宝钢股份日K线

如图8-10所示,2022年1月12日,中直股份(600038)的10日EXPMA线跌破了其30日EXPMA线,二者形成死亡交叉形态。这样的形态说明股价进入了下跌行情,并且这种行情未来还将继续。当死叉形态形成后,就是投资者卖出股票的时机。

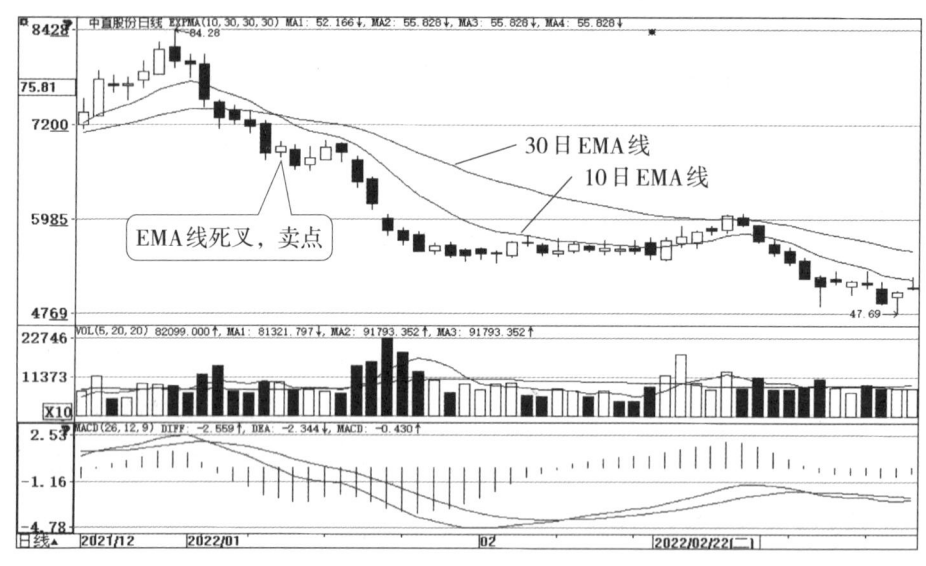

图 8-10 中直股份日 K 线

精讲提高

1.如果在EXPMA线金叉或者死叉的同时,均量线和MACD指标也形成了对应的金叉或者死叉,则该形态的涨跌信号会更加强烈。

2.如果在EXPMA线金叉形成的同时成交量持续放大,说明随着股价上涨,多方力量持续增强,此时该形态的看涨信号会更加强烈。当EXPMA线的死叉形成时则不需要有成交量配合。

3.当股价持续横盘整理时,其短期和长期EXPMA线会反复纠缠,连续形成金叉和死叉形态,此时这样的形态并不是有效的看涨信号。

8.1.5 EXPMA线之间的阻力和支撑

短期EXPMA线在涨跌过程中可能会受到长期EXPMA线的阻力或支撑作用。

当长期EXPMA线持续上涨时，如果短期EXPMA线回调到长期EXPMA线位置获得支撑反弹，就说明这只是股价短暂的回调，长期来看股价仍然处于上涨趋势。这样的形态一旦确定后，就是投资者买入股票的时机。

当长期EXPMA线持续下跌时，如果短期EXPMA线反弹到长期EXPMA线位置遇到阻力下跌，就说明这只是股价短暂的反弹，长期来看股价仍然处于下跌趋势。这样的形态一旦确定后，就是投资者卖出股票的时机。

如图8-11所示，2022年10月下旬，海信视像（600060）10日EXPMA线回落到30日EXPMA线位置获得支撑。

10月31日，K线形成看涨吞没形态，而且随着股价上涨，10日EXPMA线脱离了30日EXPMA线的支撑区域开始持续上涨。这两个看涨形态说明之前股价只是短暂的回调，长期的上涨趋势并没有改变，未来股价还将持续上涨。此时是投资者买入股票的时机。

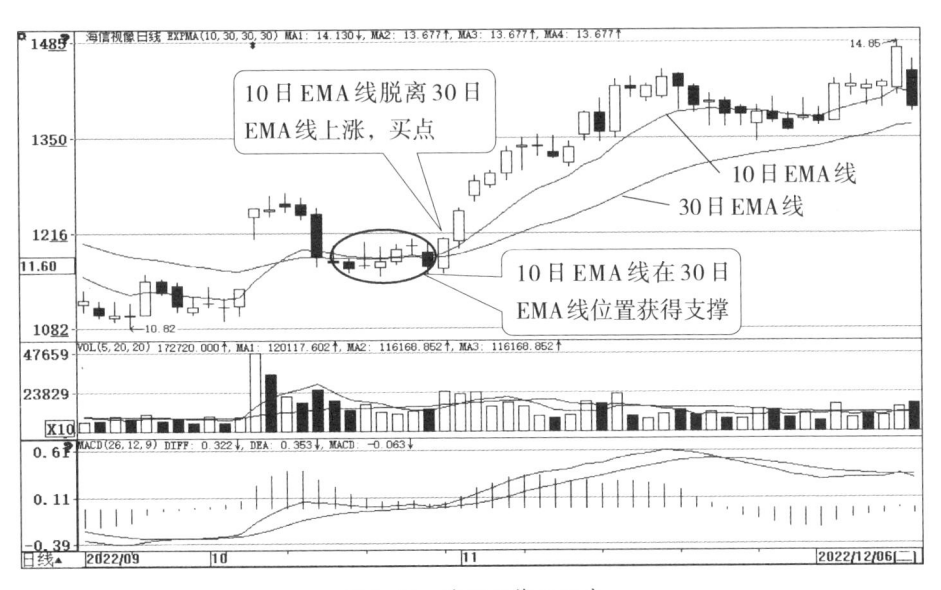

图8-11　海信视像日K线

如图8-12所示，2022年9月中旬，古越龙山（600059）的10日EXPMA线反弹到其30日EXPMA线位置后遇到巨大的阻力，见顶下跌。这个形态说明此前股价只是短暂反弹，持续的下跌行情仍在继续。此时是投资逢高卖出股票的时机。

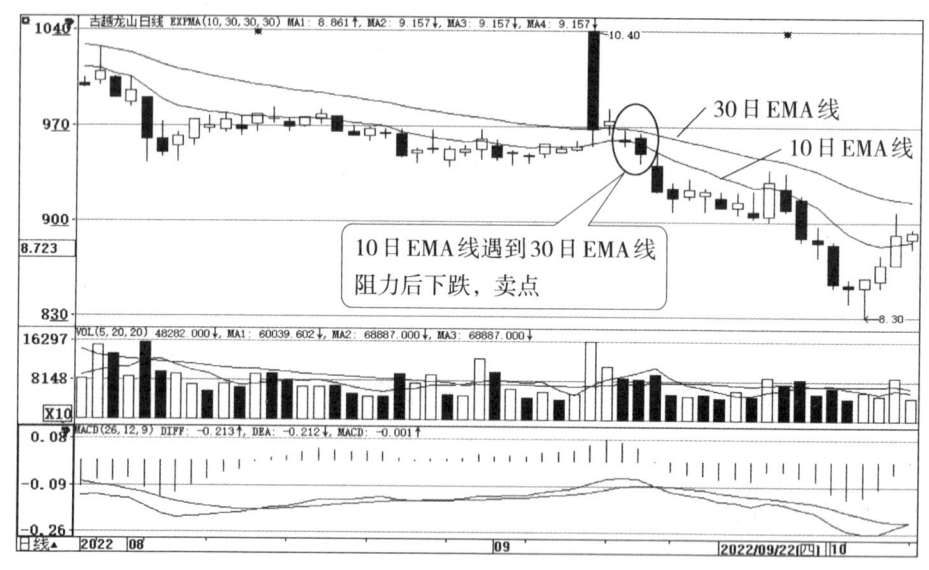

图 8-12　古越龙山日 K 线

精讲提高

1.当短期 EXPMA 线在长期 EXPMA 线位置获得支撑时，长期 EXPMA 线最好持续上涨，这是对股价处于上涨行情中的确认。同样，当短期 EXPMA 线在长期 EXPMA 线位置遇到阻力时，长期 EXPMA 线最好持续下跌，这是对股价处于下跌行情中的确认。

2.有时短期 EXPMA 线可能会短暂跌破或者突破长期 EXPMA 线，但是只要跌破或者突破的幅度不大且持续时间不长，投资者就可以认为该形态的看涨或者看跌信号有效。

8.2 BBI指标

投资者在使用移动平均线指标判断行情走向时，可能不知道应该使用几条均线进行组合，或者不知道该给均线设定什么样的周期。在这样的情况下，投资者可以参考BBI指标。

BBI指标即多空指标，是对移动平均线指标的改进。该指标只有一条指标线，即BBI线。每个交易日的BBI值是在当前交易日四条移动平均线值的平均数，一般情况下这四条移动平均线包括：3日均线、6日均线、12日均线和24日均线。因此，BBI指标虽然只有一条指标线，但是能够综合考虑市场上短期、中期和长期的移动平均值状况，是一个简单实用的技术指标。

8.2.1 股价对BBI指标线的突破

BBI指标线是多空行情的分界线。当股价位于BBI指标线上方时，说明市场处于多方行情中。当股价位于BBI指标线下方时，说明市场处于空方行情中。因此，当股价对BBI指标线形成突破时，就是市场上多空行情出现转换的信号。

当股价自下向上突破BBI指标线时，说明市场由空方行情进入多方行情，这是看涨买入信号；当股价自上向下跌破BBI指标线时，说明市场由多方行情进入空方行情，这是看跌卖出信号。

如图8-13所示，2023年1月5日，睿创微纳（688002）股价向上突破其BBI指标线。这样的形态说明市场由空方主导的下跌行情进入多方主导的上涨行情，未来股价将持续上涨。此时是投资者买入股票的机会。

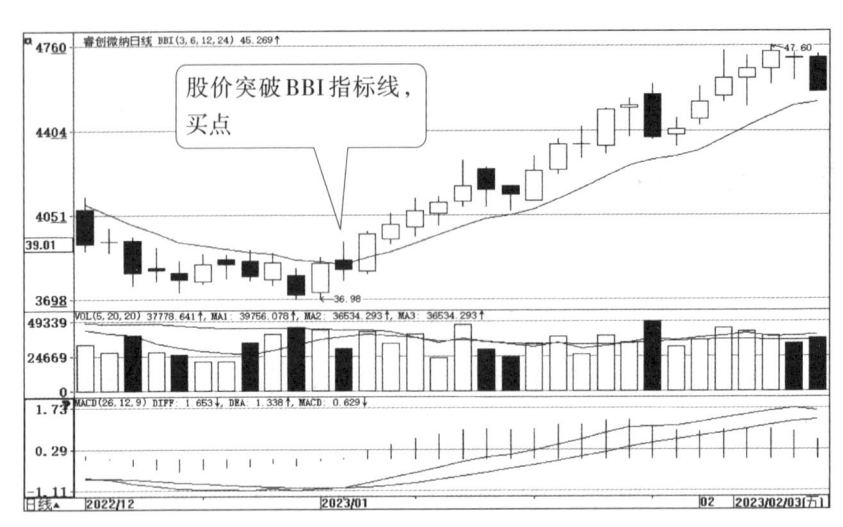

图 8-13　睿创微纳日 K 线

如图 8-14 所示，2022 年 8 月 25 日，福日电子（600203）股价向下跌破其 BBI 指标线。这样的形态说明市场由多方主导的上涨行情进入空方主导的下跌行情，未来股价将持续下跌。此时是投资者卖出股票的机会。

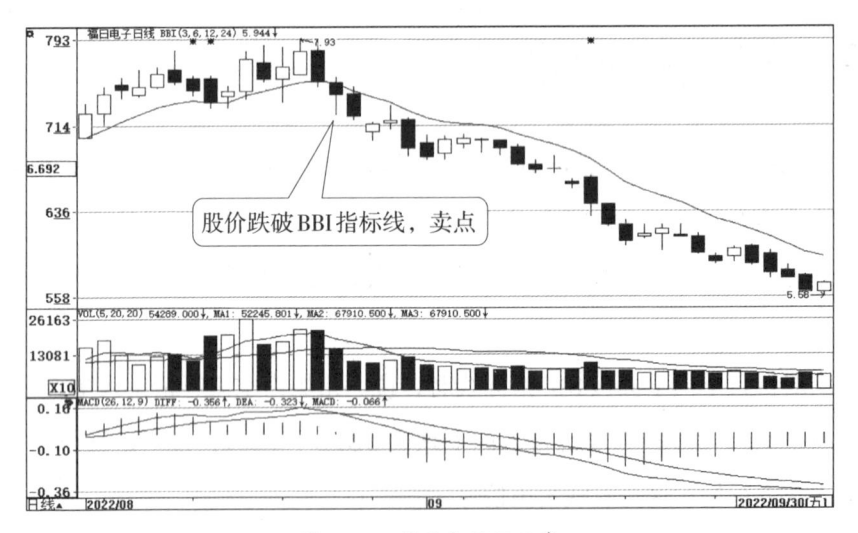

图 8-14　福日电子日 K 线

精讲提高

1.如果股价突破BBI指标线时该指标线持续上涨，则该形态的看涨信号更强；如果股价跌破BBI指标线时该指标线持续下跌，则该形态的看跌信号更强。

2.当股价突破BBI指标线时如果成交量持续放大，说明市场上多方力量持续增强，此时该形态的看涨信号会更加可靠。当股价跌破BBI指标线时则不需要成交量配合。

8.2.2 BBI指标线对股价的支撑和阻力

在股价涨跌过程中，BBI指标线可能对股价形成较强的阻力和支撑作用。

当股价经过一段时间上涨后见顶回调时，如果回调到BBI指标线位置获得支撑反弹，就说明股价正处于持续的多方行情中，未来还会持续上涨。这次股价回调是投资者逢低买入股票的时机。

当股价经过一段时间下跌后见底反弹时，如果反弹到BBI指标线位置遇到阻力下跌，就说明股价正处于持续的空方行情中，未来还会持续下跌。这次股价反弹是投资者逢高卖出股票的时机。

如图8-15所示，2023年1月中旬，哈空调（600202）股价经过一段上涨行情后小幅回调。当回调到BBI指标线位置时，股价获得强烈支撑。1月18日，股价脱离BBI指标线的支撑后开始持续上涨，同时K线形成旭日东升形态。这说明股价再次进入上涨行情。此时是投资者逢低买入股票的时机。

如图8-16所示，2022年9月7日，三峡水利（600116）股价反弹到BBI指标线位置后遇阻下跌。这说明股价仍然处于空方行情中，未来将持续下跌。此时是投资者逢高卖出股票的时机。

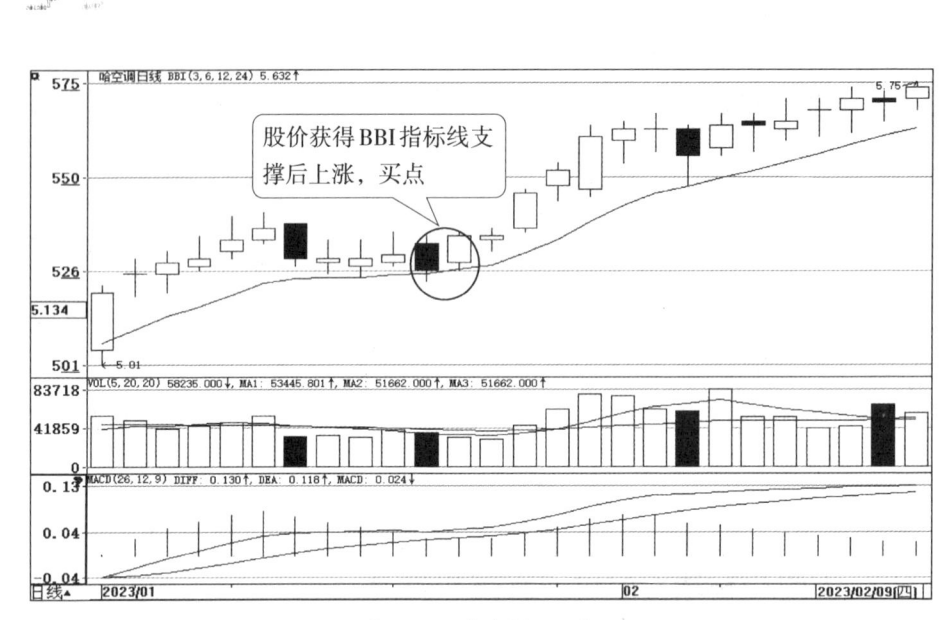

图 8-15　哈空调日 K 线

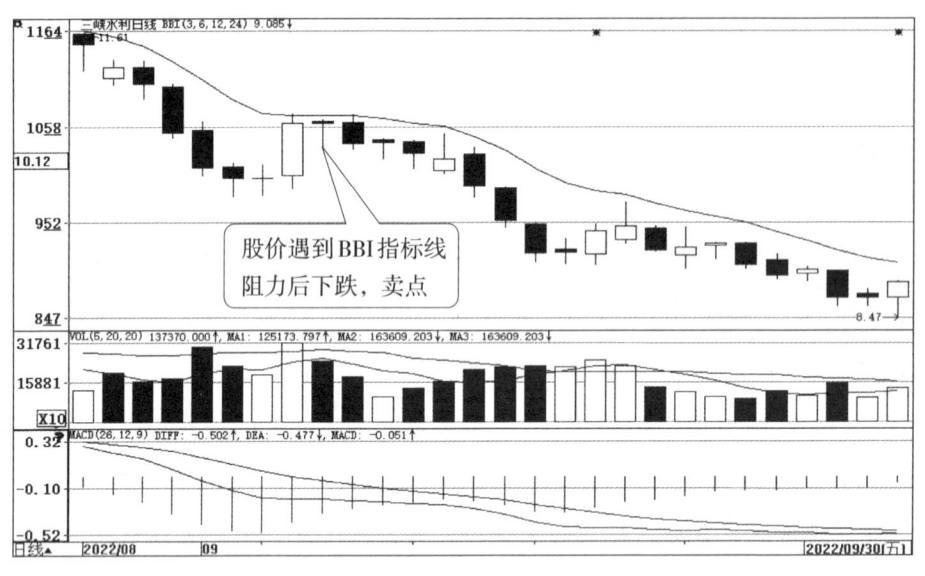

图 8-16　三峡水利日 K 线

精讲提高

1.有时股价可能会略微跌破或者突破 BBI 指标线，但是只要跌破或者突破的幅度不大且持续时间不长，投资者就可以认为该位置的阻力或者支撑有效。

2.如果股价回调获得BBI指标线支撑时成交量持续放大,说明市场上的多方力量在持续增强,此时该形态的看涨信号会更加可靠。当股价反弹遇到BBI指标线阻力下跌时则不需要成交量配合。

8.3 BOLL指标

股价会沿着移动平均线在其上下一定范围内波动运行。BOLL指标就是描述股价波动范围的一个带状指标。

BOLL指标由三条曲线组成,由上到下分别是:上轨、中轨和下轨。其中,中轨是股价的移动平均线,一般使用26日均线。而上轨和下轨共同组成的带状区间则代表了股价可能的波动范围。

8.3.1 BOLL中轨对股价的支撑和阻力

BOLL中轨本身是一条移动平均线。在股价涨跌过程中,这条曲线往往能够对股价形成重要的支撑或阻力作用。

当股价在BOLL中轨位置连续获得支撑持续上涨时,说明市场处于上涨行情中。此外,因为BOLL上轨是股价运行区间的上限,股价上涨到这个位置后往往会遇到阻力回调。因此,在上涨行情中,股价往往会沿着BOLL中轨和上轨之间的通道运行。

当股价在BOLL中轨位置连续遇到阻力持续下跌时,说明市场处于下跌行情中。此外,因为BOLL下轨是股价运行区间的下限,股价下跌到这个位置后往往能获得支撑反弹。因此,在下跌行情中,股价往往会沿着BOLL中轨和下轨之间的通道运行。

如图 8-17 所示，2022 年 5 月下旬至 7 月底，鑫科材料（600255）股价一直沿着 BOLL 中轨和上轨之间的通道持续上涨。在这个过程中，股价多次回调到 BOLL 中轨位置时都获得支撑上涨，而上涨到 BOLL 上轨后就遇到阻力下跌。

这样的形态说明上涨行情十分稳固。在这个上涨过程中，投资者可以积极做多买入股票。而股价每次回调到 BOLL 中轨获得支撑时，就是投资者买入股票的时机。

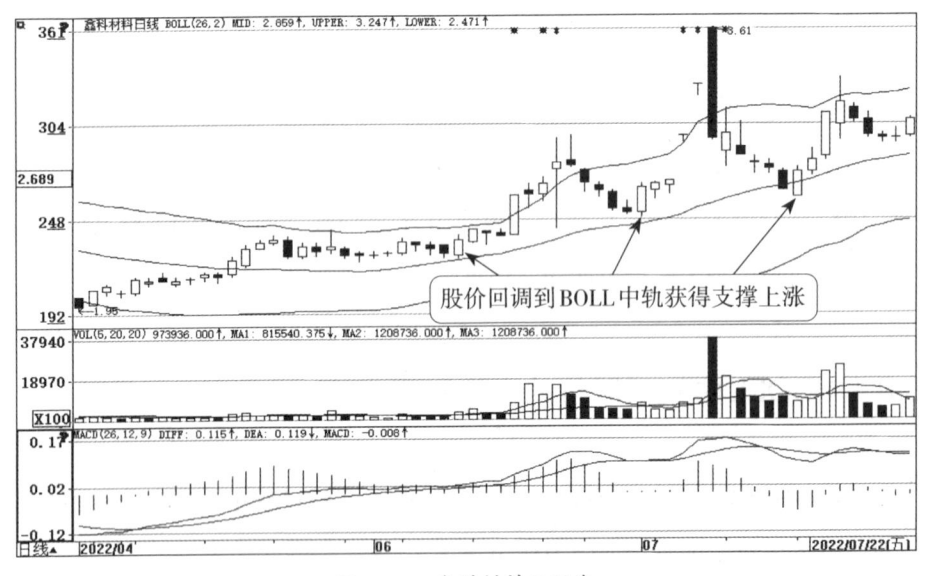

图 8-17 鑫科材料日 K 线

如图 8-18 所示，2022 年 6 月至 9 月，海正药业（600267）股价沿着其 BOLL 中轨和下轨组成的轨道持续下跌。在下跌过程中，股价多次反弹到 BOLL 中轨位置都遇阻下跌，而下跌到 BOLL 下轨位置时又能再次获得支撑。

这样的形态说明市场正处于持续的下跌行情中，短期内很难见底反弹。在这个过程中，投资者应尽量减少交易次数，回避风险。每次股价反弹到 BOLL 中轨位置遇到阻力下跌时，都是投资者逢高卖出股票的时机。

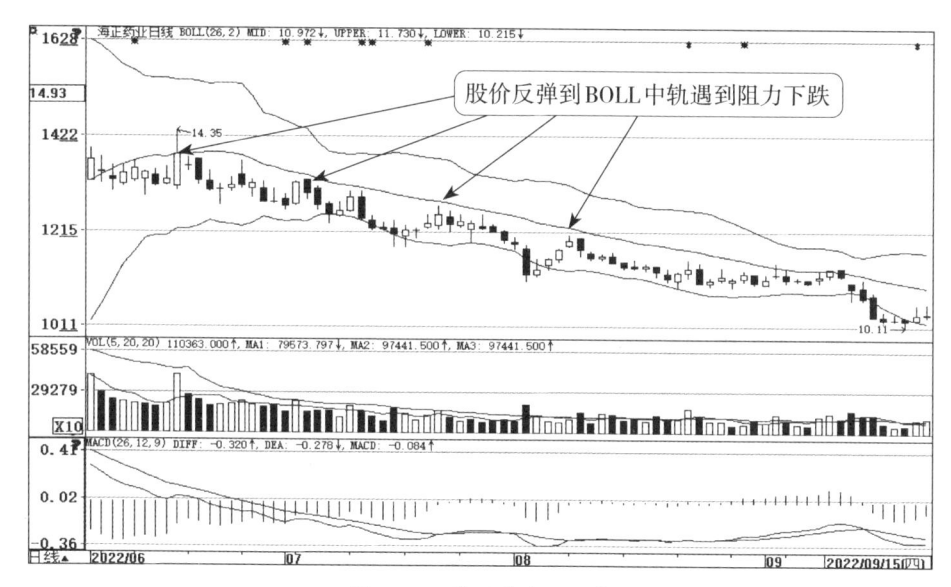

图8-18 海正药业日K线

精讲提高

1.有时股价可能会略微跌破或者突破BOLL中轨。但是只要跌破或者突破的幅度不大且持续时间不长，投资者就可以认为该指标线的阻力或者支撑有效。

2.如果股价沿BOLL上轨和中轨间的通道上涨时，成交量逐渐放大，说明随着股价上涨有越来越多的投资者开始买入股票，此时该形态的看涨信号会更加可靠。当股价沿BOLL下轨和中轨间的通道下跌时则不需要成交量配合。

8.3.2 BOLL下轨的支撑和上轨的阻力

BOLL上轨和下轨之间的带状区间表示股价可能的波动范围。

当股价下跌到BOLL下轨位置时，也就是跌到了其可能运行空间的下限，此时股价很可能已经见底。一旦股价获得支撑反弹，就是投资者买入股票的时机。

当股价上涨到BOLL上轨位置时，也就是涨到了其可能运行空间的上限，此时股价很可能已经见顶。一旦股价遇到阻力下跌，就是投资者卖出股票的时机。

如图8-19所示，2022年12月11日，国电南自（600268）股价下跌到BOLL下轨位置获得支撑，这说明股价已经下跌到了其可能运行空间的下限，未来将可能会获得支撑反弹。12月26日，股价开始反弹。此时是投资者买入股票的时机。

如图8-20所示，2022年6月至10月，金花股份（600080）股价在7.7元附近

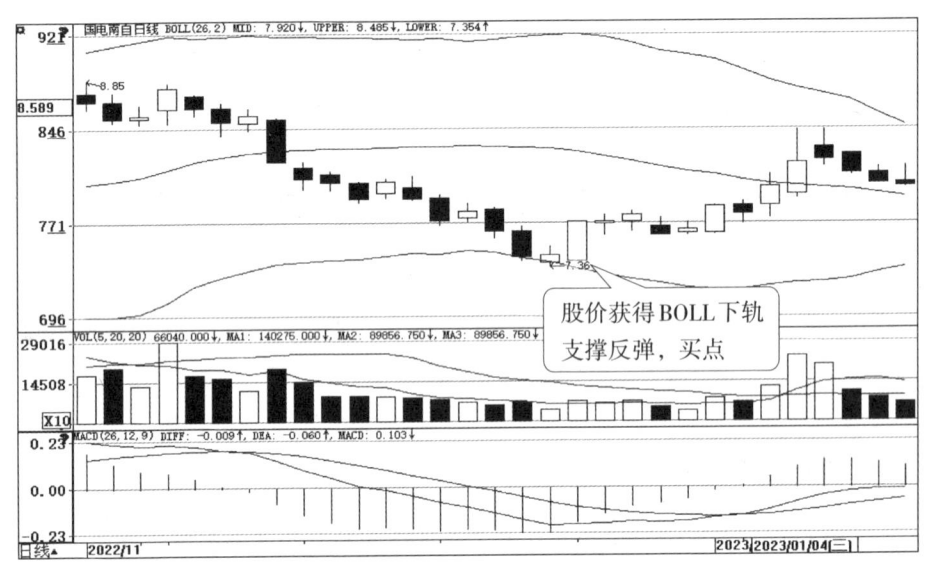

图8-19　国电南自日K线

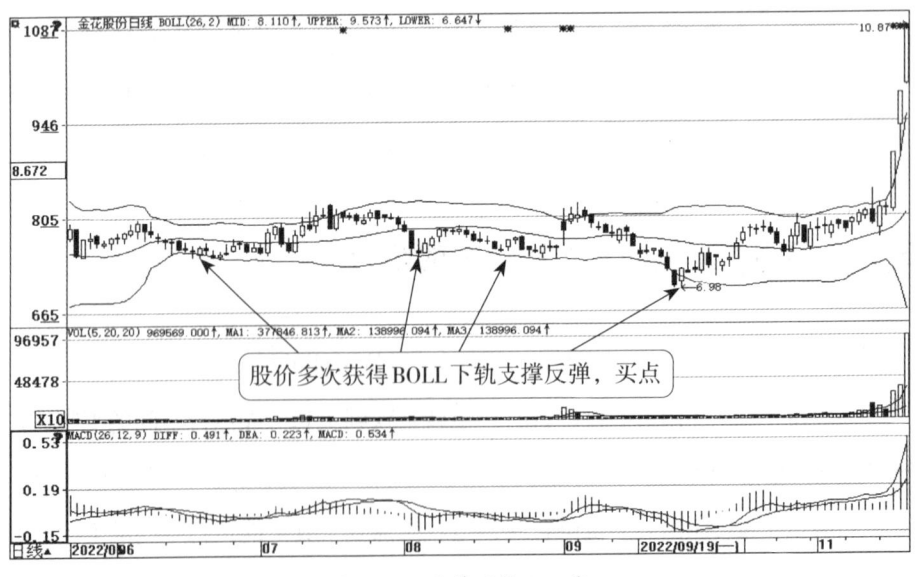

图8-20　金花股份日K线

震荡，BOLL下轨位置的支撑作用表现得非常明显，股价多次在下轨处获得支撑反弹，投资者要注意把握这几个短线买点，通过低买高卖降低持股成本。

如图8-21所示，2022年11月16日，宁科生物（600165）股价上涨到其BOLL上轨后遇到阻力。这说明股价已经上涨到其上涨空间的上限，未来很可能会遇阻下跌。11月18日，股价开始下跌，此时是投资者卖出股票的时机。

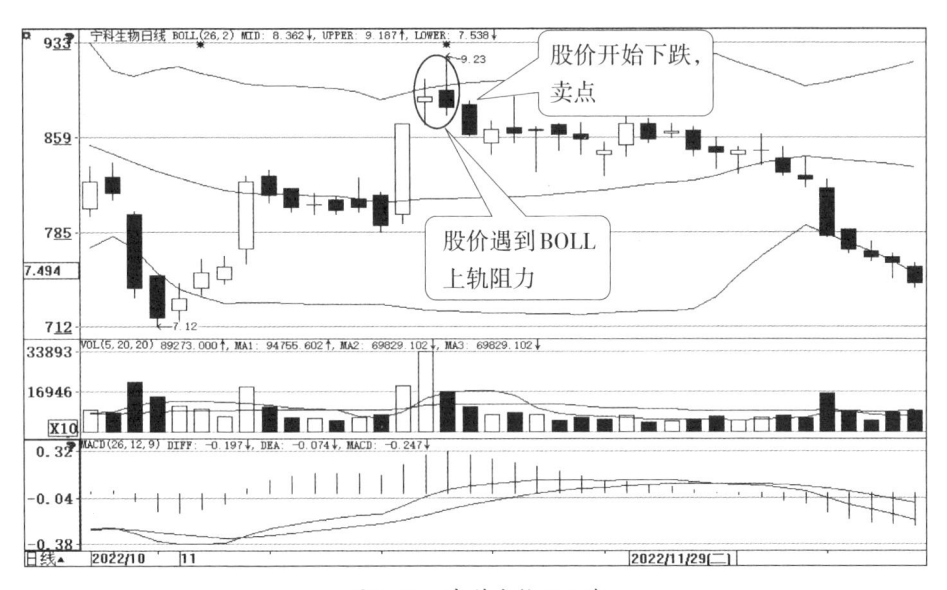

图8-21　宁科生物日K线

精讲提高

1.股价下跌到BOLL下轨附近时，可能马上获得支撑反弹，也可能随BOLL下轨一同下跌一段时间后才见底反弹。因此，投资者为了避免被套牢，最好等到股价开始反弹时再买入股票。同理，当股价上涨到BOLL上轨附近时，投资者为了避免踏空后市，最好等到股价开始下跌时再卖出股票。

2.投资者可以将KDJ指标和BOLL指标搭配使用。当股价在BOLL下轨获得支撑反弹时，如果KDJ指标也完成了低位金叉形态，则看涨信号会更加强烈。在股价在BOLL上轨遇阻下跌的同时，如果KDJ指标完成了高位死叉形态，则看跌信号会更加强烈。

3.在震荡行情中，BOLL下轨支撑作用和上轨阻力作用表现得最为明显，投资者可以利用这个契机高抛低吸从而降低持股成本。

8.3.3 BOLL喇叭口敞开

当BOLL上轨上涨，下轨下跌时，就形成了BOLL喇叭口敞开的形态。这样的形态说明股价的波动幅度越来越大，未来将有一波大幅上涨或者大幅下跌的行情出现。不过仅凭这样的形态投资者无法判断股价是涨还是跌。为了判断股价涨跌方向，投资者可以同时参考股价对BOLL中轨的突破。

当BOLL喇叭口敞开时，如果股价刚刚突破BOLL中轨，或者正在BOLL中轨上方持续上涨，就说明股价正在上涨，且上涨的速度越来越快，未来将可能有一波持续上涨的行情。此时是投资者买入股票的时机。

当BOLL喇叭口敞开时，如果股价刚刚跌破BOLL中轨，或者正在BOLL中轨下方持续下跌，就说明股价正在下跌，且下跌的速度越来越快，未来将可能有一波持续下跌的行情。此时是投资者卖出股票的时机。

如图8-22所示，2022年5月24日，东风汽车（600006）BOLL上轨上涨、下轨下跌，形成了喇叭口敞开的形态，这个形态说明股价波动的幅度加大。同时，其股价位于BOLL中轨上方持续上涨，这就说明股价正在向上波动，且上涨的速度越来越快。此时是投资者买入股票的时机。

如图8-23所示，2022年1月25日，三一重工（600031）BOLL上轨上涨、下轨下跌，形成了喇叭口敞开的形态，这样的形态说明股价的波动幅度越来越大。此时，股价正处于BOLL中轨下方持续下跌并跌破下轨，这就说明市场正处于下跌行情中，并且下跌的速度越来越快。此时是投资者卖出股票的时机。

第 8 章 利用均线的派生指标

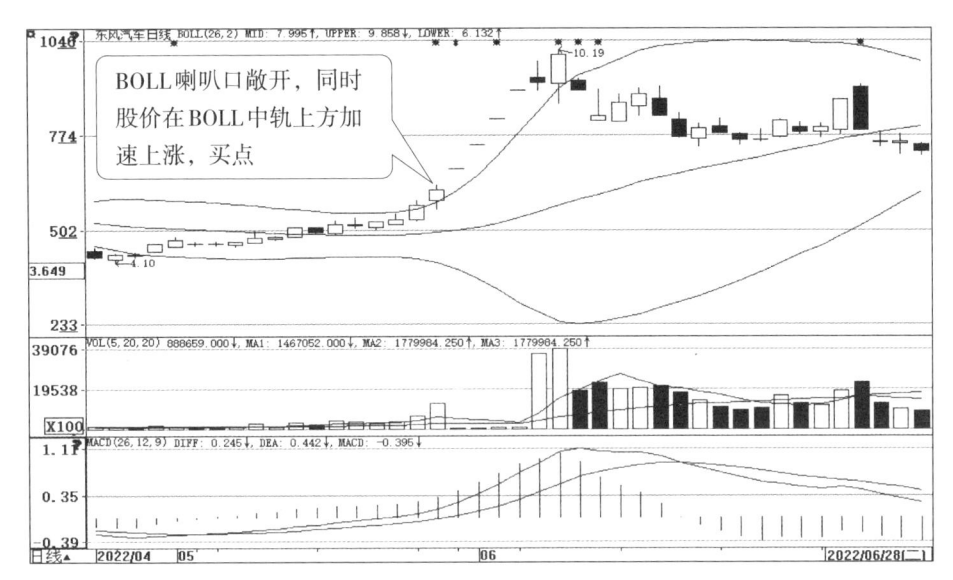

图 8-22 中标注：BOLL喇叭口敞开，同时股价在BOLL中轨上方加速上涨，买点

图 8-22 东风汽车日K线

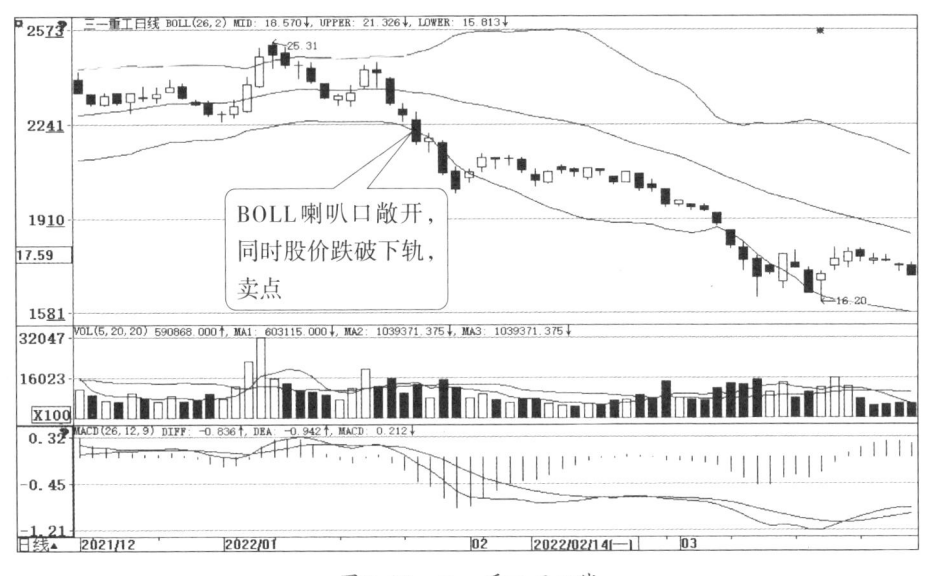

图 8-23 中标注：BOLL喇叭口敞开，同时股价跌破下轨，卖点

图 8-23 三一重工日K线

精讲提高

1.BOLL喇叭口敞开的形态本身并无法显示股价在上涨还是下跌，因此投

资者需要借助股价和BOLL中轨的相对位置来辅助判断。

2.当股价持续上涨或者持续下跌一段时间后，如果BOLL上轨开始下跌、下轨上涨，就说明股价的波动幅度正在变小，这是一轮快速涨跌行情即将结束的标志。

8.4 BIAS指标

葛兰碧八大法则中的第四条和第八条，是说当股价运行到距离移动平均线很远的位置时，就会再次向均线靠拢。股价在移动平均线下方、距离均线很远时，是看涨买入信号。股价在移动平均线上方、距离均线很远时，是看跌卖出信号。

BIAS指标即乖离率指标，是衡量股价和移动平均线之间距离远近的技术指标。当BIAS指标大于0时，说明股价位于移动平均线上方，此时指标值越大，则股价与移动平均线之间的距离越远。当BIAS指标小于0时，说明股价位于移动平均线下方，此时指标值越小，则股价与移动平均线之间的距离越近。

在很多炒股软件中，BIAS指标包括三条曲线：BIAS6、BIAS12、BIAS24，分别代表股价和6日、12日、24日移动平均线之间的距离远近。

8.4.1 BIAS指标超买和超卖

BIAS曲线可以将股价和移动平均线之间的距离量化表示出来，从而为投资者买卖股票提供更加明确的依据。

当BIAS6曲线跌破-5、BIAS12曲线跌破-7、BIAS24曲线跌破-11时，该指标就进入了超卖状态。这个形态说明股价在三条移动平均线下方，并且无论离短期均线、中期均线还是长期均线都已经很远。此时股价有见底反弹的可能，这是投资者买入股票的时机。

当BIAS6曲线突破5、BIAS12曲线突破7、BIAS24曲线突破11时，该指标就进入了超买状态。这个形态说明股价在三条移动平均线上方，并且无论离短期均线、中期均线还是长期均线都已经很远。此时股价有见顶下跌的风险，这是投资者卖出股票的时机。

如图8-24所示，2022年3月15日，随着中国国贸（600007）股价快速下跌，其BIAS指标的三条曲线分别跌破了-6、-9、-13，此时BIAS指标进入超卖状态。这说明股价在三条均线下方，并且已经离三条均线有了足够远的距离，未来股价将见底反弹。此时是投资者买入股票的时机。

如图8-25所示，2022年6月30日，随着白云机场（600004）股价快速上涨，其BIAS的三条指标线分别突破了5、7、11，此时BIAS指标进入了超买状态。这样的形态说明股价在三条均线上方，并且已经离三条均线有了足够远的距离，未来股价将见顶下跌。此时是投资者卖出股票的时机。

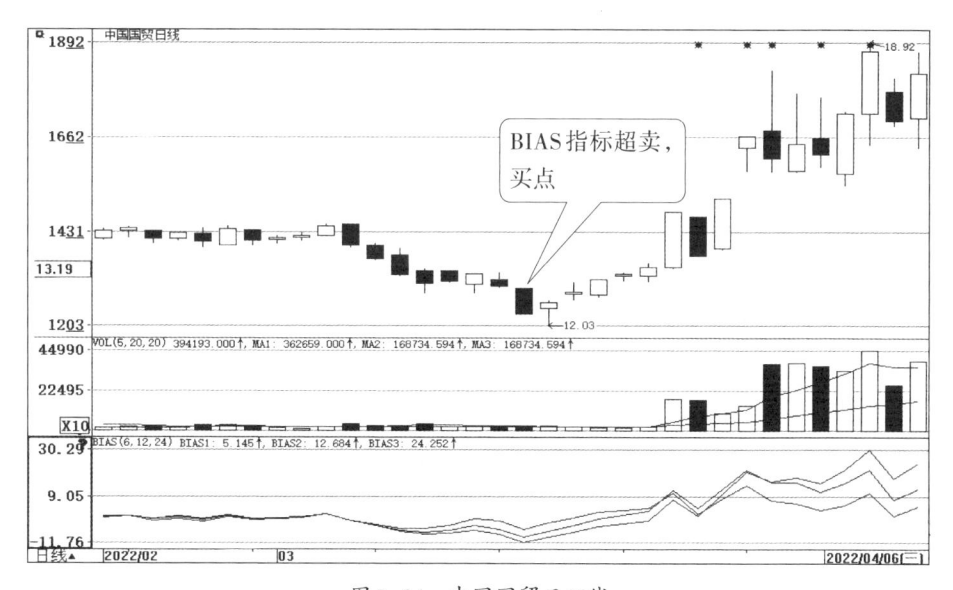

图8-24　中国国贸日K线

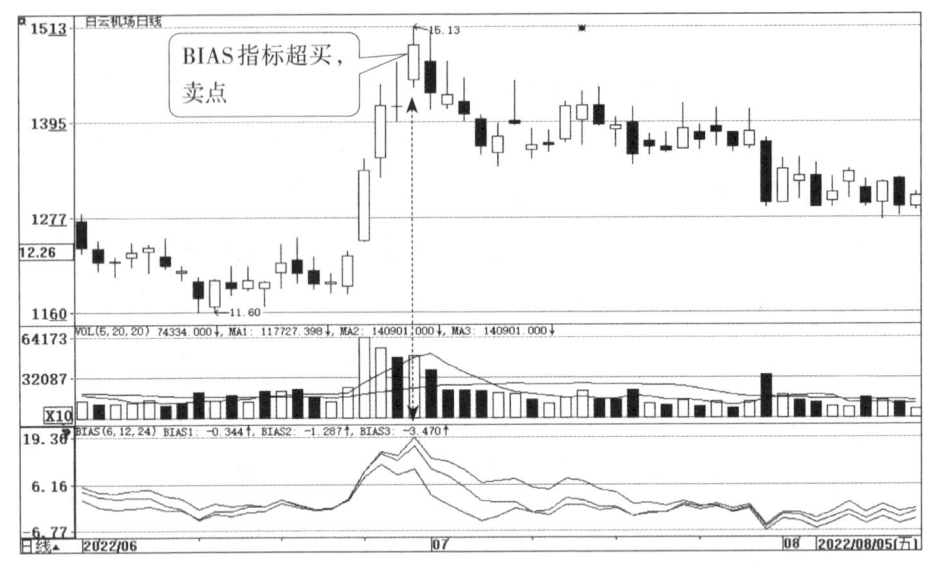

图 8-25　白云机场日K线

精讲提高

1.如果BIAS指标的三条曲线同时进入超买、超卖区间，则该形态的强度最高。如果三条曲线中有两条进入超买、超卖区间，另一条没有，则投资者按此信号买卖时需要冒一定被套牢或者踏空的风险。

2.如果BIAS指标的三条曲线先后进入各自的超买、超卖区间，则投资者可以考虑分批买卖股票，规避风险。

8.4.2　BIAS指标和股价背离

当股价连续下跌、创出新低时，如果BIAS指标在0轴下方没有创出新低，反而出现了一底比一底高的上涨走势，就形成了BIAS指标的底背离形态。这样的形态说明虽然股价持续下跌，但是其与移动平均线之间的距离正逐渐收窄。股价下跌的动能已经逐渐枯竭，未来将见底反弹。当底背离形态完成时，就是投资者买入股票的时机。

第 8 章　利用均线的派生指标

当股价连续上涨、创出新高时，如果BIAS指标在0轴上方无法创出新高，反而出现了一顶比一顶低的下跌走势，就形成了BIAS指标的顶背离形态。这样的形态说明虽然股价还在上涨，但是其与移动平均线之间的距离正逐渐收窄。股价上涨的动能已经逐渐枯竭，未来将见顶下跌。当顶背离形态完成时，就是投资者卖出股票的时机。

如图8-26所示，2022年7月，华能国际（600011）股价持续下跌，不断创出新低。与此同时，其BIAS指标却形成了一底比一底高的上涨走势。这样的形态说明虽然股价还在下跌，但是其正在逐渐向均线靠拢。市场的空方动能正在减弱，未来股价有见底反弹的趋势。底背离形态形成后，K线形成旭日东升形态，买入时机出现。

如图8-27所示，2022年6月至7月，特变电工（600089）股价持续上涨，连创新高。同时，其BIAS指标线却没有创出新高，反而形成了一顶比一顶低的下跌走势。这样的形态说明虽然股价在持续上涨，但是市场上的多方动能却逐渐减弱，未来股价有见顶下跌的趋势。顶背离形态形成后，是投资者卖出股票的时机。

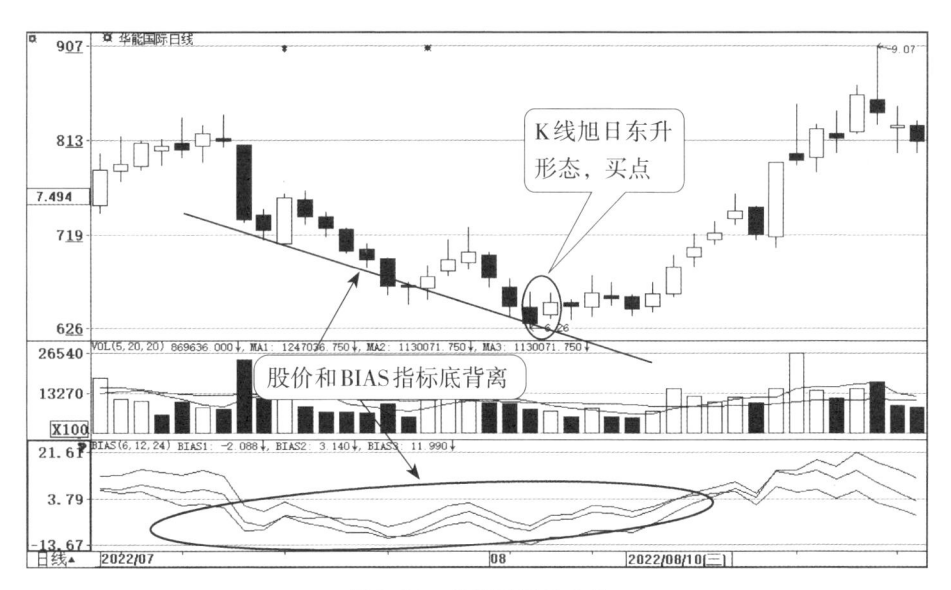

图8-26　华能国际日K线

169

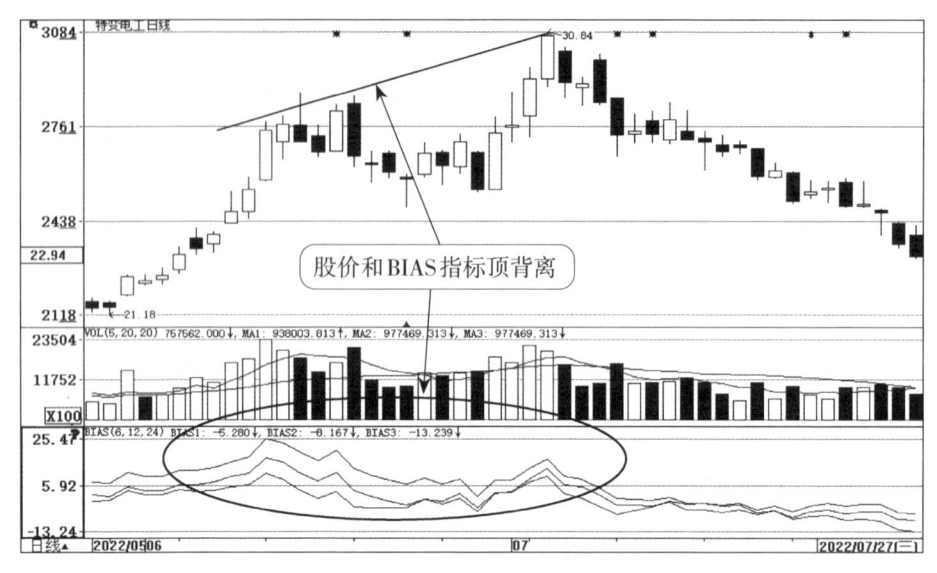

图 8-27　特变电工日K线

8.5　DMA指标

DMA指标是衡量不同均线间距离的技术指标。该指标保留两条曲线，分别是DDD线和AMA线。其中，DDD线表示两条均线之间的距离，例如10日均线和50日均线间的距离。而AMA线则是DDD线的移动平均线。

8.5.1　DDD线和AMA线的金叉和死叉

当DDD线向上突破AMA线时，就形成了DMA指标的金叉形态。当DDD线向下跌破AMA线时，就形成了DMA指标的死叉形态。

DMA指标的金叉和死叉出现在不同位置时，其市场含义会有所不同。

DDD线位于0轴上方，说明当前短期均线在长期均线上方，市场处于上涨行情中。如果此时DDD线和AMA线形成金叉，说明短期均线与长期均线间的距离正在拉大，这是股价将加速上涨的信号。如果此时DDD线和AMA线形成死叉，则说明短期均线与长期均线之间的距离正在缩短，这是股价上涨速度减慢、即将见顶下跌的信号。

DDD线位于0轴下方，说明当前短期均在长期均线下方，市场处于下跌行情中。如果此时DDD线和AMA线形成金叉，说明短期均线与长期均线间的距离正在缩小，这是股价下跌速度减慢、即将见底反弹的信号。如果此时DDD线和AMA线形成死叉，则说明短期均线与长期均线之间的距离正在拉大，这是股价将加速下跌的信号。

如图8-28所示，2022年8月8日，皖维高新（600063）的DMA指标在0轴上方形成了金叉形态。这个形态说明短期均线位于长均线上方，并且二者之间的距离正在逐渐拉大。这是股价处于上涨行情中，并且其上涨速度会越来越快的信号。当金叉形成时，是投资者追高买入股票的时机。

如图8-29所示，2022年1月7日，华电国际（600027）的DMA指标在0轴上方形成死叉形态。这样的形态说明虽然短期均线位于长期均线上方，但是二者之间的距离正在逐渐萎缩。这是股价上涨速度正在减慢，即将见顶下

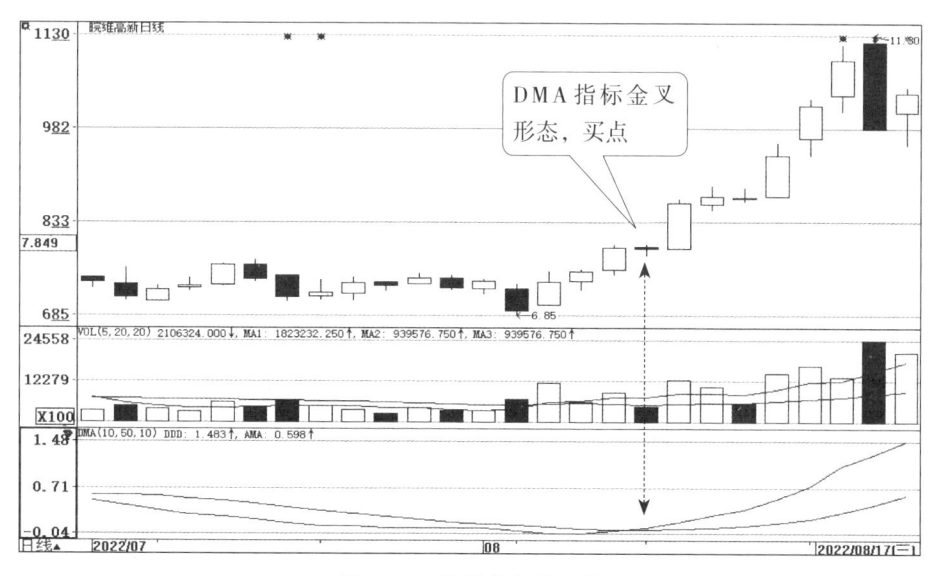

图8-28 皖维高新日K线

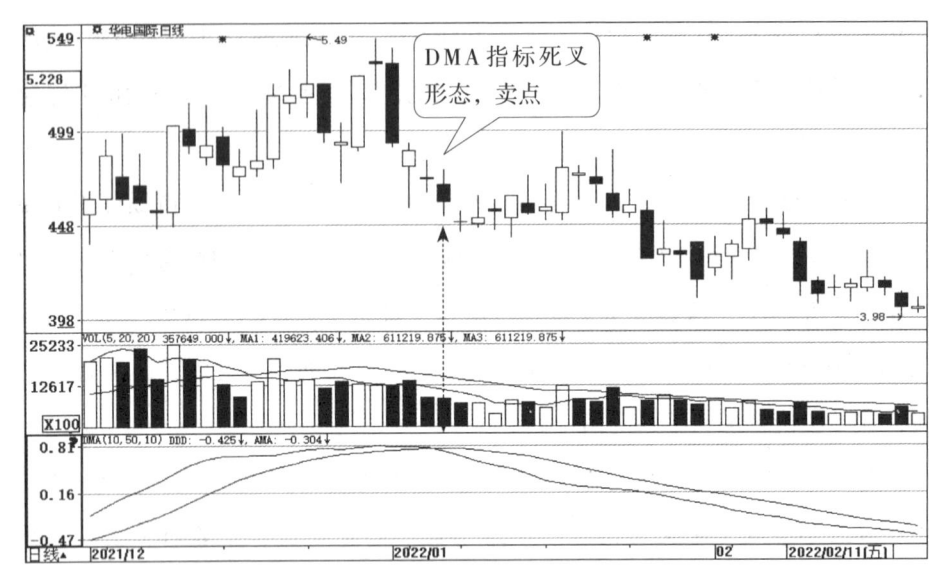

图 8-29 华电国际日 K 线

跌的信号。当死叉形态形成时,是投资者卖出股票的时机。

如图 8-30 所示,2022 年 7 月 22 日,中远海能(600026)的 DMA 指标在 0 轴下方完成金叉形态。这个形态说明虽然短期均线位于长期均线下方,但是

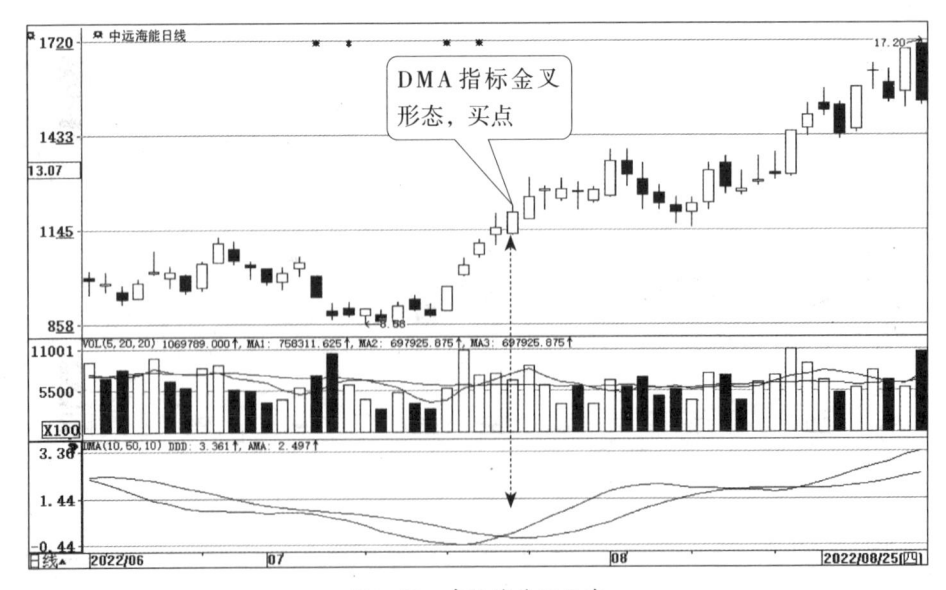

图 8-30 中远海能日 K 线

两者之间的距离有缩短的趋势。这是股价下跌速度越来越慢、即将见底反弹的信号。当金叉形态形成时，是投资者买入股票的时机。

如图8-31所示，2022年4月25日，国投资本（600061）的DMA指标在0轴下方形成了死叉形态。这个形态说明短期均线位于长期均线下方，且二者之间的距离正在逐渐拉大。这是股价下跌速度越来越快的信号。当死叉形态完成时，是投资者卖出股票的时机。

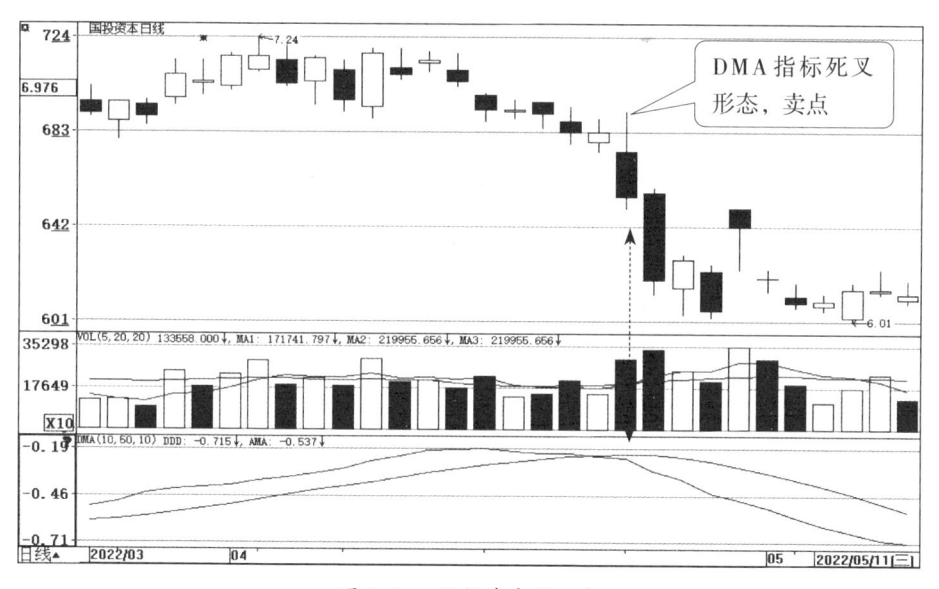

图8-31　国投资本日K线

精讲提高

1.在不同位置的DMA指标金叉形态中，0轴上方的金叉看涨信号要强于0轴下方的金叉。0轴附近金叉的看涨信号最强。

2.在不同位置的DMA指标死叉形态中，0轴下方的死叉看跌信号要强于0轴上方的死叉。0轴附近死叉的看跌信号最强。

3.当DMA指标金叉形态出现时如果成交量同步放大，则是对多方强势信号的验证，此时该形态的看涨信号会更加可靠。当DMA指标死叉形态出现时并不需要成交量配合。

4.当DDD线和AMA线反复纠缠在一起时，可能会连续出现多个金叉或者死叉的形态。这样的形态并不是有效的涨跌信号。

8.5.2　DDD线和股价的背离

当股价持续下跌、连创新低时，如果DDD线没有创新低，反而形成了一底比一底高的上涨走势，该曲线就与股价形成了底背离形态。这样的形态说明虽然股价持续下跌，但是短期均线相对于长期均线来说，其走势越来越强，未来股价将见底反弹。此时是投资者买入股票的时机。

当股价持续上涨、连创新高时，如果DDD线没有创新高，反而形成了一顶比一顶低的下跌走势，该曲线就与股价形成了顶背离形态。这样的形态说明虽然股价持续上涨，但是短期均线相对于长期均线来说，其走势越来越弱，未来股价将见顶下跌。此时是投资者卖出股票的时机。

如图8-32所示，2022年3月至4月，海信视像（600060）的股价和其

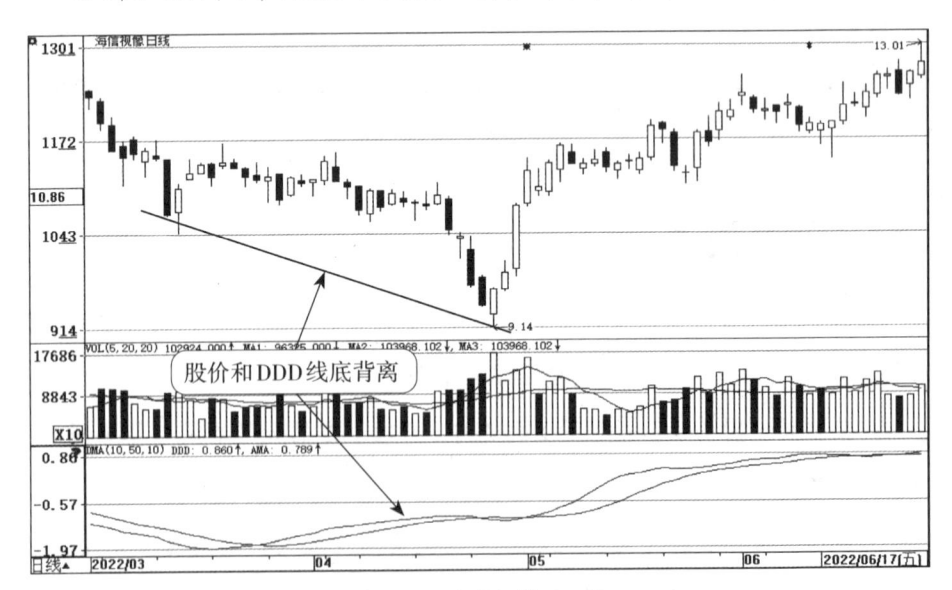

图8-32　海信视像日K线

DMA指标中的DDD线形成底背离形态。这个形态说明虽然股价还在下跌，但是短期均线相对于长期均线已经开始走强，未来股价将见底反弹。这样的底背离形态形成时，是投资者买入股票的时机。

如图8-33所示，2022年4月至6月，厦门象屿（600057）的股价与其DMA指标中的DDD线形成了顶背离形态。这样的形态说明虽然股价还在上涨，但是其短期均线相对于长期均线已经有了走弱的迹象，股票上涨动能减弱，未来将见顶下跌。此时是投资者卖出股票的时机。

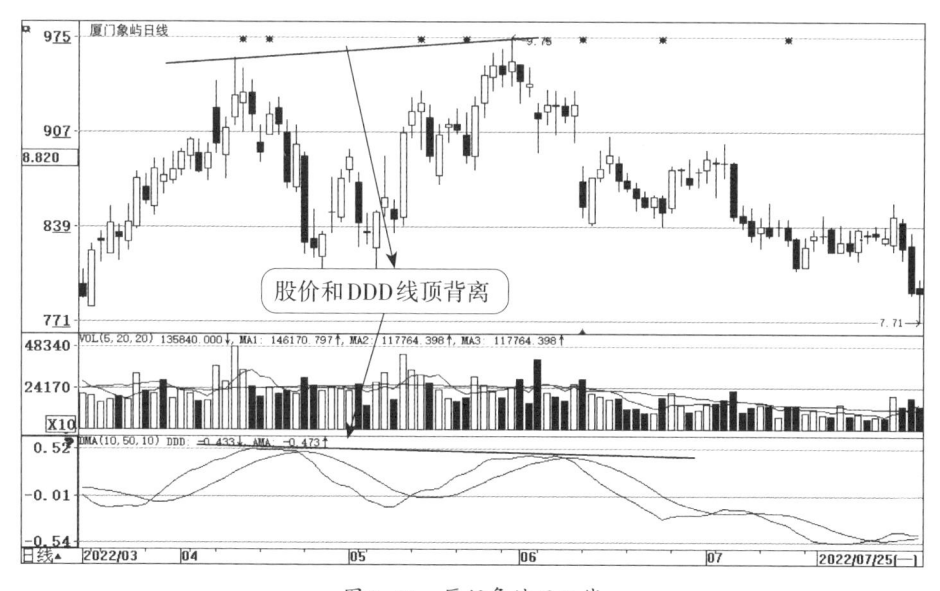

图8-33　厦门象屿日K线

精讲提高

1.顶背离开始时DDD线的位置越高，则该形态的看跌信号越强。底背离开始时DDD线的位置越低，则该形态的看涨信号越强。

2.如果在顶背离过程中成交量逐渐萎缩，说明多方力量逐渐衰弱，此时该形态的看跌信号会更加可靠。如果在底背离过程中成交量快速放大，说明多方力量逐渐增强，此时该形态的看涨信号会更加可靠。

3.底背离形态形成后,为了避免被套牢,投资者可以等股价不再创新低时再买入股票。顶背离形成后,为了避免踏空后市,投资者可以等到股价不再创新高时再卖出股票。

第 9 章

均线实战案例

第七章

国家养老保险

9.1 根据均线指标找买卖点

买卖点也就是买入或者卖出股票的时间和价位。股票交易从本质上看就是投资者对买卖点的把握。如果投资者能够利用各种分析手段使自己买在低点、卖在高点，就可以保证自己的盈利水平。在实际应用中，要特别留意利用均线买卖点构建适合自己的交易系统。

9.1.1 突破均线后买入

如图9-1所示，2022年9月至10月，星光农机（603789）股价一直在30日均线下方运行，且多次在30日均线处上涨受阻，这说明股价正处下跌趋势，

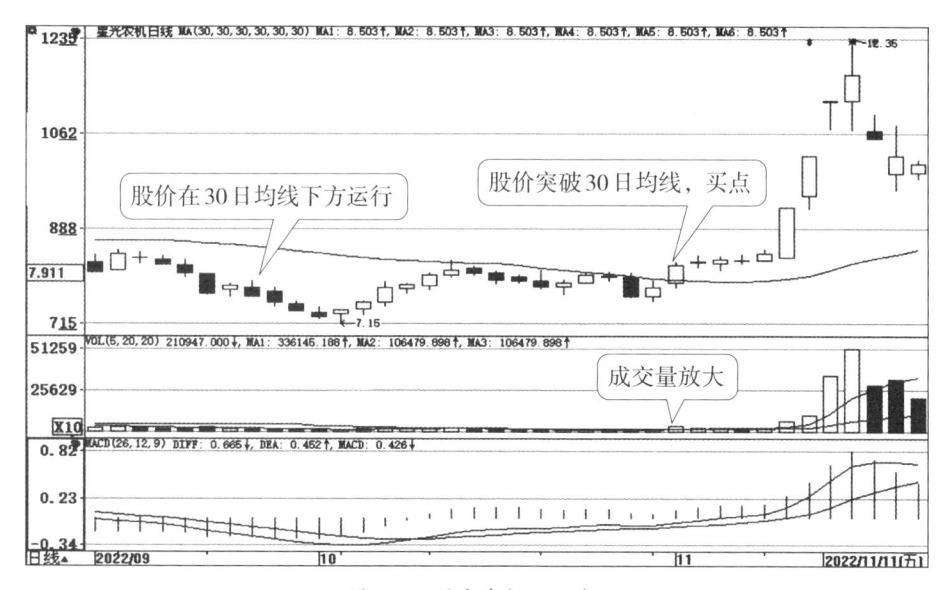

图9-1 星光农机日K线1

且30日均线是下跌反弹过程中重要的阻力线。看到这样的信号后，投资者就可以重点观察该股股价和其30日均线间的相对位置。

2022年11月1日，股价成功突破了30日均线，并伴随着成交量的放大，说明市场已经由跌势进入涨势。此时是投资者买入股票的时机。

如图9-2所示，星光农机股价从2022年11月1日向上突破后有明显上涨。在这个过程中，投资者可以放心持有股票。直到12月21日，该股股价跌破了30日均线，说明市场已经初步转势，此时是投资者卖出股票的时机。

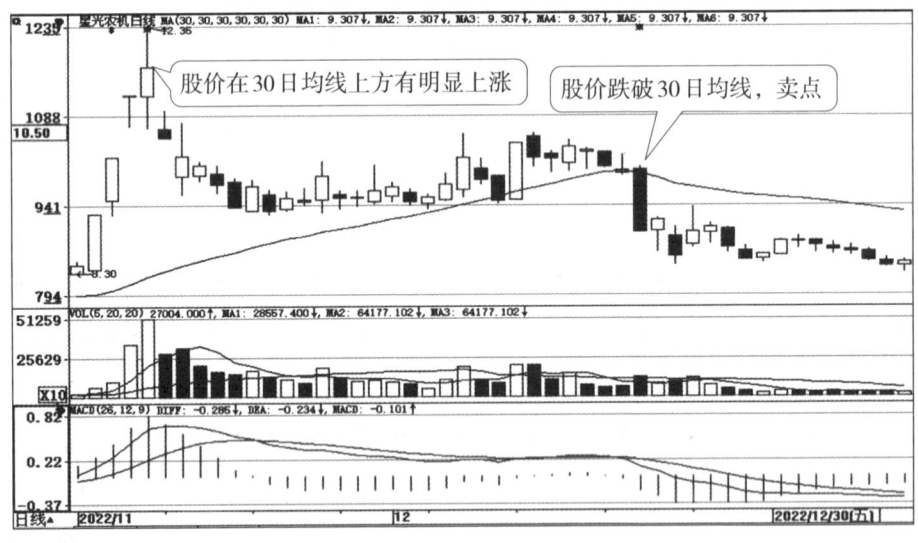

图9-2　星光农机日K线2

9.1.2　用30日均线构建简单的交易系统

可以用30日均线构建一个简单的交易系统：以30日均线为股价涨跌趋势的界定工具，当股价在30日均线上方运行时为上涨趋势，反之为下跌趋势；以股价突破30日均线为进场点，拿三分之一的资金买入，止损点设在前期重要支撑位（如前期股价低点）或买入价×0.9位置（股价亏损10%时卖出）；入场后，股价回调受到支撑再次上涨时可加仓三分之一的资金（止损设置如前），直至满仓；以股价跌破30日均线为出场点。

如图9-3所示，2021年5月11日，南化股份（600301，已更名为华锡有色）股价向上突破了30日均线，第二天股价在30日均线上方站稳。这个形态说明该股短期内的交易价格已经超过了长期的平均交易价格，股价出现了上涨的趋势，而且未来可能会继续上涨。按照交易系统的设置，5月12日是投资者买入股票的时机，止损点设在前期股价最低点6.08元，此时可买入三分之一仓位。

之后该股股价沿着30日均线缓缓平移，显示短期上涨动能不是很强。6月3日，该股股价加速上涨，上涨趋势彻底确定，此时投资者可以持股待涨。

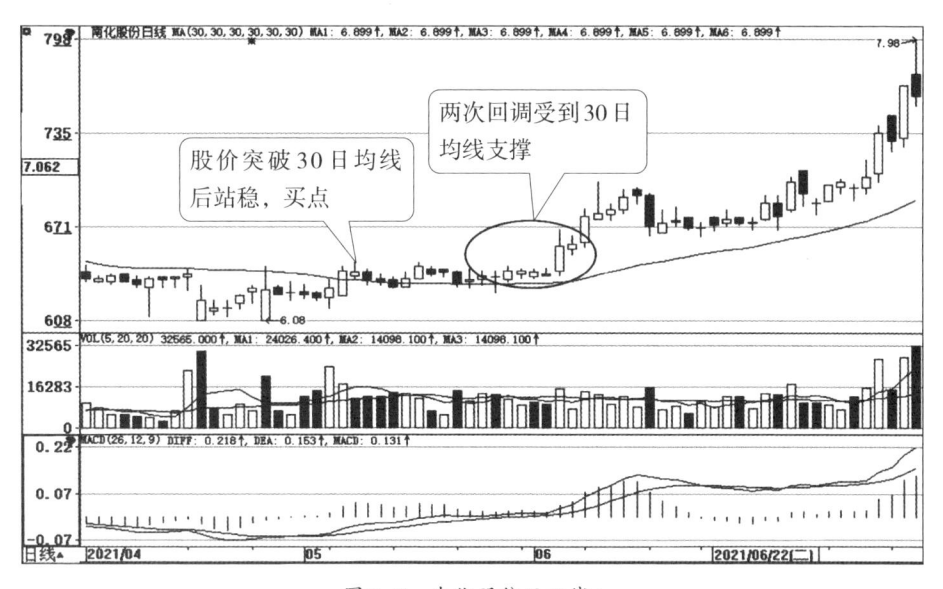

图9-3 南化股份日K线1

如图9-4所示，南化股份股价经过一段时间上涨后逐渐在顶部遇到阻力。2021年6月和8月，该股两次回调到30日均线处受到支撑再次向上，这是另外两个重要的加仓买入信号。每次回调受到均线支撑时投资者都可以加仓三分之一仓位，直至满仓。

9月29日，股价跌破30日均线，投资者要注意及时清仓出场。

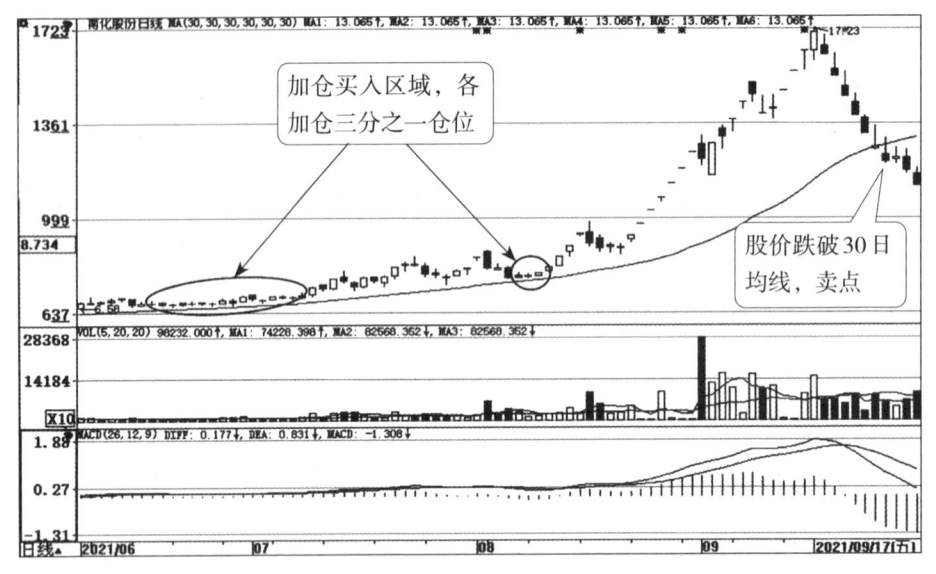

图 9-4　南化股份日K线2

9.1.3　金银山谷抓牛股

如图9-5所示，2020年10月初，万华化学（600309）的5日均线连续突破了10日均线和30日均线，随后其10日均线也突破了30日均线，三条均线形成了银山谷形态。这样的形态说明该股股价已经由下跌趋势进入上涨趋势，此时是投资者买入股票的时机。

银山谷形态形成后，股价开始缓慢震荡上涨。12月底，其5日均线、10日均线和30日均线又在稍高的地方完成了金山谷形态。这个形态说明股价经过一段筑底行情后开始加速上涨，未来将出现一波快速上涨的行情。12月25日，金山谷形态形成，此时是投资者加仓买入股票的时机。

如图9-6所示，从2021年1月中旬开始，万华化学股价回调。在回调过程中，虽然5日均线一度跌破了10日均线，但没有跌破30日均线，且5日均线和10日均线都离30日均线还有相当远的距离，这说明上涨行情还在继续，未来股价将继续上涨。在这个过程中，投资者可以放心持有股票。

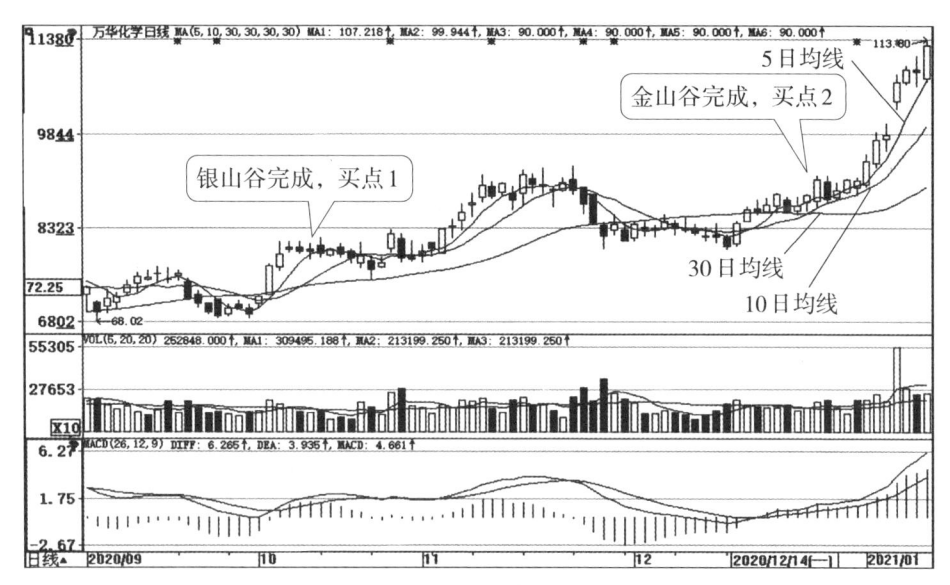

图 9-5　万华化学日 K 线 1

3月初，其5日均线连续跌破了10日均线和30日均线。随后10日均线也跌破了30日均线，三条均线形成了死亡谷形态。这样的形态说明股价已经由上涨行情进入下跌行情。此时是投资者卖出股票的时机。

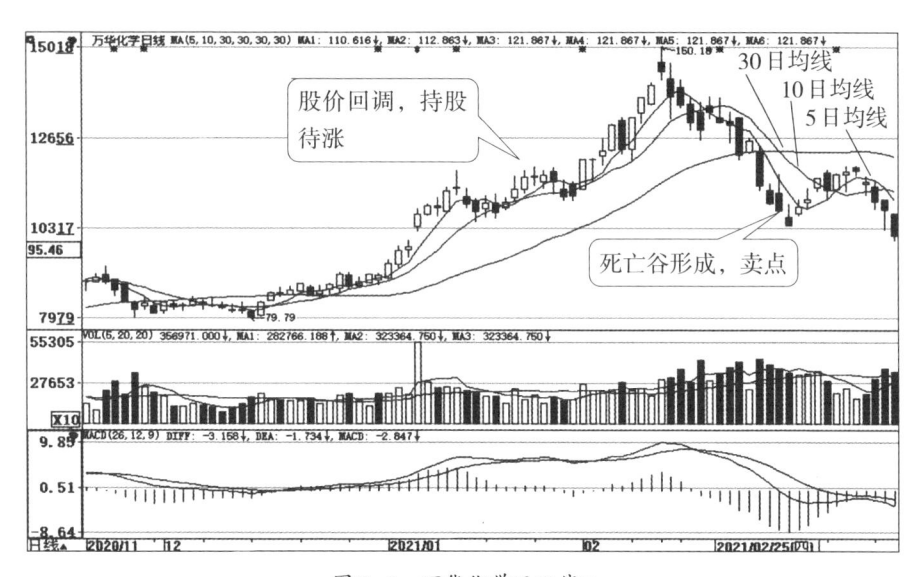

图 9-6　万华化学日 K 线 2

9.1.4 鸭嘴打开再启动

如图9-7所示,2021年7月至8月,新疆天业(600075)的5日均线、10日均线和30日均线共同组成了老鸭头形态。这样的形态说明随着股价持续上涨,市场上的多方动能逐渐聚集起来。经过短暂的回调后,股价再次进入上涨行情,未来将加速上涨。8月11日,随着股价上涨,老鸭头形态的鸭嘴巴逐渐打开,此时是投资者买入股票的时机。

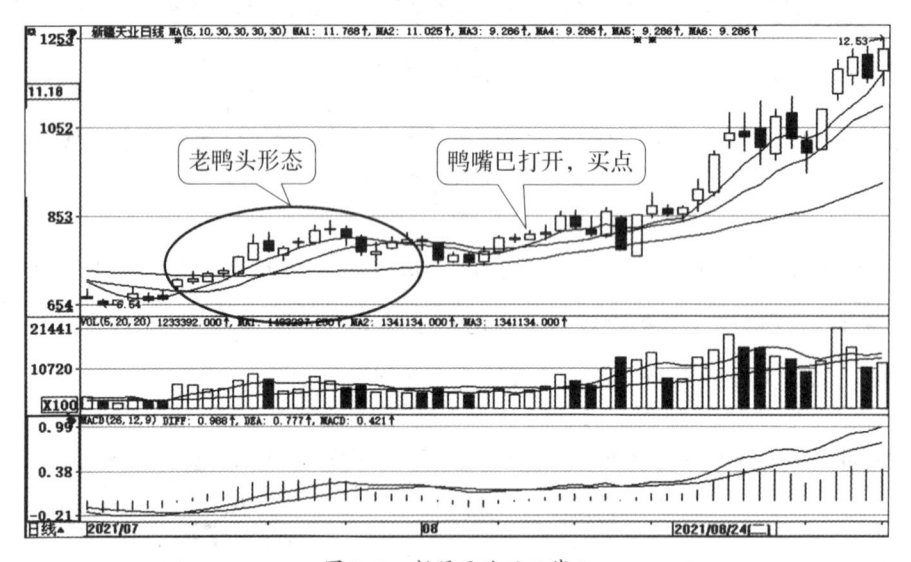

图9-7 新疆天业日K线1

如图9-8所示,2021年9月,新疆天业股价经过一段时间上涨后见顶下跌。9月28日,股价再次冲高回落并跌破30日均线,表明上涨趋势初步结束,投资者要注意及时卖出股票。随后,死亡谷形态出现,这说明股价再次进入了下跌行情,此时是投资者卖出股票的最后机会。

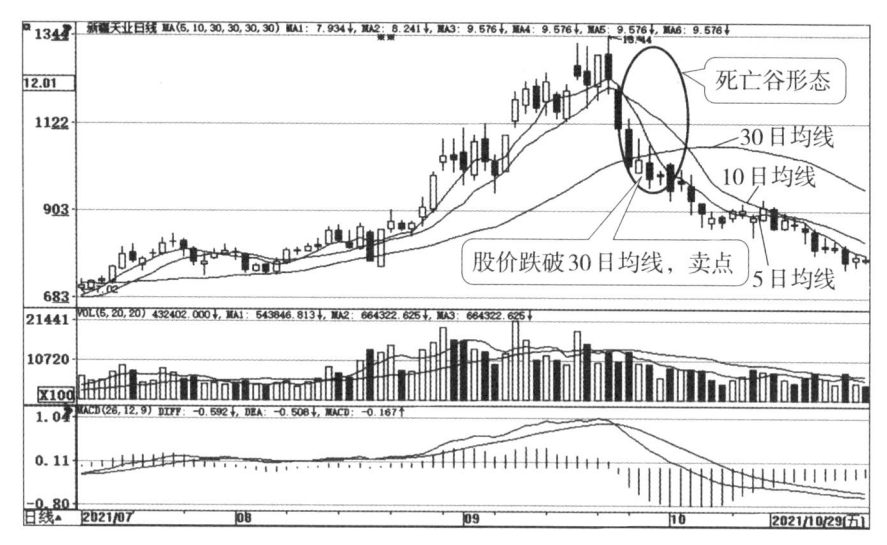

图 9-8 新疆天业日K线2

9.2 根据均线指标找阻力位和支撑位

在股价涨跌过程中，均线可能成为股价上涨的阻力或者下跌的支撑，而长期均线也会对短期均线起到一定的阻力和支撑作用。投资者要注意通过这种阻力和支撑作用找到合适的个股买卖点。

9.2.1 阻力支撑找均线

如图9-9所示，2021年12月至2022年4月，上汽集团（600104）股价在下跌反弹过程中持续遇到20日均线的阻力。这样的形态说明股价处于持续下跌行情中，多方无力将股价向上拉升。在这个过程中，投资者应该尽量持币观望，谨慎交易。如果投资者手中持有股票，每次股价反弹到20日均线位置遇阻时都是投资者卖出股票的时机。

均线精讲

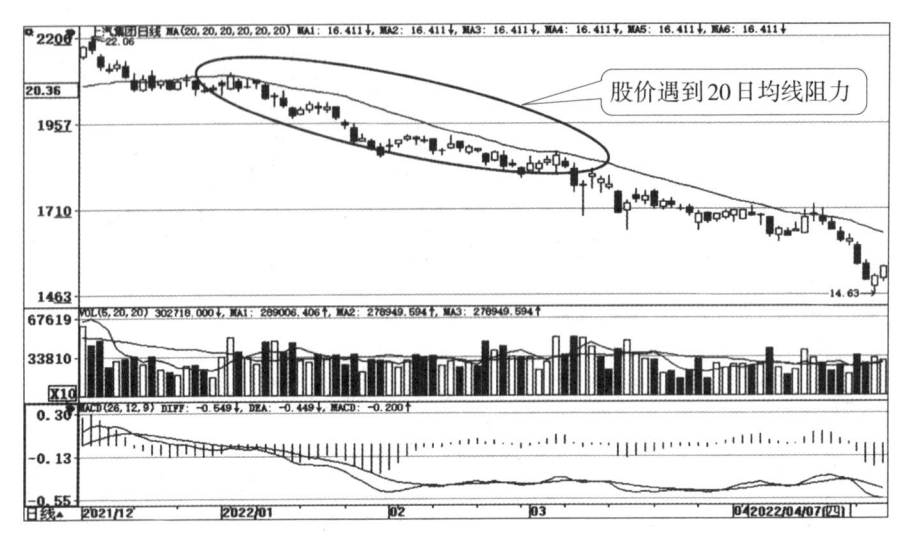

图 9-9　上汽集团日 K 线 1

如图 9-10 所示，2022 年 5 月 13 日至 19 日，上汽集团股价经过长时间在 20 日均线下方运行后，终于向上突破了其 20 日均线并在均线上方站稳，这说明该股已经由下跌行情进入上涨行情。此时是投资者买入该股的时机。

随后，该股的 20 日均线由阻力线变为支撑线，股价回调到 20 日均线位置

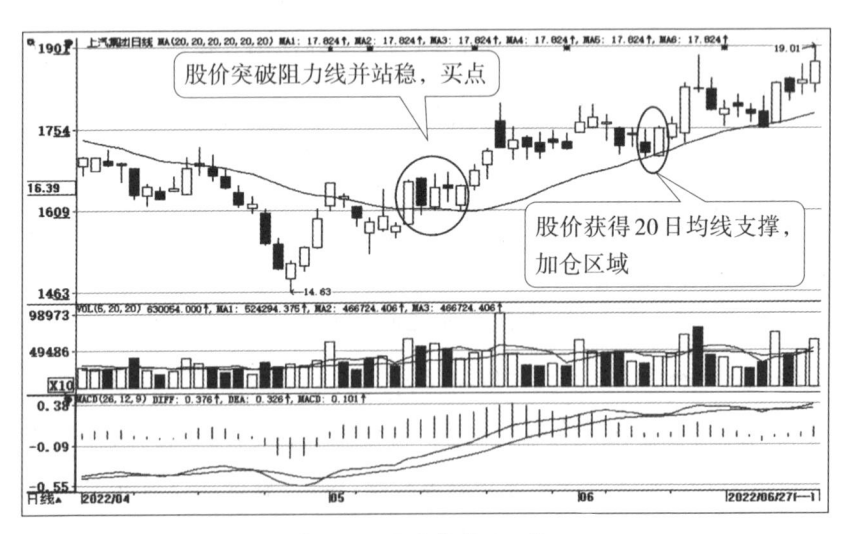

图 9-10　上汽集团日 K 线 2

时获得支撑反弹。在这个过程中，投资者可以积极持股待涨，并在股价回落到20日均线位置获得支撑时加仓。

9.2.2 长短均线相互制约

如图9-11所示，2021年4月，佳都科技（600728）的10日均线跌破30日均线后开始在30日均线下方持续下跌。4月底，当10日均线反弹到30日均线位置时遇阻下跌，这个形态说明股价上涨遇到较大阻力，多方无力持续拉升股价，未来下跌行情还将继续。

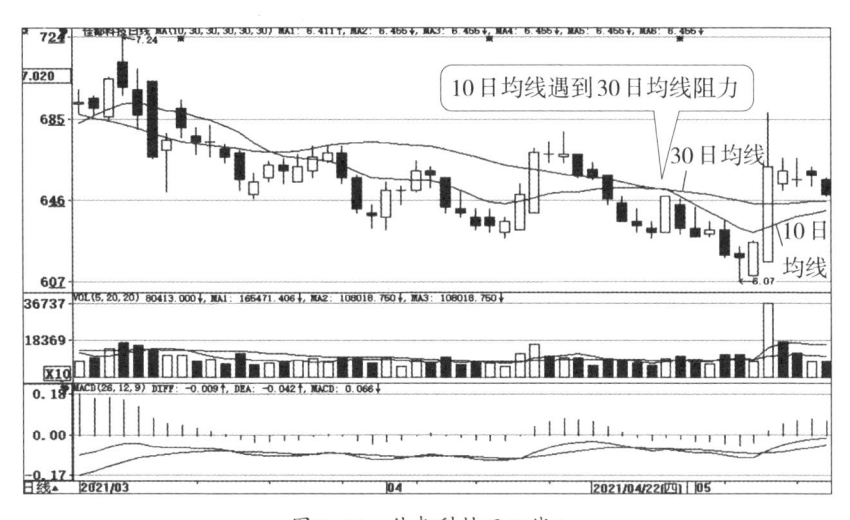

图9-11 佳都科技日K线1

如图9-12所示，2021年5月下旬，10日均线向上突破了30日均线的阻力并回调确认，这说明股价已经由下跌趋势进入上涨趋势。此时是投资者买入股票的时机。

10日均线突破30日均线后，30日均线成为10日均线下跌的支撑线。之后该股上涨动能较为强劲，10日均线几乎没有什么像样的回调，而是一路向上。

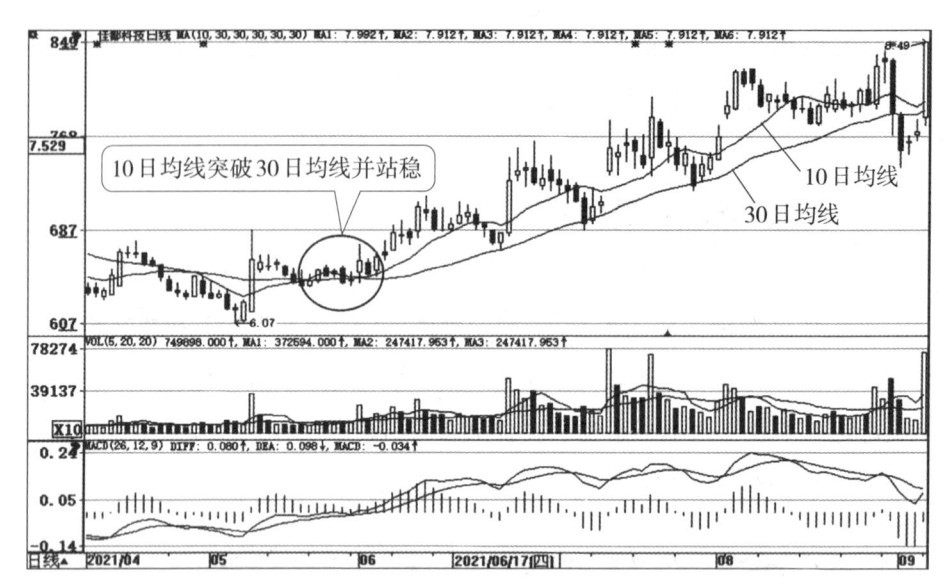

图9-12 佳都科技日K线2

如图9-13所示，2021年9月初，经过一波大涨之后，佳都科技10日均线回调到30日均线位置获得支撑反弹。这说明股价还处于持续的上涨行情中，投资者可以积极加仓买入。

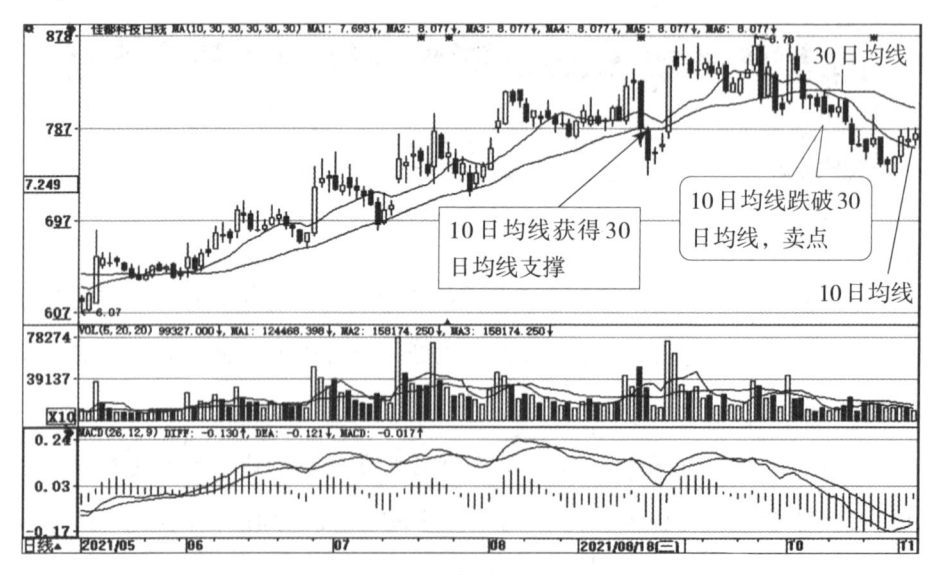

图9-13 佳都科技日K线3

2021年10月，该股再次冲高回落。10月18日，其10日均线跌破了30日均线。这说明股价已经在空方的打压下进入下跌行情，此时是投资者卖出股票的时机。在未来的下跌行情中，30日均线还将会成为10日均线的阻力线。

9.3 根据均线指标判断涨跌趋势

通过均线的多头排列和空头排列形态，投资者可以判断当前股价处于上涨行情还是下跌行情。当均线形成多头排列时，说明股价处于持续的上涨行情中，这时投资者可以积极做多买入；当均线形成空头排列时，说明股价处于持续的下跌行情中，这时投资者应该尽量空仓观望。

9.3.1 均线排列判趋势

如图9-14所示，2022年5月，特变电工（600089）的5日均线先后突破其13日均线和34日均线，随后，其13日均线也向上突破了34日均

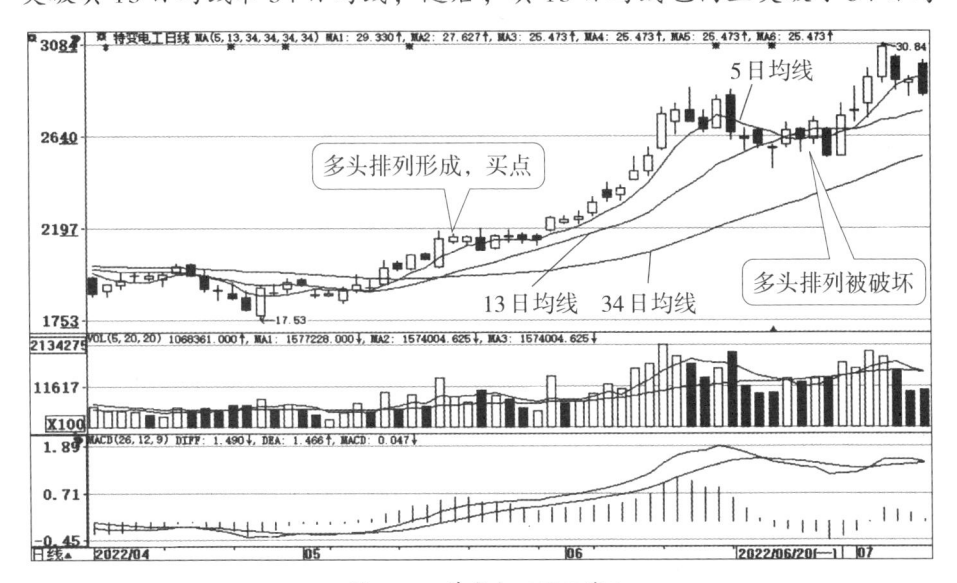

图9-14　特变电工日K线1

线。5月20日，三条均线组成了多头排列形态。这个形态说明股价已经进入持续的上涨行情，未来只要多头排列不被破坏，投资者就可以积极买入股票。

6月27日，5日均线跌破了13日均线，多头排列被破坏。这说明股价的上涨速度逐渐减慢，并且已经出现了见顶下跌的迹象。此时投资者应该谨慎操作，后市可见顶减持。

如图9-15所示，2022年7月26日，特变电工的三条均线形成了空头排列形态，这说明股价已经进入持续的下跌行情。此后，投资者应该尽量空仓观望。虽然在2022年8月16日，5日均线突破13日均线，空头排列被破坏，但这时股价仍没有进入上涨行情，投资者应该谨慎操作。

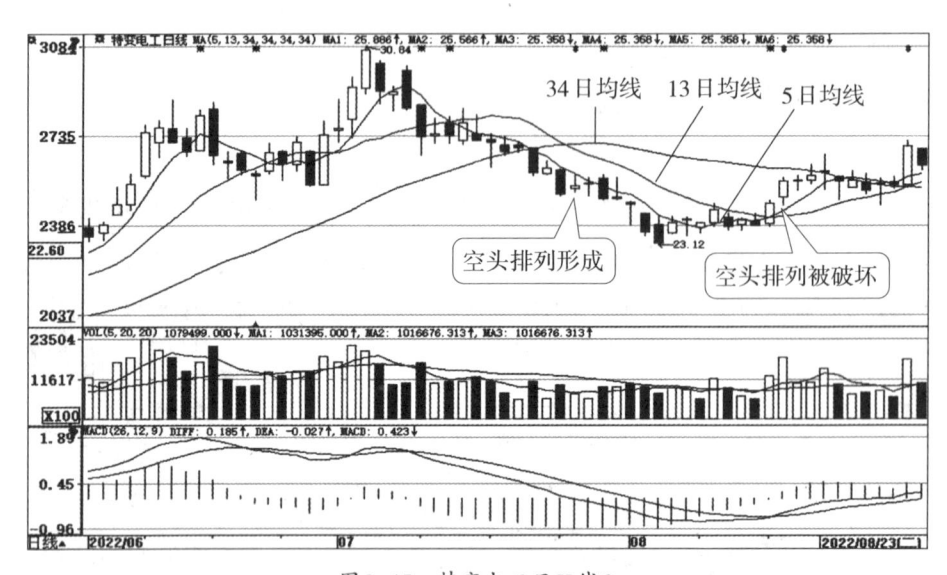

图9-15 特变电工日K线2

9.3.2 排列破坏再形成

如图9-16所示，2021年12月20日，淮北矿业（600985）的5日均线、13日均线和34日均线组成了多头排列形态。这个形态说明股价进入持续的上涨行情，是看涨买入信号。未来只要多头排列不被破坏，投资者就可以积极做多买入。

之后，从2022年1月到3月，在上涨趋势中，5日均线三次下跌并跌破13日均线，但这两条均线依然在34日均线上方运行，表明市场整体仍处于上涨趋势，投资者可以在5日均线再次向上突破13日均线形成多头排列形态时买入。

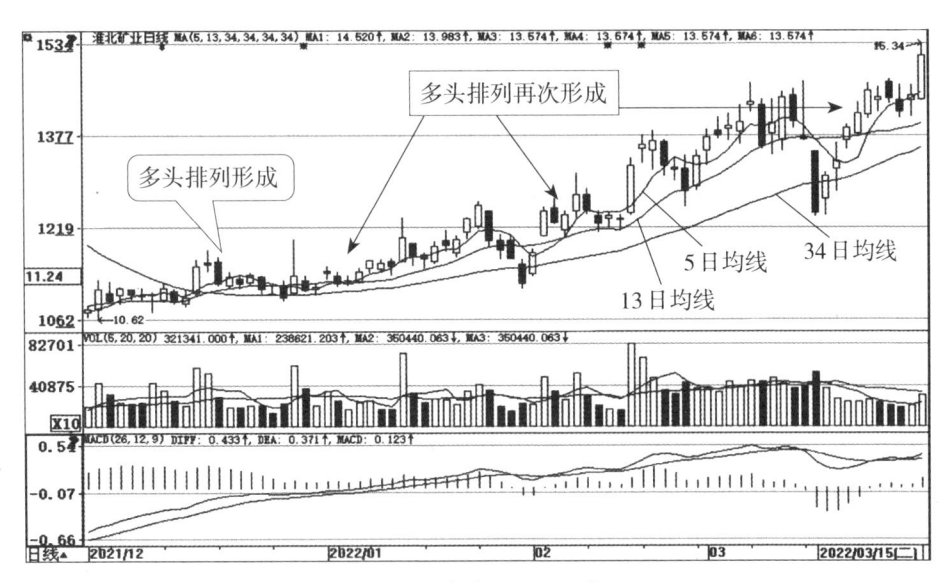

图9-16 淮北矿业日K线1

如图9-17所示，2022年4月中旬，淮北矿业上涨到高位后，其5日均线再次跌破了13日均线，多头排列被破坏。这说明股价上涨受阻，但此时股价、5日均线、13日均线都在34日均线上方且与34日均线有一定距离，这是上涨动能仍很强烈的标志。此时投资者可以持续持股待涨，没必要卖出。

2022年4月下旬，随着股价、5日均线相继跌破34日均线，下跌趋势初步形成，投资者可以卖出部分持股。5月初，空头排列形成，这说明股价已经进入下跌行情，此时投资者应该将手中剩余的股票全部卖出。

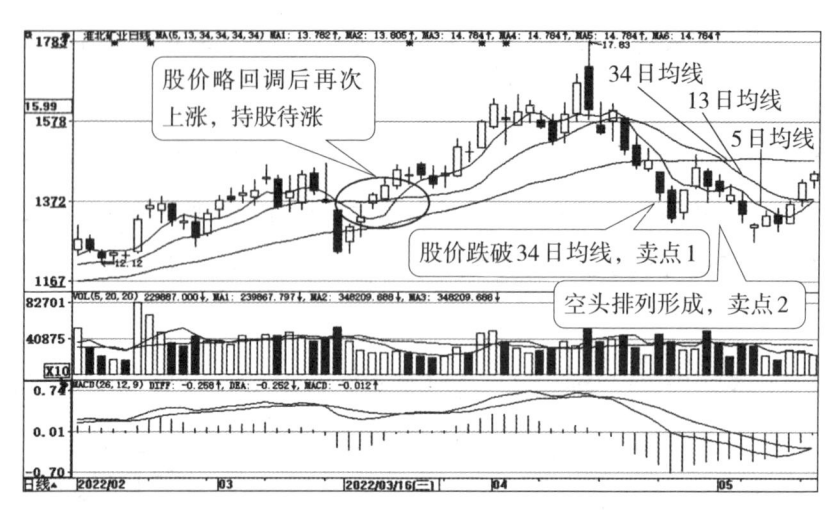

图 9-17　淮北矿业日 K 线 2

9.4　根据其他技术指标辅助判断

通过均线和 MACD 指标等技术指标相互配合，投资者可以了解个股动能的变化情况，了解趋势转变的临界点，得到更加准确的买卖信号。

9.4.1　涨跌速度看 MACD 指标

如图 9-18 所示，2022 年 10 月 13 日，昆药集团（600422）的 MACD 指标出现金叉，表明股价上涨即将加速。之后几个交易日，股价放量上涨。10 月 18 日，10 日均线突破 30 日均线，并伴随着成交量的明显放大，这样的形态说明股价结束调整，进入上涨行情。此时是投资者买入股票的时机。

如图 9-19 所示，2022 年 11 月，昆药集团股价经过一段时间加速上涨后出现了见顶下跌的迹象。11 月 15 日，MACD 指标形成死叉，这说明股价的上涨速度已经逐渐减慢，下降动能正在加强，此时是投资者减仓卖出股票的时机。

12月7日，其10均线跌破了30日均线，这说明股价已经由上行情进入下跌行情，此时是投资者清仓卖出股票的时机。

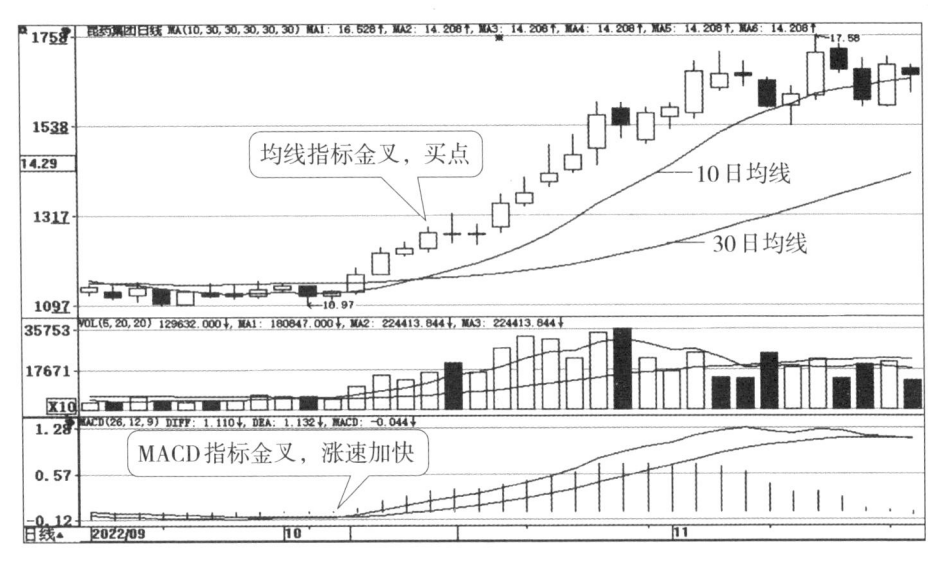

图9-18 昆药集团日K线1

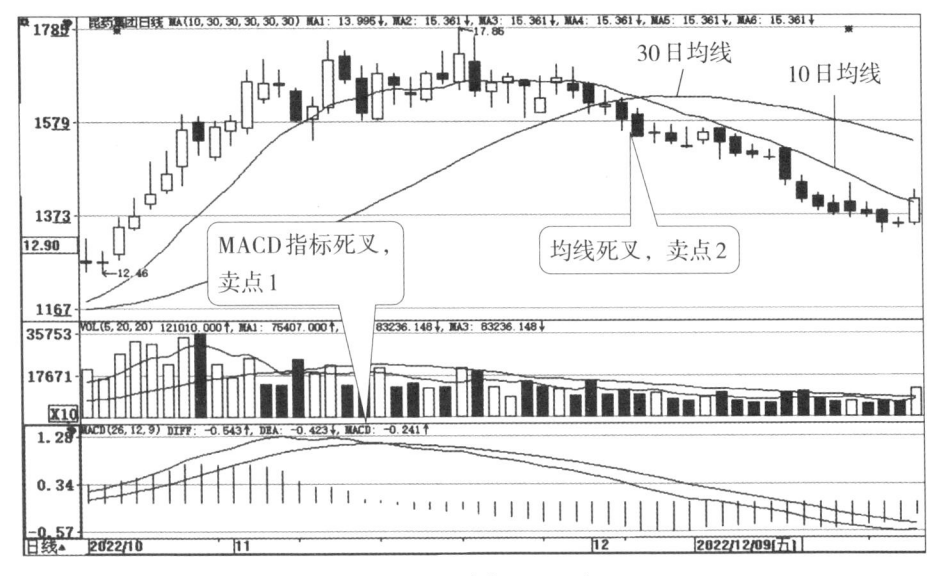

图9-19 昆药集团日K线2

9.4.2　MACD指标背离看转势

如图9-20所示，2022年3月中至4月初，老白干酒（600559）的股价与DIFF线形成底背离形态。这个形态说明虽然股价还在下跌行情中，但是其下跌的内在动能已经越来越弱，未来股价有见底反弹的可能。

2022年4月29日，底背离形态后，股价放量涨停，一举向上突破10日均线，这是一个明显的买入信号，投资者可以积极入场。

买入后，股价随即回调，但在10日均线处受到支撑，这是第二个买点，投资者要注意把握。

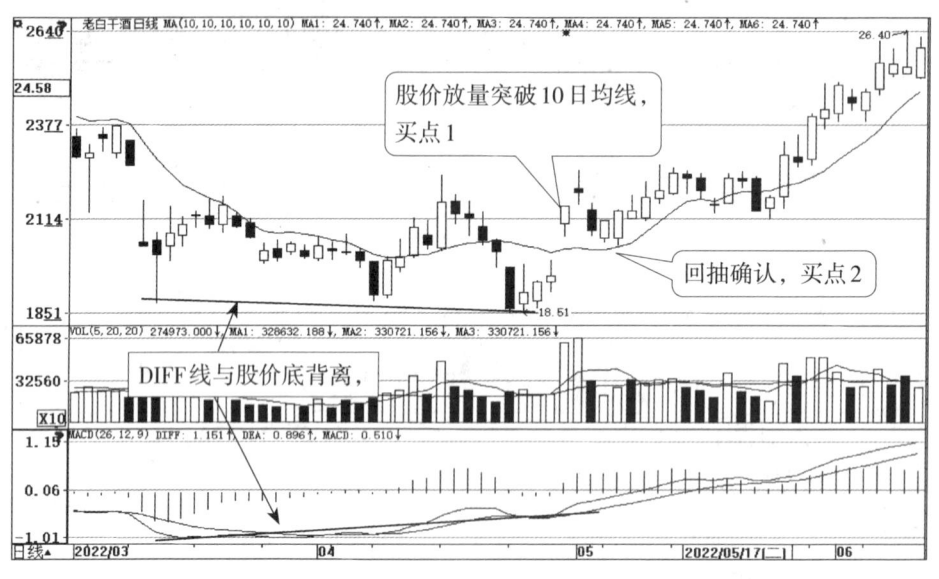

图9-20　老白干酒日K线1

如图9-21所示，2022年6月，老白干酒经过一波上涨走势后开始疲弱。6月28日，股价跌破10日均线，MACD指标也同时形成死叉，投资者要注意及时卖出股票。

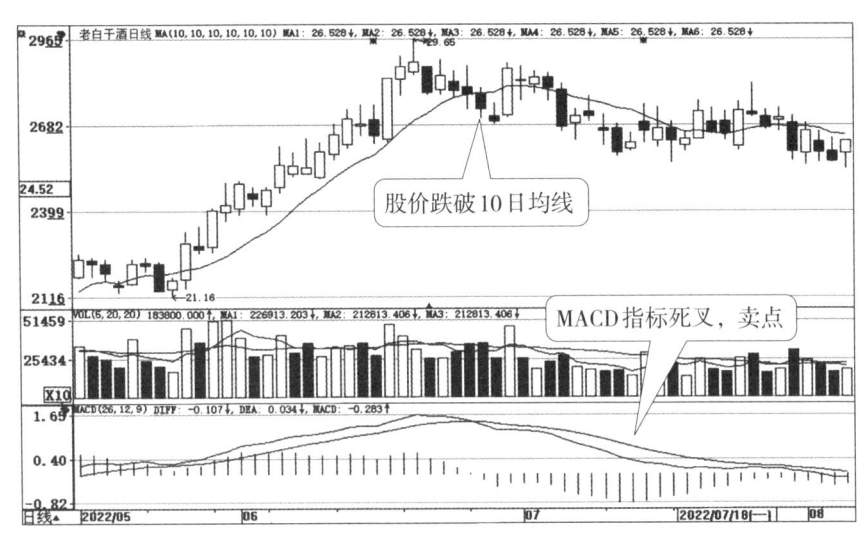

图 9-21 老白干酒日 K 线 2

9.4.3 MACD 指标和均线结合做中长线

如图 9-22 所示，2022 年 5 月 20 日，江淮汽车（600418）股价在经过一波

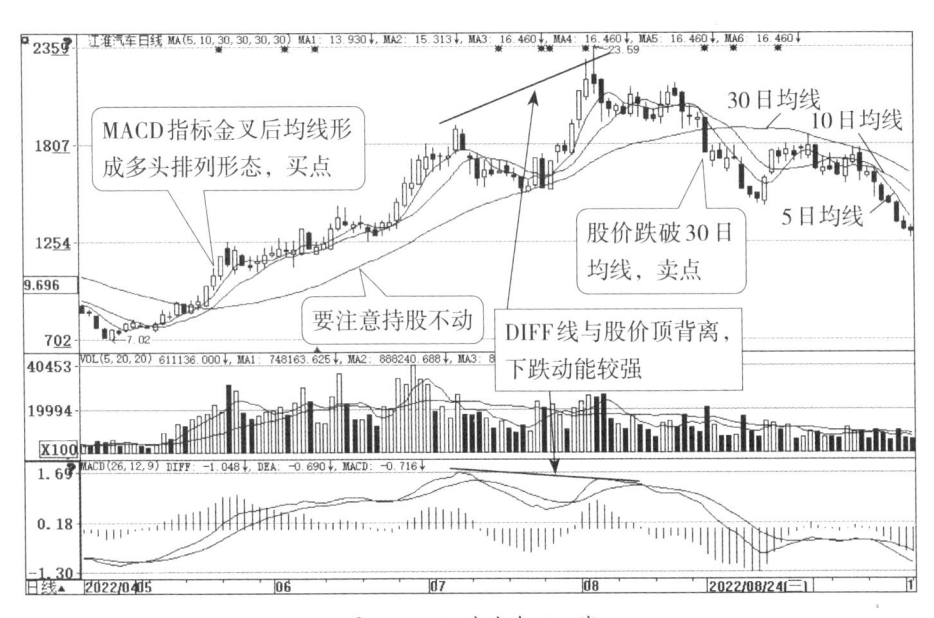

图 9-22 江淮汽车日 K 线

195

回调走势后再次上涨，当天均线形成多头排列形态，同时成交量明显放大，这是上涨趋势形成的信号，投资者可以及时买入，持股待涨。

之后，该股在30日均线上方运动，股价虽有回调，但受到均线支撑后就再次上涨。在这个过程中，投资者要注意持股不动，不要被短期杂波震出去。

2022年7月底至8月初，MACD指标出现DIFF线与股价顶背离形态，表明市场有较强的下跌动能。2022年8月24日，顶背离之后，股价向下跌破30日均线，投资者可以出场观望。

总结这笔交易，在3个多月的操作中，投资者可能只有一次买入、一次卖出，但收益率并不低，可达到80%左右。这笔交易的难点在于能否"持股不动"。

从5月20日买入到8月初，该股整体上都在上涨，但中间的回调很容易将投资者震出去。而投资者一旦卖掉手中的股票，想要在更低的价位买回就不容易了。

9.5 根据均线派生指标买卖操作

根据均线派生指标买卖操作，常见的有：根据EXPMA指标看股价涨跌趋势，通过对涨跌趋势的把握进行整体操作；根据BOLL指标看股价涨跌加速情况，从而了解股价异动的前奏。

9.5.1 EXPMA指标看涨跌趋势

如图9-23所示，2022年5月26日，长园集团（600525）的10日EXPMA线向上突破其30日EXPMA线，形成金叉形态。这个形态说明股价进入上涨行情，是看涨买入信号。

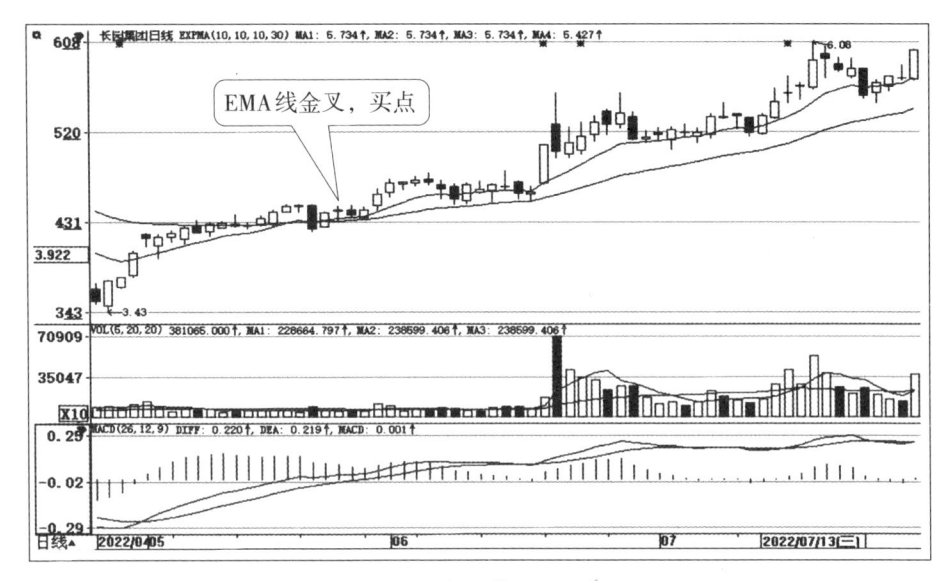

图9-23 长园集团日K线1

如图9-24所示，2022年7月至8月，长园集团（600525）股价与DIFF线形成顶背离形态，这是下跌动能逐渐增强的标志，投资者要警惕。9月1日，顶背离后，EXPMA线形成死叉，这是股价由上涨行情进入下跌行情的信号，

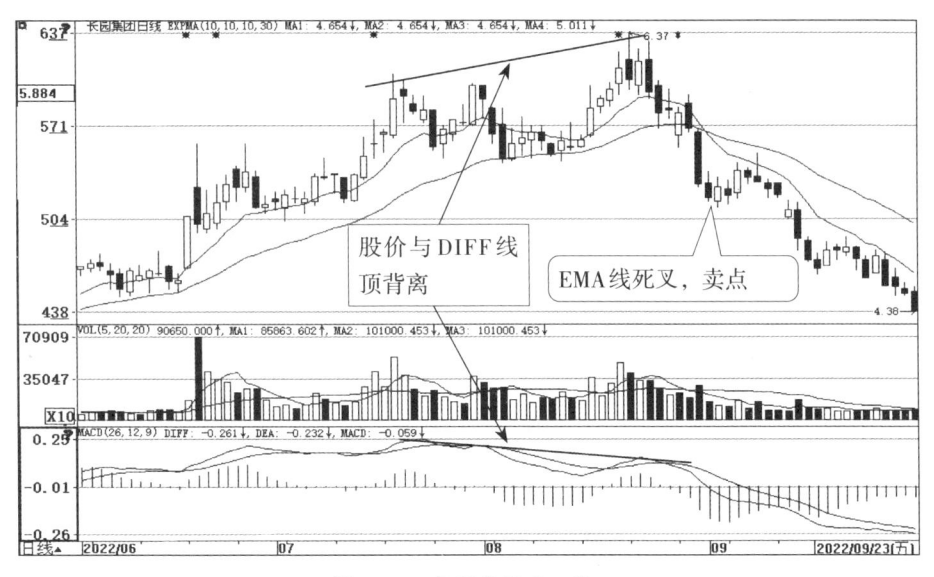

图9-24 长园集团日K线2

投资者要注意及时卖出。当EXPMA线形成死叉后，股价持续下跌。在下跌过程中，30日EXPMA线显示出较强的阻力作用，说明下跌动能仍很强烈，投资者要注意持币观望。

9.5.2　BOLL指标看涨跌加速

如图9-25所示，2022年11月至12月，涪陵电力（600452）股价在13.2元和14.8元之间波动，整体上一直处于BOLL指标的通道之内，成交量较低，说明该股短期内缺乏足够的涨跌动能。此时投资者应该尽量减少操作，回避风险。

2022年12月28日至29日，股价突破BOLL中轨并站稳。12月30日，股价放量上涨，又突破BOLL上轨，此时BOLL上轨和下轨组成的喇叭口形态有打开的趋势。这说明股价进入上涨行情，且未来将加速上涨。此时是投资者买入股票的时机。

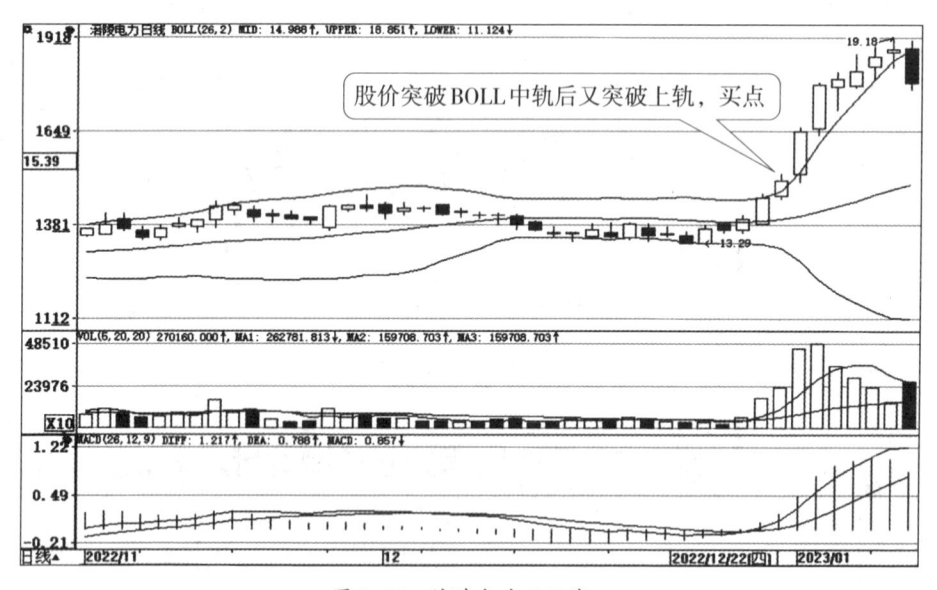

图9-25　涪陵电力日K线1

如图9-26所示，2023年1月上旬，涪陵电力股价持续上涨，股价整体在BOLL上轨上方运行，显示出较强的上涨动能。到1月中旬，股价冲高回落，从BOLL上轨向中轨不断靠近，这个阶段投资者要注意持股待涨。

2022年2月13日，股价放量大涨，向上突破BOLL上轨，但很快就动能耗尽。2月15日股价跌破上轨线，K线形成看跌吞没的形态，与此同时MACD指标形成DIFF线与股价顶背离形态，这都是上涨动能不足的表现，市场卖点初步形成，投资者此时可适当减仓。

之后，股价出现下跌走势但并没有跌破BOLL中轨，表明此时股价虽有下跌但上涨趋势并没有结束。投资者此时不必忙着清仓，可继续持有待涨。

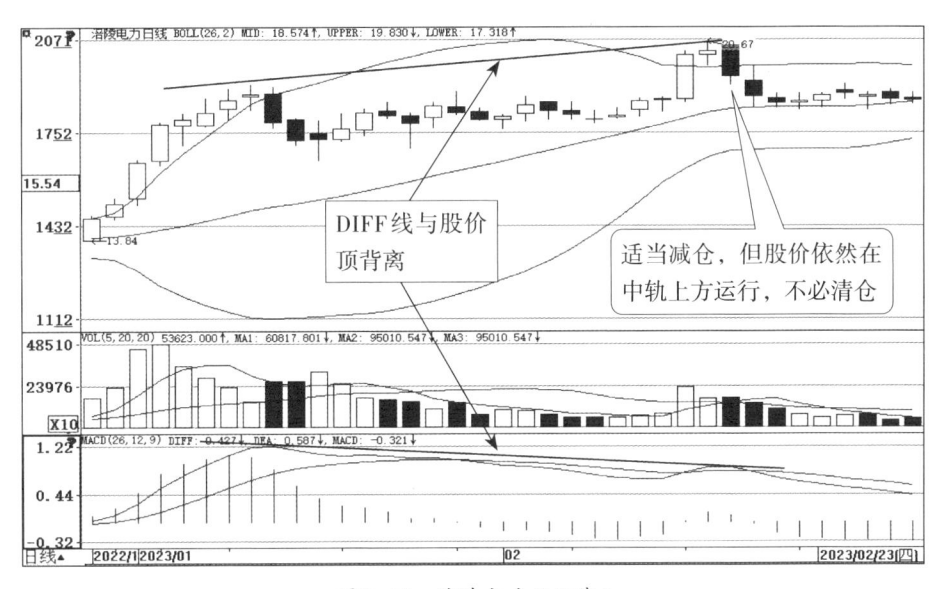

图9-26 涪陵电力日K线2